国富论导读

The Wealth Of Nations

[英]亚当・斯密 著 BY ADAM SMITH
吴珊 编译

新世界出版社
NEW WORLD PRESS

前　言

1776 年，对后世经济学产生重大影响的巨著《国富论》诞生了。《国富论》的出版标志着经济学从社会伦理学中分离出来，成为了一门独立的学科。《国富论》全名《国民财富的原因和性质的研究》，后人简称为《国富论》。《国富论》在经济思想史上构建了第一个适应现代市场经济关系的经济学体系，被誉为西方经济学的“圣经”。英国著名历史学家巴克勒在其名著《文明史》中说：“从最终效果来看，这（指《国富论》）也许是迄今为止最重要的书，这本书对人类幸福做出的贡献，超过了所有名垂青史的政治家和立法者所做贡献的总和。”直到今天，这句话似乎还没有被推翻。

《国富论》发表以后，立刻被译成多国文字，广为流传。时至今日，许多国家制定政策时都以该书的基本观点作为依据。对于正处在社会主义市场经济初级阶段的中国来说，也迫切地需要一套成熟的经济学理论来指导现在的市场行为。中国是一个拥有悠久历史的农业大国，市场经济的确立也是近二十年的事。我们在经济建设中面临的一些问题，也许能从 200 多年前亚当 · 斯密在《国富论》中提出的观点和理论里找到答案或得到启示。这也告诉我们，《国富论》不仅是一部不朽的传世经典，而且具有非常现实的指导意义。我们能从中读到许多在现实经济生活中还能用到的理论和观点，这使我们不禁要为亚当 · 斯密的远见卓识而击节称赞。

《国富论》原著篇幅太长，全书达 75 万余字，而且思想深邃，学术性强，包含了许多专业术语。鉴于此，我们在尊重原著的基础上，用现代人的视角对经典进行了新的解读。在保留原著核心内容的基础上，对其中一些与现代人生活无关或相差太远的言论进行了删减，对于一些艰涩的言论，进行了通俗的改写，方便读者在一种轻松愉快的心情下通读原著。本书在结构上与原著一致。目前不少译本有些篇章的标题文字过于冗长和繁复，本书对各篇章标题进行了重新拟定，力求抓住重心，简约鲜明，通俗易懂。

本书区别于其他解读译本的地方是首次在《国富论》中增加了链接文字。链接文字附在每章下面，大多与该章所论述的内容有一定的关联。链接文字中既有以亚当·斯密为代表的古典经济学派的详细介绍，也有现代经济理论的一些观点和专业术语的解释，采用了不少后世或现代的市场经济社会的一些理论、案例或人物进行辅证，以补《国富论》出版年代的不足，使之成为《国富论》必要和有益的补充，有助于读者从多角度进行了解，也进一步拉近了《国富论》与现代的距离，并对现实的经济生活起到一定的指导作用。这是本书吸引读者的一大特色，也是经典的永恒魅力所在。

目　录

第一章

论劳动分工及分配

亚当·斯密敏锐地意识到，劳动生产力的提高对于财富的增长有着至关重要的作用。为此，他对劳动生产力提高的原因进行了深入的分析。亚当·斯密首先提出了劳动分工这一重要概念，并认为劳动分工能使生产力得以成倍提高。同时，分工的深化使得人们对劳动产品的交换变得更加迫切，而交换需要通用的媒介——货币，就这样产生了。产品最终的分配结果分为三项：劳动工资、资本利润和地租。

劳动分工

自古以来，人们在劳动熟练程度、劳动技巧及劳动判断力上的不断提升，都是劳动生产力得以改进的最佳证明。而这些改进，似乎都是分工带来的。

社会行业分工的这种效果也许不太容易理解，为此，我将以制造业为例来加以说明。

在很多人看来，只有那些无足轻重的制造业，分工才是最完全的。其实，这些并不重要的制造业，分工并不比那些重要的制造业周全多少。

无关紧要的小制造业只生产供给少数人需要的少量产品，雇用劳动者的人数必然不多。这些工厂中从事不同部门工作的所有劳动者，可以轻易地被集合在同一个工厂内，由此，工厂的整个生产过程总能让观察者尽收眼底，并感到井然有序。

与此不同的是，那些重要的大的制造业由于要生产供给多数人需要的大量产品，所以必然需要雇用更多的劳动者。而要将更多工作部门的所有劳动者集合到一个部门或工厂内，便不大可能。这样，这些大制造业分工的真实状况便不易为人发现，甚至会给人一种分工不明确的假象，但事实上，它们的工作部门比小制造业分得更多、更细。

分工带来的一个显而易见的效果就是：但凡采用分工制度的工艺，劳动生产力便会得到相应的增进。这个好处逐渐被工厂主发现，行业分工的现象由此日渐形成。

在分工不明确的时代，一个劳动者常常要肩负整个生产过程；而在分工明确的进步社会，这个生产过程常被分任给其他部门的几个人，甚至十几个人。因生产力的发展而出现的这种分工，不仅没有因劳动者人数的增加而增加生产成本，相反，它使相同人数的劳动者完成了比未分工时更大的劳动数量。为什么分工后劳动人数大量增加，劳动效率还提高了呢？简单来说，主要有以下几个原因：

第一，劳动者的劳动技能日益熟练。行业、工种的分工，将劳动者固定在一种单纯的操作上，使劳动者的劳动熟练程度日益得到提高。

比如铁匠，让使用铁锤的劳动者去制作铁钉，虽然这两种工作都属于一个行业，但由于工种不同，熟练程度不同，可以肯定，对于这个陌生的工种，这名劳动者一天产出的铁钉绝对不会超过300枚。而且，即使这名劳动者偶尔也制作过铁钉，就算他一天竭尽全力也断然制造不出千枚以上，因为制作铁钉并不是他的主要工作或专业。

制作铁钉，并不是简单的工作，终生以此为业的人，劳动操作才会达到极为熟练的程度，产量自然也很惊人。我曾经看见过几个以制造铁钉为业的20岁左右的年轻人，他们奋力工作一天，甚至能产出2000多枚铁钉。这个数量若非亲眼所见，确实令人难以置信，但人的手确实有这么大的本领。

第二，分工使未分工时工种转换过程中浪费的时间得以节省。

分工产生之前，劳动者负责所有工作，往往需要从一个工种换到另一个工种，这时，他们就需要花费不少时间来过渡和适应，以便重新进入工作状态。

比如耕种小农田的乡村织工，从纺织机转到农田，从农田转到纺织机，中间肯定需要耗费不少时间。这时你可能会想到，如果将这两种劳动集中到一个地方，转换起来就便捷多了，而且可以节省转换过程中耗费的时间。是的，你说得很对，但我要说的是，这仍然不够。

即使工作地点在同一个地方，但由于工种的差别，劳动者从一种工作转向另一种工作，也不是一件容易的事。在转换过程中，他们的精神常处于放松甚至悠闲、偷懒、休息的状态，这势必会在新工作开始时表现为心不在焉，难以很快进入正常、高效的工作状态，从而使工作效率大打折扣。这点在农村劳动者身上表现得尤其明显。

农村劳动者一生之中，几乎每天都要从事20种不同的劳动，每半小时就要换一次工作和劳动工具，在转换过程中形成的随意、迟缓、懒散、闲荡等种种习惯，可以说是自然而然养成的，甚至是必然会养成的。这种长久以来的习惯带来的影响是可想而知的。即使在农事非常紧张的时候，他们的工作量也难如人意。

第三，分工的精确加速了有利于简化和缩减劳动的一些机械的发明，有效地提高了工作效率。

合适的机械能简化和节省劳动，从根本上说，这些合适的机械也是因分工而产生的。

如果细心观察你就会发现，如今用于分工精密的制造业上的机械，大多都是由一线的普通工人发明的。这是为什么呢?

众所周知，人类将所有精力贯注于单一事物上，会比分散到诸多事物上更容易发现达到目标的更简易便捷的方法，分工的结果就促使了这种情况的产生。劳动者将注意力全部集中于自己精确而单一的工种上，所以，只要工作上还有进一步改良增效的可能，各个工种部门雇用的劳动者便会自发地找到这个类似于捷径的方法，来更好地完成自己的工作。

举个例子。最初蒸汽机工作运行时，需要雇用一个小工来控制活塞的升降，不断开闭汽锅与汽筒间的通路。一次，担任这个工作的一个小工因为要和朋友玩，又要使蒸汽机正常运转，便想了一个办法，用一根绳子将开闭通路的舌门的把手系在机械的另一部分上，舌门便不需人力而自行开闭。原为贪玩想出来的方法，就这样成为了蒸汽机的一大改良举措。

普通工人从事最单纯的操作，时间一长便会摸清门道，进而发明一些简化操作、节省劳动的便捷方法，正所谓熟能生巧，就是这个道理。但也并不是说，所有劳动机械的发明和改良，都来源于普通劳动者，也有许多出自机械锻造师的技巧，甚至哲学家和思想家的智慧。

在一个治理得当的国家中，社会各个阶层的富裕，包括普及到最底层人民的富裕，归根到底也是分工带来的。

劳动分工使各行各业的产量大幅增加，既能满足从事各种行业的所有劳动者自身的需求，又能使他们得到足够多的产物，用以出卖、交换得到其他所需物品。别人需要的物品，他能充分供给；他自己需要的物品，别人也能充分供给，社会各阶层的全面富裕就是这样实现的。

一个文明而繁荣的国家，它的任何一种日常用品，都凝结着无数人的劳动。的确，一个人也可以完成这些日常用品的生产，但由于分工，每个劳动者只需在其身上投入很少的劳动力，它便可以被生产出来，所以说，参与生产的劳动者人数多得难以计数。

总之，在劳动分工的时代，一切产品都是千万人参与和协作的结晶，没有这无数人的劳动，即使维持最简单的生活日用品的供给，也会成为难题。

链接

亨利·福特的流水线作业方式

亨利·福特（1863年7月30日—1947年4月8日），美国汽车工程师与企业家，福特汽车公司的建立者。他也是世界上第一位使用流水线大批量生产汽车的人。这种新的生产方式使汽车成为一种大众产品，它不但改革了工业生产方式，而且对现代社会和文化产生了巨大的影响，因此，一些社会理论学家将这一段经济和社会历史称为“福特主义”。

世界上第一条流水装配线出现在1913年4月1日的福特汽车工厂，其想法来自芝加哥食品包装厂用来加工牛排的空中滑轮。早期的流水线上装配的是底盘，很快整车都在流水线上装配了。

流水线的原则是：

按照操作程序安排工人和工具，这样，在走向成品的整个过程中，每个部件都将经过一段尽可能最短的距离；

运用工作传送带或别的传送工具；

运用滑动装配线，将需要装配的零件放在最方便的距离处。

以流程为本、保证流程本身的顺畅和效率是其关键。运用这些原则，工人减少了无谓的思考和停留，把动作的复杂性减少到最低程度，几乎只用一个动作就能完成一件事情。

工业化大生产的流水线使生产效率得到了极大的提升。工人装配一台飞轮磁石电机曾经需要20分钟，后来工作被分解成29道工序，装配时间最终降低到5分钟，效率提高了4倍；直到1913年10月，装配一台发动机还要10个小时，半年后用传动装配线降低到6小时。福特公司后来日产量达4千辆，工人还不到5万——如果没有流水线，将不得不雇用20多万人。

借助流水线，亨利·福特的“单一品种、超大规模”战略得以实施。T型车在20年内生产了1500万辆，汽车从五六千美元的“富人专利”变成了几百美元的大众消费品。

分工的起因

分工能生产更多的产品，能使社会各个阶层实现全面富裕，能让国家逐渐走向繁荣富强。但客观地说，分工这一伟大现象的出现，并不是人类智慧的结果，而是人类在互通有无、物物交换、互相贸易这种需求倾向中缓慢而逐渐产生的。

这种倾向是否就是我们人类的本能倾向之一？或者说它是否是人类理性发展的必然结果？这些都不在我们的讨论之列。在此，我要指明的是，这种倾向为人类所共有，亦为人类所特有，在其他所有动物身上都不存在。

以猎犬为例。我们都看到过这样的现象：当猎人的两只猎犬同时追逐一只兔子的时候，不需要任何沟通就会自然而然地形成默契，将兔子赶向自己同伴的方向，然后同伴在关键时候出来拦截，最后两只猎犬前后夹击将兔子抓住。

在这里，猎犬这种协约的达成并不是其交换倾向带来的结果，而是因为在某一特定时刻，两者欲望中的对象达到了偶然的一致。在平时，它们绝不会彼此交换骨头，也不会聪明到这种程度：我有这个，你有那个，我们互相换一下，就各得所需，皆大欢喜了。它们从人或其他动物那里获得食物的唯一方式是，在其面前极尽所能地献媚，博得给予者的欢心。如家狗要得到食物，就会做出种种娇柔的姿态，以唤起主人的注意。

与动物类似，我们人类有时也会对自己的同胞采取这种手段。如果通过正当方法无法让同胞满足自己的意愿，他们就可能采取其他一些令人不可思议的方法：以卑劣阿谀的言行去谄媚对方，博得他人的欢心和厚意。

但这种方法也只能偶然为之，即使你有充足的精力，时间也不会允许，毕竟一个人一生之中，很难博得几个人的好感。

在动物界，动物们一旦从幼年成长到壮年，就能在自然状态下独立谋生，不再需要其他动物的帮助。人类则不同。在文明社会中，每个人随时都需要同胞们的协作和帮助。一个人如果想让他人利于自己，做对自己有利的事，就应尽量使他人相信，这样做对他们亦大有好处，如此，要达到目标就容易得多。

实现人们之间相互的帮助，在某种程度上说也是一种交易或交换。交易，即通常所说的买卖。要想与他人成功达成交易，必须首先提出这样的意见：请将我所要的东西给我吧，这样，你也可以得到你想要的东西。食物和饮品不会白白摆在我们的餐桌上，那不是屠夫和酿酒师的恩惠赠予，他们将这些给予我们，是为了换走钱财或其他东西，总之，他们有利可图。

这时，你也许会想到社会上有一种人脱离了交换——乞丐。是的，乞丐看起来的确总是无偿接受别人的恩惠，而从未曾给予，因此交换便无从谈起。其实，再深入探究一下，交换仍然是存在的。社会上的所有人不可能每时每刻去赠予乞丐所需要的一切东西，乞丐大部分的临时需要同普通人一样，还是要通过交换和买卖来满足。例如，他会把一个人给他的金钱拿去购买充饥的食物，把另一个人给他的旧衣服拿去交换更合身的衣服或是别的什么东西。

至此，问题的答案就很容易理解了。为什么分工是由人类相互交换的倾向而产生？因为人类生性需要相互帮助，而大部分帮助又是通过契约、交换和买卖来取得的，维系交换和买卖需要充足的产量作保障，而充足的产量又势必要求尽可能地提高工作效率。所以，分工便势在所趋地萌发了。

举个具体的例子。在以狩猎或游牧为生的民族中，弓箭是人们生存的必备工具之一。所以这些民族中，必然会有善于制造弓箭的匠师，以自己制成的箭矢或劲弓去与别人交换，得到自己需要的物品，如家畜、兽肉、兽皮等。很快他就会发现，与其自己亲自到野外去捕猎，不如直接用自己制造出来的弓箭与猎人交换，这样不仅容易得多，也会得到更多。毕竟，他最为擅长的是弓箭制造，就像猎人擅长打猎一样。所以，这些武器锻造者们，逐渐以弓箭制造作为他们谋生的主业。

又比如，这些民族中有一些人善于建造茅草房，所以，他们常常被请去建造房屋，得到的补偿就是家畜、兽肉等。于是，这些人也会很快发现，自己专门从事这一工作以换取生活必需品，对自己来说更为轻松，所以，他们也逐渐成为专业的房屋建造师。

同样道理，其他的铁匠、皮革制造者等，都是这样产生的。

一些人的劳动生产物剩余部分，也能够换得自己需要的物品。人们不必担心自己的剩余生产物无人需要，它总能换回一些自己想要的东西。这便在某种程度上直接鼓励了人们各自安心于某一种特定的工作，使他们在这些自己擅长的工作上，充分发挥自己优于常人的智慧和才能。

人们分别以不同的技能来从事不同的行业，并不是说他们在天赋上有多大的差异。他们之所以具备从事各种行业的不同能力，与其说是分工产生的原因，倒不如说是分工带来的结果。

很明显，一个做学问的哲学家和一个街上的挑夫，这两者差异的形成并不是因为天性，而是由不同的习惯、环境、教育造成的。他们初生下来的时候，彼此所特有的人类天性极为相似，即使是他们的亲生父母，也无法看出两者有什么显著的差别。但之后不久，随着环境、教育等各方面的影响，他们走向了不同的职业岗位，于是，这种差异就开始变得明显，并且随着时间的推移，逐渐增大。

可以想象，拥有如此巨大差异的人群要实现在社会上的彼此共存，没有互通有无、物物交换和互相贸易的倾向，每个人都必须独自生产自己所需要的一切物品，那是绝不可能的，恐怕连基本的生存都无法维持；人们因分工而产生的彼此之间的差异，也绝不可能存在。

交换倾向使从事各个行业的人形成了鲜明的差异，也使这种差异具备了有用性。自然界中的很多动物，如猛犬与猎狗等，同种而不同属，彼此没有相互利用的机会，故也没有交换的能力和倾向。虽然造物主赋予了它们各种能力，但它们却不能将这些天赋才能结合成一个共同需要的资源，因此也未能获得任何利益。

人类则不同。人类彼此同种同属，天性差异很小，因此，即使是极不相似的才能，也能实现互为所用。通过互通有无、物物交换和互相贸易的倾向，人们能将各种才能所产生出的物品结合成一个共同需要的资源，这个资源的流通性使得每个人都可以利用它从别人那里换到自己需要的东西。

链接

从野蛮到文明——人类社会的三次大分工

人类社会从野蛮时代过渡到文明时代，共经历了三次社会大分工：

(1) 发生在野蛮时代中级阶段的第一次社会大分工

早期的人类在征服自然过程中，一些部落学会驯养动物以取得乳、肉等生活资料。随着较大规模畜群的形成，这些部落开始主要从事畜牧业，使自己从其余的野蛮人群中分离出来，成为游牧部落。游牧部落生产的生活资料不同于其他部落，而且由于数量较多，促进了交换的发展和壮大。放牧一群牲畜，只需要少数人，于是，个体劳动代替了共同劳动，相应地出现了私有制，家庭也随之发生了变化。男子从事的畜牧业成为谋生的主要手段并在家庭中取得了统治地位。后来，农业和手工业也有所发展，谷物成为人类的食物，出现了织布机和青铜器，人们开始掌握矿石冶炼和金属加工的技术。部门生产的增加，使人们能够生产出超过劳动力所必需的产品。于是战俘不再被杀掉，而被吸收为劳动力，成为奴隶。这样，就零散地出现了奴隶制。第一次社会大分工的结果产生了第一次社会大分裂，社会分裂为两个阶级：主人和奴隶、剥削者和被剥削者。

(2) 出现于野蛮时代高级阶段的第二次社会大分工

铁制工具的使用和生产技术的进步，促进了农业的发展和劳动生产率的提高，也使手工业向多样化发展。如此多样化的活动已经不能由一个人来进行了，于是发生了第二次社会大分工，手工业从农业中分离出来。第二次社会大分工，出现了直接以交换为目的的商品生产。交换的发展，使贵金属成为占优势的货币商品。在社会上一旦出现了货币财富，它便成为人们追求的对象和重要的生活目的，一些人会想方设法积累财富。在剩余产品逐渐增多的情况下，提高了人的劳动力的价值，在前一阶段还是零散现象的奴隶制，现在成为社会制度的本质组成部分。

(3) 发生在文明时代门槛的第三次社会大分工

由于商品交换的发展，出现了一个不从事生产只从事交换的商人阶级。他们作为生产者之间的中间人，剥削生产者，并取得了生产的领导权。交换发展的需要产生了金属货币。货币借贷、利息和高利贷也相继出现。土地私有权被牢固地确立起来，土地完全成为私人财产，可以世袭、抵押以至于出卖。于是在自由人和奴隶的差别以外，又出现了富人和穷人间的差别。这是随着新分工产生的新的阶级划分。财富更加集中，奴隶人数更多，奴隶的强制性劳动成为整个社会的经济基础。由于有了阶级对立，于是产生了国家。

恩格斯对于三次社会大分工的论述，是与他把人类社会划分为蒙昧时代、野蛮时代、文明时代的论述相契合的。三次社会大分工发生于野蛮时代的中后期，经过这三次社会大分工，人类进入文明时代。

分工的限制

既然分工是因交换倾向而产生，那么，分工的程度势必会受到这种交换能力大小的制约。交换，即市场，也就是说，分工的程度受限于市场的大小。

市场太小，人们自身消费不了的剩余生产物无法交换出去，自己需要的物品无法获得，也就无法继续专一生产原先的物品，从而开始甚至转向生产自己所需要的那些物品，这就走向了分工的反面。同理，如果市场过大，人们的剩余生产物都能方便地从别人那里换取自己需要的物品，那么，他们就不会担心自己生产的剩余物品没有人要，从而继续安心地专门生产原先的物品。分工就是这样得到巩固和发展的。

大城市的市场较大，所以，分工的程度往往也较高。如搬运工人，就只能在城市劳动者中独立出来，专门以此为业；而在英格兰任何一个小村镇，他们都难以找到搬运工作。与此相反，农村的市场太小，分工程度很低。如苏格兰高地一带人迹罕见的乡村，方圆二十里内都很难找到一个专业的木匠、铁匠或泥水工。由于分工的欠缺和落后，这些村庄中的农夫在做好农活的同时，不得不为自己的家属成员同时兼任屠夫、酿酒师等，很多自己不熟悉的本应由专业人员来做的事情，他们不得不亲自动手。

在人口密集的地方，即使很细小的事情，也会有专门的从业人员来做；而在人烟稀少的农村，几乎每个农村工人都兼营着几种类似性质的行业。

比如说农村匠工。农村木匠要制造生产村民们需要的木制品，农村铁匠要制造生产村民们需要的铁制品。农村木匠不仅是木匠，同时又是细工木匠、家具师、雕刻师、车轮制造者、耕犁制造者乃至运货车制造者。农村木匠兼任的活计是如此之多，农村铁匠兼任的工作比这更为复杂。苏格兰高地是个极为偏僻的地方，无论如何，一个以专业制造铁钉为生的工作人员，都无法长久地在那里生存下去的。这并不是说他的生产能力不行，而是他生产的铁钉对当地过小的市场需求来说，超出太多，甚至他一日所能制造的铁钉数量也远远超过当地一年的需求。所以，铁钉的整个制造过程，必须全部由当地农村铁匠来完成。

社会各个行业的分工改良，都是逐步从沿海沿河一带慢慢向内陆普及的，这主要是因为水运开拓建立的市场要比陆路宽广得多。

假如有两个人，驾一副四轮八匹马的运货车，载着大约 4 吨重的货物由伦敦运往爱丁堡，预计一趟需要 6 个礼拜的时间。另外，由 6 或 8 人驾驶一条船，载着大约 200 吨重的货物由伦敦运往爱丁堡，也需要同样的时间。这样，陆路要达到水路的运输量，就需要 100 人、400 匹马和 50 辆四轮运货车的投入。如要更准确地计算运输效率，陆路运输中诸多的人、马、车的维持费，也是不容忽视的，这个数字相对于水路 6 或 8 人的生活费用，显然要大得多。如此来看，水路的优势就十分明显了。

通过这个比较我们会发现，交通在两个都市之间的货品交换流通上起着至关重要的作用。如果除去陆路两地之间再没有别的交通方式，它们之间便只能相互运输、互通一些重量不大而价值很高的货物，其他任何货物的运输都是得不偿失的。

这样的确能提高运输效率，控制运输成本，但问题也产生了：两地之间的互通有无及商业联系无疑会受到很大的限制；一些偏远地区的商业，甚至根本无法进行。通过陆路从伦敦前往加尔各答，任何货物都不会在支付所有费用后还有利可图，即使有这种货物，也没有任何人能保证这些货物能安然无恙地通过两地之间诸多土著民族的领土。

虽然陆路绝无可能，但水路却是可以的。如今这两个大城市之间，相互进行着大规模的贸易，相互提供市场，给彼此的产业发展带来很大的鼓励和支持。

水路的便利活跃了当地的货物交易市场，工艺和产业的改良自然最先在这些水路便利的地方萌发。但还是由于陆路交通的原因，与沿海沿河相隔较远的内地很难享受到这种改良。内地的交通方式是陆路，所以这种货物销售被局限在了附近地区。长此以往，内地与沿海沿河地区联系日益疏远，改良进步便逐渐处于落后局面。例如，英国殖民北美时开发的大种植园，都处于沿海沿河等水运便利的地方，很少扩展到内地。

通过最可靠的历史记载，我们会发现，地中海沿岸各国是最先开化的地方，为什么会这样呢？这与人们对海域的征服密不可分。

在古代，驶过直布罗陀海峡继续向西航行被视为最惊险的企图，甚至被人们称为“驶过世界的尽头”。即使当时以造船航海著称于世的腓尼基人和迦太基人，也是过了很久才敢尝试。而在他们尝试了很久之后，其他国家的人民才敢有所试探。

地中海则不同。地中海是当今世界上最大的内陆海，没有变幻无常的潮汐，没有吞噬一切的惊涛骇浪。它海面平静，岛屿众多，离岸很近，即使在罗盘针尚未发明、造船术尚不完全的时候，人们也敢于在地中海上尝试远航。如此特殊的海域，对初期航海是极为适宜的。

埃及是地中海沿岸各国农业或制造业改良最早的国家。埃及所有繁华的地方都源于尼罗河的润泽：北部，最繁荣的地方在尼罗河两岸数里内；南部，尼罗河大大小小的无数支流分布全境。这些支流贯穿于各个城市和村落之间，只要略加施工，就可以将彼此连通起来，提供便利的水上交通。就像如今荷兰境内的莱茵河与麦斯河，这种内陆航行带来的便利是可想而知的。由此，曾经盛极一时的古埃及文明的诞生及其后来早于欧洲的进步开化，就不难理解了。

与埃及相似，印度东部的孟加拉各省，及中国东部的几个省，也因分布着可以相互通航的诸多支流而过早地出现农业和制造业上的改良。虽然对于这些现象，我们欧洲历史学家还未能予以证实，但印度的恒河以及中国东部的长江、淮河等大江大河的支流和水道之间的相互通航带来的便利，对开化的影响与埃及的尼罗河显然是异曲同工的。尤其是中国东部的内陆航行范围，甚至超越了埃及尼罗河和印度恒河的作用。但令人不解的是，古埃及人、印度人、中国人，都不提倡发展海外贸易，他们的财富和繁荣几乎全部由内陆通航相通而来。

与以上这些地方相反的是，当今世界，还有很多地方一直处于野蛮未开化的状态。如非洲内陆、黑海及里海以北遥远的亚洲地方，古代的塞西亚，即今日的鞑靼和西伯利亚，等等。如鞑靼，虽然有几条大河流从鞑靼流过，但因鞑靼海是不能通航的冰洋，又与这些河流相去甚远，故这些海域和河流为鞑靼的商业和交通所带来的便利，是极为有限的。

其中，尤其是非洲内陆，不仅没有一个足够大的内海，而且境内诸多大河流相隔过于遥远，难以实现较大规模的通航，这种情况的确很少见。在欧洲，内陆大海有波罗的海、亚得里亚海；在欧亚两大陆之间，有地中海、黑海；在亚洲，有阿拉伯海、波斯湾、印度洋、孟加拉湾及暹罗海湾等。

另外，也必须指出，假如一国内陆有大河流经过，却毫无支流，也不能实现大规模的通航。尤其是这些大河的下游又必须流经其他国境时，上游国家最终能否与海洋相通，随时都受到下游国家的制约。如巴伐利亚、奥地利和匈牙利，对流经境内的多瑙河利用极为有限，但假如这条河流从起源到最终流向黑海的全部航权，都归这三个国家中的任何一个所独有，那么，这条蓝色的多瑙河的利用率，就截然不同了。

链接

人类社会的三次工业革命

18 世纪的亚当·斯密早已预见了技术进步对人类财富增长的影响。自人类进入工业社会以来，相继发生了三次大的工业革命，从而推动了社会生产力的迅速发展，影响和改变了人们的生活方式。人类的财富极大地丰富起来，超过了过去所有世纪的总和。

这三次工业革命分别以 18 世纪蒸汽机的发明、19 世纪初发电机的发明和 20 世纪中叶电子计算机的发明为重要标志。

(1) 推动工业革命的机器——蒸汽机

蒸汽机的诞生推动了世界工业革命，使能源和材料发生了根本性变化，使人类摆脱了木材时代进入煤和铁的时代，使机器成为社会生产的“主角”。

提起蒸汽机，人们常提到其发明者瓦特，其实这种说法不够确切。早在瓦特之前约50年，英国有一个叫纽考门的工程师就已经发明了往复式的蒸汽机，而且已用于矿山的排水，但是这种蒸汽机效率太低，无法大量推广运用。经过瓦特的改良，原本只能作往复运动的蒸汽机变成了能做旋转运动的机械，效率一下子提高了好几倍，这才使蒸汽机成为各种机器的动力，推动了工业生产的飞跃发展，促成了第一次工业革命的到来。从这个意义上来说，瓦特仍不失为蒸汽机的发明者。

瓦特是在1763年开始改进蒸汽机的，当时他受格拉斯哥大学委托修理一台纽考门蒸汽机模型。在修理过程中，瓦特反复研究并请教布拉康教授，终于发现纽考门蒸汽机的致命弱点在于浪费燃料，大量的蒸汽被用于加热已冷却的汽缸，热量被白白浪费。能否使汽缸温度保持不变？瓦特反复做试验。1765年5月的一个星期天，他到格拉斯哥郊外的高尔夫球场散步，同时思考如何改良蒸汽机，他脑中忽然闪过一个念头：如果把另一个容器连接到汽缸上，将蒸汽导入这个容器（冷凝器）中，让它冷凝，由于汽缸经常是热的，而冷凝器经常是冷的，冷热结合就能使蒸汽机连续运转。瓦特按此想法重新设计方案，并经过7年努力，终于制成能让蒸汽交替进入活塞两侧、既能前伸又能后退的新型蒸汽机。1784年他又借助联杆完成机械的平移动作。至此能做旋转运动、高效率的蒸汽机才算大功告成。

蒸汽机发明后，英国煤年产量由260万吨增至3000万吨，铁年产量由1.7万吨增至100多万吨，大大提高了生产效率。由此手工业生产一跃而成为大工业生产，劳动效率提高了20倍。许多新式交通工具如火车、轮船等都用蒸汽机来推动。蒸汽机不愧为推动工业革命的机器。

(2) 震撼世界的发明——发电机

1820年7月21日，丹麦哥本哈根大学物理学教授奥斯特做了一个举世闻名的实验——电生磁实验，第一次揭示了电和磁的关系。反过来磁能不能生电呢？年仅 29 岁的青年法拉第深深地被这个实验所吸引，他决心要探索“磁生电”的途径。

法拉第出身贫寒，父亲是个铁匠，13 岁那年小学未毕业就去书店当学徒工。繁重的工作没有消磨法拉第的自学愿望，每当看到一本好书，他就通宵达旦地研读。他推论出可能产生感应电流的五种类型：电流变化、磁场变化、通过恒稳电流的导体运动、磁铁运动和导体在磁场中运动。只有运动变化的磁才能产生电流。法拉第根据这个原理设计并制造出世界上第一台发电机，为人类进入电气化时代作出了重大贡献。发电机是 19 世纪最伟大的发明，并引发了第二次工业革命。

（3）改变人类历史的科技成就——电子计算机

1946 年，世界上第一台电子计算机诞生了。从此，科学技术突飞猛进。第一台电子计算机名叫 ENIAC，其英文全称是 Electronic Numerical Integrator And Calculator，意即电子数字积分机和计算机。它是由美国宾夕法尼亚大学莫尔电工学院的电气工程师埃克特与物理学家莫希里领导的一个研制小组历时 4 年完成的。著名的美籍匈牙利数学家冯 · 诺依曼在理论上做了指导，所以应当说它是集体智慧的结晶。

冯 · 诺依曼曾设计了一种存储程序计算机，叫做 EDVAC (Electronic Dis-crete Variable Automatic Computer，即电子式离散变量自动计算机)，他对计算机做了规范研究，提出了计算机的设计模型，统一了设计原理。他把计算机分成了五个必需的逻辑部分：控制器、运算器、存储器、输入设备、输出设备。迄今为止，世界上各种各样的计算机尚未离开这个模式。冯 · 诺依曼对计算机发展的主要贡献是从理论上解决了三大问题：一是计算机的逻辑组成；二是机内二进制体系；三是存储程序原理。特别是存储程序原理，使计算机真正实现了自动化处理。

埃克特与莫希里研制出 ENIAC 后，又合作设计了 UNIVACI 计算机，将指挥工作的程序放在机器内部，这被称为程序内存式。

电子计算机的发展在短短 50 多年来已经经历了四个发展阶段，即电子管时代、晶体管时代、集成电路时代和大规模超大规模集成电路时代。

如今人们正在研制第五代计算机，也就是人工智能时代，这个阶段始于1982年的日本。

电子计算机引发了第三次工业革命，把人类社会带进了一个新的时期——数字化信息时代。

货币的起源及效用

分工完全确立之后，劳动者就会安心于自己的工作，以产出尽可能多的劳动生产物。这些劳动生产物只能满足自己一小部分的欲望，其他大部分欲望，需要用自己消费不了的那些剩余劳动生产物与他人的剩余劳动生产物交换来实现。这样，一切生活需要的满足，都离不开交换。换句话说，这时的人，都成为了商人，社会也成了商业社会。

以上各取所需式的交换，使分工达到了一种理想化的完美程度。事实上，这种情况是极难实现的。尤其是在分工刚出现的时候，这种相互交换往往很迟钝。

如果一个人拥有一种多得连自己都消费不了的物品，而另一个人却因这种物品持有不足，以至于难以满足自身消费而急需购入，这时，物品充足者当然愿意向或缺者售出自己的剩余物品。但如果或缺者手中没有充足者需要的物品用来交换，那么，这两者之间的交换，仍难以实现。

比如，屠夫将自己消费不了的剩余肉类放在店里出售，酿酒师、面包师等其他行业的人，当然也希望从这里买回一些以改善自己的口味和生活，但如果此时，这些人除了自己通常所产出的物品外，没有其他任何一种可供交换的物品，并且，屠夫所需要的美酒和面包这时已得到供应，那么，屠夫和这些人之间，也不可能达成交易。屠夫不可能成为他们的商人，他们也无法成为屠夫的顾客。

人们之间的这种交换障碍，随着社会的发展逐渐被解除。自分工完全确立之后，人们为了避免这种情况发生，身边随时都会带着一定数量的某种物品。这种物品往往为大家所共同认可，拿它去同任何人的生产物交换，都会被他人欣然接受。

这种物品作为交易的媒介，其特殊性可见一斑，但它并不是固定的、唯一的。据说在未开化的社会，最开始是用牲畜交换各种物品。如荷马曾说："迪奥米德的铠甲，仅值9头牛，而格罗卡斯的铠甲，却值100头牛。"阿比西尼亚将盐作为商业交换的媒介；印度沿海地区将某种贝壳作为商业交换的媒介；弗吉尼亚将烟草作为商业交换的媒介；纽芬兰将干鱼丁作为商业交换的媒介；英国西印度殖民地用砂糖作为商业交换的媒介。还有一些国家，将兽皮或鞣皮作为商业交换的媒介。甚至直到今天，英国有些乡村，还将铁钉作为媒介来交换美酒和面包。

各个国家和地区的商业交换媒介各不相同，并且随着时代的发展，这些充当交易媒介的物品也一直处于不断变换之中，但最终，各地的人们还是不约而同地将金属作为媒介。

与其他媒介相比，金属的确有着独特的优势：不易磨损，有很大的耐久性，还能任意分割、熔炼而全无损失。金属的这种特性，使它很快成为商业流通中最合适的媒介。

任何国家，最终都不可抗拒地选择了使用金属而不使用其他货物作为商品交换的媒介。

这种实用性是极为可观的。例如，以牲畜作为媒介来换取食盐，买盐者一次买入食盐的价值，肯定不能低于一头牲畜的价值，因为他用以购买食盐的牲畜，是不能分割的，如果分割了，牲畜便不能复原，便会影响到它的价值。所以，不管买盐者真正想要的食盐是多少，他也只能以牲畜价值的整倍数来购买相应价值的食盐。此时，如果买盐者用以交换的不是牲畜，而是金属，他就能随意购得自己真正想要的食盐数量了。他只需按照自己需要的食盐数量，分割、支付相应的金属即可。

当然，各国用以充当交换媒介的金属，也不完全相同。古斯巴达人用的是铁，古罗马人用的是铜，其他一些富裕商业国用的则是金银。另外，这些金属的构造也不尽相同。最初，这些金属通常都以粗条的形式出现，做工比较简陋。如普林尼引用古代历史学家蒂米阿斯的话说："直到瑟维阿斯·图利阿斯时代，罗马还没有铸造的货币，他们购买需要的物品时，用的是没有任何刻印的铜条，换言之，这些粗条，在当初即是用于商业交换媒介的货币。”

作为商业交换媒介，这些制作简单的粗条金属的确较以前的牲畜等更为实用，但它也给商业交换带来了两个主要难题。

首先，是重量的称量。贵金属单位价值极大，即使质量上小有偏误，在价值上也会有很大的差别。因此，准确称量这些金属，应该是一种极为精细的工作，需要精密的天平和砝码来完成。贱金属则不同。贱金属即使在质量上存在细小偏误，也不会对价值产生很大影响，所以，大可不必仔细称量。如一个农民购买一个铜板的货物，每次都准确称量这个铜板的质量，既繁琐无比，又毫无必要。

其次，是质量的辨别。这比前一点更为麻烦。不管你鉴别这些金属成色的经验如何丰富，如果没有将它们放进熔炉熔解，你的任何检验结果都不是百分之百可靠的。在铸币制度尚未实施以前，除非经过这种极其困难而繁琐的检验，否则你就有可能受到他人的欺骗。他们持有的表面上看起来极为纯正的一磅银或铜，内部却极可能含有许多低贱的金属甚至其他粗劣的杂质。因此，富裕国家为避免这种问题，进一步加速交易与流通，促进商业的进步与发展，便相继出台了官币制度。

官币制度的出现绝非偶然，它是分阶段发展起来的。

起初，政府部门发现金属质地上的漏洞后，便在那些质地完好、品质优良的特定金属上加盖官方印章，以示区别。这种制度的性质，类似产品合格率检查制度。政府的工作就像那些质量检查员，在那些质量达到要求的货品上贴上标签，表明它们达到了流通的要求，甚至也暗示它们可以成为衡量其他同性质货品是否达到流通标准的尺度。

官方在这些货币金属上标明印记，目的在于鉴定它们的质地或纯度，而与重量无关。这与现在金银器皿等贵金属上的纯度标记极为相似。可是，史书上也有这样的记载：“亚伯拉罕称量了400舍克尔银子给伊弗伦，作为马克派拉田地的补偿。”其中，银子便是当时商人流通的货币。但不同的是，那时金属货币的流通与现在金块银条的流通一样，都不论个数，而只论重量。还有，历史上撒克逊人入主英格兰时，据说并不征收货币而是以粮食等实物代之，征收货币是后来的征服王威廉一世始创的，而且当时纳入国库的货币，也只论重量而不论质量。之前，官方注重质量而无视重量；之后，人们又注重重量而忽视质量。这是为什么呢？这就涉及到官币制度的另一个阶段了。

官方将品质合格的货币打上了特殊的印记，但他们很快发现，这些贵金属货币大小不一，称量起来要保证极小的误差，难度很大，流通起来仍然不太便利。于是，在这种情况下，他们很快又引出了铸币制度。

官方铸币，制作当然更为精细讲究，最重要的是，质量和重量都有绝对的保证，都能得到所有人的一致认可。所以从这以后，打上官方印记且由政府铸造的货币，就像现在这样，全以数量论处，而绝无质量上的任何疑问了。不过如果细心考察，这里还存在一个问题。

世界各国君主几乎都是贪婪自私的。由于人们对他们所铸造货币的广泛认可和流通，久而久之，他们就会欺骗臣民，将在最初所含金属真实分量的基础上次第削减，铸造出缺斤少两的不合格货币，来充当完好货币发往市场。如罗马帝国后期，其货币阿斯减到原价的1/24，含量名为1磅，实际只有半盎司。英格兰的镑和便士，现在只及当初价值的1/3；苏格兰的镑和便士，只及1/36；法国的镑和便士，只及1/56。

这些价值遭到削减的货币，对君主和政府是有利的。同时，他们作为债务人，也允许国内其他一切债务人享有与自己同等的权力，让他们同样以新的贬值币，偿还货币改铸前借来的金额。这样，用以偿还债务并履行各种契约所需要的贵金属，不必像以前那样多了，这就在无形中损害了债权人的利益。这种行为对个人财产的影响，比任何自然灾祸带来的影响都大得多。

虽然政府在货币铸造上有这类投机取巧的行为，但货币还是成为了一切文明国家商业上的通用媒介，通过它，一切货物都能相互交换，相互买卖。

了解了货币的产生之后，我们再来讨论一下人们在以货币交换货物或以货物交换货物时所遵循的法则。所谓商品相对价值或交换价值，正是由这些法则决定的。

商品的价值，通常有两种不同的意义：一是指特定物品的效用，即我们所说的使用价值；二是指由于占有某种货品而取得的对其他货品的购买力，即我们所说的交换价值。这两种价值是此消彼长的。有些使用价值很大的东西，几乎没有什么交换价值，比如说水，水的用途十分广泛，生活的方方面面都离不开水，但水却不能拿去交换购买别的东西。与此相反，交换价值很大的东西，也几乎没有什么使用价值，比如说钻石，需要大量货物才能换得，但它却没什么实际使用价值。

为了深入探究商品交换价值原则，我将依次阐明以下几个问题：

第一，交换价值的真实尺度是什么？

第二，形成真实价格的各部分因素，分别是什么？

第三，为什么多数情况下，商品市场价格或实际价格，与其自然价格无法保持一致？

对于这三个问题，我将在下文予以详尽论述。所以，如下文有些地方读起来显得冗赘，请姑且忍耐；如有地方论说不够透彻，请细心体会。为了将问题讲得尽可能地清楚明白，我已不胜其烦地作出了最大的努力，只是对一个极其抽象的问题，任何解释说明都不能予以完美的诠释。

链接

信用货币

信用货币是由国家法律规定的，强制流通不以任何贵金属为基础的独立发挥货币职能的货币。目前世界各国发行的货币，基本都属于信用货币。

信用货币是由银行提供的信用流通工具。其本身价值远远低于货币价值，而且与代用货币不同，它与贵金属完全脱钩，不再直接代表任何贵金属。它是货币形式进一步发展的产物，是金属货币制度崩溃的直接结果。在20世纪30年代，发生了世界性的经济危机，引起经济的恐慌和金融混乱，迫使主要资本主义国家先后脱离金本位和银本位，国家所发行的纸币不能再兑换金属货币，因此，信用货币便应运而生。当今世界各国几乎都采用这一货币形态。

信用货币由一国政府或金融管理当局发行，其发行量要求控制在经济发展的需要之内。从理论上说，信用货币作为一般的交换媒介须有两个条件：货币发行的立法保障以及人们对此货币抱有信心。

信用货币是随着资本主义商品经济的发展而产生和发展起来的。在金银铸币流通的情况下，由于金银采掘量有一定的限制，货币数量的增加赶不上流通对货币需要量的增长。与此同时，由于信用制度的扩大，使货币作为支付手段的职能也随之扩大，从而为信用货币的产生提供了可能性。这样，在商品生产和商品交换日益发展的基础上，期票、银行券、支票以及汇票等形式的信用货币，便直接从货币作为支付手段的职能中产生出来。

信用货币一经产生，便具有双重性质：一方面，它是体现债权与债务关系的信用证券；另一方面，它又是以信用为基础的货币符号。它本身并无价值，但可以在流通中代替金属货币，因为它代表着一定数量的货币，或者随时可以兑换成现实的货币（如银行券和支票），或者可以通过贴现等形式转变为货币（如期票）。

信用货币在发展过程中，由于政府滥发导致多次发生通货膨胀，在破坏兑现性的同时也促进了信用货币制度的发展与完善。到了20世纪30年代，世界各国纷纷放弃金属货币制度，不兑现的信用货币制度遂独占了货币历史舞台。

进入20世纪50年代以后，信用货币主要采取了非实体化的存款货币形式，人们的货币只有一小部分以现金（钞票和铸币）的形式持有，大部分以记账符号的形式存在于银行的账面上，当收到货币时，由银行将付款人账户上的存款划转到收款人的账户上；当需要支付货币时，付款人可以签发由银行发给的支票，通知银行将其存款账户中的一定金额转于收款人的账户。随着社会的进步和科学技术的飞速发展，目前这种存款货币的支票划转方式越来越多地被“电子货币转移系统”所代替。

信用货币的产生，在一定程度上解除了流通中金银铸币数量不足给商品交换造成的束缚。一般的做法是：在大宗交易中使用信用货币，在小额交易中仍用金属铸币。期票作为资本主义商业信用的一种形式，在流通中代替金属货币执行支付手段和流通手段的职能，可以促进商品流通，加快资本周转速度，减少一定的货币流通量。但是，在资本主义的现实经济活动中，期票的转手并不一定伴随着商品的流转，因此，在期票的辗转流通中，只要其中一个环节发生故障，到期的期票就无法兑现，并会引起一系列的连锁反应；加上投机、欺诈行为的存在，信用货币广泛使用的结果，不可避免地在一定程度上加剧了流通和生产领域中的混乱。

信用货币最显著的特征是作为商品的价值与作为货币的价值是不相同的。它是不可兑现的，只是一种符号，是通过法律确定其偿付债务时必须被接受的，即法偿货币。

信用货币是以信用作为保证，通过一定的信用程序发行、充当流通手段和支付手段的货币形式，是货币发展中的现代形态。

信用货币具有以下特征：

（1）是货币的价值符号；

（2）是债务货币；

（3）具有强制性；

（4）国家对其进行控制和管理。

在现代经济中，信用货币包括以下几种主要形态：

（1）期票

在商品赊购交易中，购买人购进某种商品，可以不必支付现款，只需开出一张定期偿付欠款的债务凭证交给对方。到期时，持票人可按票面金额向出票人索取现款。尚未到期的期票，经债权人在其背面签字表示承担债务，持票人也可以把它用作购买手段或支付手段，去购买商品或偿还债务。此外，持票人还可以将尚未到期的期票向银行申请贴现。受票人可以根据利息率从中扣除期票到期以前这段时间的利息。

（2）银行券

在商业票据流通的基础上产生，并以银行信用为担保的银行券，也是一种信用货币。持有者可以用它来代替金属货币使用。它没有固定的支付日期，可随时兑换黄金；它的票面金额是固定的整数，便于流通；它以黄金和票据作担保，信用基础比较稳固，可以在银行信用所及的广大范围内流通。但是，由于各国相继放弃金本位制，停止银行券兑换黄金，资本主义国家普遍发行不兑现的纸币作为流通手段。纸币与银行券不同，它不以商业票据和黄金作准备，不能兑换黄金，事实上已不能称为信用货币。它是根据政府法令发行的。政府为弥补财政赤字滥发纸币，往往造成通货膨胀。

（3）支票

随着资本主义银行业务的发展，支票便在流通中发挥了通货的作用，成为代替货币支付债款和在存款人之间进行转账结算的主要形式。在第二次世界大战前，银行支票便已成为主要的信用货币。据统计，1937 年据以签发支票的活期存款在货币供应量中的比重，美国占 81%，英国占 73%，日本占 61%，法国占 41%。第二次世界大战后，银行支票仍然是资本主义国家主要的流通手段，近年来约占有些国家货币供应量的 90%。它不仅在批发贸易，而且在零售贸易中都成为重要的支付手段。20 世纪 60 年代以来，银行垄断资本为了加强竞争优势，追逐高额利润，千方百计地改进银行业务，再次扩大了信用货币使用的范围。

利用支票作为支付手段，可以减少货币流通量，节约流通费用。但在经济危机阶段，由于生产萎缩，企业倒闭，银行破产，支票往往不能兑现，这势必影响生产和流通的正常运行。所以，信用货币一方面起到了促进资本主义经济发展的积极作用，另一方面由于它流通范围的过度扩展，使得货币作为支付手段所蕴藏的危机的可能性也增大了。

（4）辅币

辅币多用贱金属制造，一般由政府独占发行，由专门的铸币厂铸造。其主要功能是充当小额或零星交易中的媒介手段。

（5）纸币

纸币多数由一国中央银行发行，其主要功能是承担人们日常生活用品的购买手段。

（6）银行存款

存款是存款人对银行的债权，对银行来说，这种货币又是债务货币。存款除在银行账户的转移支付外，还要借助于支票等支付。目前在全社会的经济交易中，用银行存款作支付手段的比重占绝大部分。随着信用的发展，一些小额交易，如顾客对零售商的支付、职工的工资等，也广泛使用这种类型的货币。

（7）电子货币

由于科技飞速发展和电子计算技术的运用，货币的交易和支付方式进入了一个崭新的阶段。电子货币通常是利用电脑或储值卡来进行金融交易和支付活动，例如各种各样的信用卡、储值卡、电子钱包等。与此同时，还可借助于联网的电脑、自动柜员机或用电话操作来对货币存储额进行补充。这种货币运用非常方便，而且还在不断完善和进一步发展。

商品的真实价格与名义价格

一个人贫富与否，主要取决于他支配生活必需品、便利品及娱乐品的多少。但自分工完全确立以来，这些货品中，只有极少数可自给自足，绝大部分要依赖他人劳动。所以，又可以这样说，一个人贫富与否，主要取决于他能够支配多少劳动，也就是说能够购买多少劳动。人们将自己不愿消费或消费不了的货物存放起来，待合适时机拿去与他人交换其他货物，对这些人来说，这些货物的价值，就是他能购买或支配的劳动量。由此可见，一切商品的交换价值，都取决于劳动。

商品的真实价格，即指取得这种物品所付出的所有劳动代价。一个人拥有了一种用于交换的物品，这种物品的真正价格，就是别人将其生产出来的劳动价值。因此，用货币或货物来购买商品，就像我们用劳动获取所得一样，也需用劳动来购买。

劳动是任何商品最原始的价格，是最初用以购买一切货物的代价。用货币或货物去购买商品，就能使自己免于这种商品的劳动，从而直接通过交换自己的劳动来得到它。

霍布斯说：“财富就是权力。”但即使一个人继承了一笔数值很大的遗产，也不一定就获得了继承民政或军政上的政治权力。因为他所拥有的财产权，只是一种直接的购买力，一种对市场上各种劳动或劳动生产物的支配权。这种支配权的大小，与他的财产大小成比例。

劳动决定商品的交换价值，但一切商品的价值，通常并不是由劳动来衡量的。

不同商品以不同的劳动方式生产出来，要确定生产商品过程中的两种不同劳动量，并不是一件容易的事。由于生产条件、环境等因素的不同，完成它们的时间也断然不同。而且，由于其困难程度和精巧程度也不尽相同，所以，它们的劳动量是极难衡量的。

另外，商品一般都是直接与商品交换，很少与劳动交换，所以，人们通常总是用交换得来的另一种商品来衡量本身持有商品的交换价值，而很少用这种商品所交换得来的劳动量来衡量。尽管后面这种衡量标准更合乎道理，但这种似乎偏离正道的现象也很正常，毕竟后面的劳动是一种抽象概念，不易把握；而前面是商品，是看得见、摸得着的实物，具体而鲜明。

物物交换直观鲜明，其局限性也很大，如上述所说的用牲畜去交换食盐，就必须用整数倍的牲畜去完成交易。所以，物物交换也是商业社会不够发达的表现。当商业社会发展到足够成熟的时候，货币成为商业上的一种流通媒介，商品也就不再同商品交换，而直接同货币交换了。

例如，屠夫需要面包或美酒，就无需将持有的兽肉拿到面包店或酒店去交换，而是先把这些肉类拿到市场上售出换取相应的货币，然后用这些货币去购买面包或美酒。在这个过程中，屠夫衡量自己所持兽肉的价值，往往不是用换来的面包和美酒来衡量，而是用换来的货币来衡量。1 磅肉值 3 个便士，比起 1 磅肉值 3 斤面包或 3 夸脱美酒，的确更为自然。

因此，衡量一个商品的交换价值，通常并不以其所能换得的劳动量或其他商品为标准，而多以货币量为标准。

同其他商品一样，作为这种衡量标准的货币本身的价值，也不是一成不变的，它有时高有时低，有时难得有时易得。通常而言，作为货币的金银，其所能购买或所能支配的劳动量或其他商品，主要取决于当时发现的金银矿山的出产量大小。出产量越大，所耗费劳动就越小，所以购买力就越小，价值也就越小；出产量越小，所耗费劳动就越大，所以购买力就越大，价值也就越大。

众所周知，作为衡量其他事物的标准，本身应该具备相应的准确性和稳定性，若货币本身的价值频繁波动，则决不适于衡量商品的真实价格。也许至此你会发现，物物交换本质是劳动，物币交换本质亦是劳动，货币本身的价值波动也由所耗费的劳动量决定，那么，商品的真实价格，便也是由劳动决定的了。

是的，让劳动充当这一衡量标准再合适不过。等量劳动，无论在什么时间什么地方，都有同等的价值。如果劳动者都具有一般的精力和熟练的技巧程度，那么在劳动时，就必然牺牲等量的安乐、自由与幸福。他所购得的货物不论多少，总是等于他所付出的代价。虽然劳动者的劳动，有时能购买较多商品，有时只能购买较少商品，但这是商品价值变动，而不是购买商品的劳动价值变动。任何时候，凡是难以购得或在取得时需花较多劳动的商品，价必昂贵；凡是易于购得或在取得时只需少量劳动的商品，价必低廉。因此，只有本身价值绝不变动的劳动，才是随时随地可用以衡量和比较各种商品价值的真实标准。劳动是商品的真实价格，货币只是商品的名义价格。商品的这两种价格的区别是显而易见的：商品真实价格相同，其价值往往相同；商品名义价格相同，其价值会因金银货币价值的变动而产生极大的差异。例如，一个人永久租赁出自己的田产以收取地租，并希望自己的地租份值永久不变，那么，他就不可将地租固定为一定数额的货币。因为固定数额的货币地租的价值，难免会产生变动。

首先，它会因不同铸币时代金属货币所含金银的分量而变动，如各君王和国家都认为，减少铸币内所含的纯金属的量对他们眼前有利，所以现今，各国铸币内所含的纯金属量都在不断减少，从来没有增加。其次，它会因不同时代生产金银货币所耗费的不同劳动价值而变动，如美洲矿山的发现，降低了欧洲金银的价值，而且很多人都推测，金银价值还会逐渐下降，并在长时期内持续下降。显然，货币的这两种变动，都降低了货币地租的实际价值。

与货币地租不同的是谷物地租。谷物，即劳动者的生活资料。谷物地租相对而言，较货币地租更能保持原有价值。因此，伊丽莎白第十八年（即 1575 年）就曾规定，国内各学院地租，2/3 纳货币，其余 1/3 要纳谷物，或按照当时最近市场上的谷价折合货币。

的确，如果要经过很长时间的跨度，等量谷物比等量金银或其他商品似乎更能购买到等量劳动，或者说，等量谷物在很长时间内较金银等更能保持相同而稳定的真实价格，因为在任何时候，谷物对人们来说总是一种最基本的生活资料。但需要指出的是，即使是劳动者的生活资料，即劳动本身的真实价格，在不同时期也是大不相同的，这点在后文将予以阐明。社会越进步，劳动者需要的生活资料就越多，劳动的真实价格就越大。反之则截然不同。所以，谷物地租只受一定分量谷物所能购买的劳动量的变动影响，而以其他任何物品计算的地租，除受这种影响之外，还要受到一定分量这种物品所能购换的谷物量的变动的影响。

与货币地租的真实价值相比，虽然谷物地租就长时期如几十年一百年来说，变动很少，但客观地说，它在短时间内如一年一年，变动却是十分频繁的。

如下文所述，谷物的货币价格的涨落并不会使劳动的货币价格时刻与之保持一致，这只是一种经常性的、偶然性的变动，后者只会与谷物的平均或普通货币价格相协调。而谷物的平均或普通价格，亦受金银价格的支配，受金银矿山产量的支配，受运银到市场所必须使用的劳动量的支配，因而也受所必须消费的谷物量的支配。关于这一点后文中将有详细论述。

与谷物地租相反，金银价在长时间内会有很大变动，在短时间内，则往往具有相同或相差不大的同等价值，即具有相同或相差不大的平均或普通价格。在这段时间内，劳动通常也保持着相同的货币价格。但谷物就不同了。其暂时性、偶然性的价格可能很高，也可能很低，如今年每夸特 25 先令，而明年可能涨至每夸特 50 先令。谷物价格翻了一倍，谷物地租的名义价值和真实价值都会比以前提高一倍，或者说所支配的劳动量或其他货物量比以前大一倍。而在同期内，劳动与其他绝大多数商品的货币价格一直保持不变。

在长时间内，我们不能用一种商品所能换取的货币来估量它的真实价值；在短时间内，我们不能用一种商品所能换取的谷物来估量它的真实价值，但在任何时候任何地方，我们都能用这种商品所能换取的劳动量来估量它的真实价值。所以，由此我们可以得知，劳动才是衡量价值的正确尺度，只有劳动，才能在任何时候任何地方衡量一切商品的价值。

商品的真实价格是按劳动确定的，所以稳定不变；商品的名义价格是按货币确定的，所以经常波动。这两种价格的区分，对订立长期契约（如长期出租土地等），有很大的好处，但对日常生活中司空见惯的买卖，用处并不大。生活中普通的买卖交易，时间性很强，并没有多少时间去等待一个合理的价格出现。不管价格偏高还是偏低，人们都会尽快完成买卖，获得彼此需要的生活必需品。

商品的这两种价格之间的关系，也因地理位置的不同而不同。在同一地方同一时间，商品的真实价格与名义价格成正比。如在伦敦售卖一种商品，所得货币越多，那么在那个时间，它所能购买或支配的劳动量就愈多；所得货币越少，它所能购买或支配的劳动量就愈少。但在不同地方，尤其是彼此相去甚远的两个地方，这两者并不成正比例关系。例如，往返英国和中国两个地方的商人，他们所考虑的，只是购买商品所用的银数和出卖商品获得的银数之间的差额。在中国广州，他们用半盎司白银就能买到在伦敦需要一盎司白银才能买到的商品。换言之，他们可以将在中国广州购得的商品运回伦敦售出，得到双倍的白银，从而实现百分之百的利润。

商品的名义价格，常被人们用作评判买卖交易是否合理的标准。由此，人们也越来越注重商品的名义价格，而忽略其真实价格。

随着文明国家的不断发展，君王和政府逐渐发现，货币金属并不一定非要局限在金银上。依所付款项的大小不同，分别用不同的金属货币来支付，会更加便利，如数额巨大的用金币支付，数额一般的用银币支付，数额很小的用铜币或比铜币更贱的金属铸币支付。

无疑，这种情况会造成币种稍多，但也无需担心流通不畅，他们同时会专门选定一种作为主要的价值尺度。这个价值尺度主要由最先用于商业流通的货币金属来担当，并且，即使日后主流货币金属发生改变，它也仍会被人们广泛使用。

例如，在第一次普尼克战争之前，罗马便开始铸造银币，但这种被日益广泛使用的币种，并没有改变铜币在罗马共和国商业流通中作为价值尺度的地位。在银币被铸造之前，罗马共和国只有铜币，国内一切账簿、财产、价值等，都以若干阿斯计算。阿斯，即一种铜币名称。所以，古罗马人若欠别人很多钱物，通常都会说成欠了别人很多铜。

与罗马不同，英国最先用于流通的是银币。撒克逊人入主英格兰时，英格兰只有银币；直到爱德华三世时代，才出现少许金币；在詹姆士一世以后，才有铜币。因此，英国将白银作为价值尺度同古罗马将铜币作为价值尺度，道理是一样的。

事实也正如此。在英格兰，黄金在铸币后很久还不曾取得法定货币的资格。金币和银币价值的比例，不由法律或公告规定，而完全取决于市场。所以，债务人如果以金偿债，债权人可以拒绝，否则，就须按照双方同意的金价计算。铜在现在的英格兰，也只用以兑换小银币，已经不是法定货币了。所以，在这种情况下，本位金属与非本位金属不仅在名义上有所不同，在实质上也有了很大的区别。

铸币有数种之多，其中作为价值尺度的特定铸币与其他币种的价值比例也日渐为人们所熟悉，人们之间的商业流通开始真正便利起来。1 几尼换多少先令，1 先令换多少便士，在法律上都有明确规定，人们可根据实际数额大小来选择合适的支付方式。各币种以法定比例确定下来，并规定一定的有效期，由此，本位金属与非本位金属的区别，就只是在名义上有所不同罢了。

但需要指出的是，在以上这种法定比例发生变动时，本位金属与非本位金属的区别又会回到以上那种情况。例如，1 几尼金币的法定价值，由 21 先令落至 20 先令，或升至 22 先令，以银币偿还，和以前相同；以金币偿还，就有很大的差异。在 1 几尼低于 21 先令时，所需金币数额必较大；在高于 21 先令时，所需金币数额必较小。在这种情况下，与金价比较，银价似乎不易变动。这时，似乎是以银衡量金的价值，而不以金衡量银的价值。金的价值，似取决于金所能交换的银量；银的价值，似不取决于银所能交换的金量。实际上，这种差异起因于商业行为多用银币表明的习惯。如习惯用金币来表明，金币同样会面临银币这种情况。

法定比例变动会造成币种兑换的紊乱，在不同金属铸币的不同价值中，要是有个法定比例持续不变，那么最昂贵的金属的价值，便在实际上支配着一切铸币的价值。而这最昂贵的金属，无疑属金币几尼。

历史上，英国从未曾征收铸币税，以重 1 磅或 1 盎司标准金块持往造币厂，可不折不扣换回重 1 磅或 1 盎司的铸币。所以，每盎司 3 磅 17 先令 10 便士半，就成为英格兰所谓金的造币厂价格，也就是造币厂交换标准金块所付给的金币量。

但这只是最初的情况。金币改革之前，市场上标准金块的价格，好多年都在每盎司 3 镑 18 先令以上，常是 3 镑 19 先令或 4 镑。但在当时磨损的 4 镑的金币里，很少含有 1 盎司以上的标准金。金币改革以后，每盎司标准金块的市价很少超过 3 镑 17 先令 7 便士。改革前，其市场价格总是或多或少地超过造币厂价格；改革后，市场价格一直低于造币厂价格。但不论以金币或以银币支付，市价都相同。所以，最近金币的改革，不仅提高了金币的价值，也提高了和金块甚至和一切其他货物对比的银的价值。不过，因受大部分其他货物的价格影响，金币或银币的价值增长看起来并不怎么明显。

虽然价格相同，但 3 镑 17 先令 7 便士的金币制造价格含有的标准金总是少于 1 盎司，所以有人认为，这个数额并不应该换取更多的标准金块。其实，这种观点也是片面的。铸币即标准金块，在使用上无疑比一般金块便利很多，而且，铸造货币虽无须支付额外费用，但金块送往造币厂，往往须在数星期之后才能换回铸币。时间的拖延，相当于抽取小额的铸币税，并使金币的价值略高于等量金块的价值。

对铸造金银币征收少量的赋税，对国家是有利的。首先，它会使铸币金银的价值更进一步高出同量条块金银。铸造货币会按税额比例增加铸币金属的价值，正如把金银制成器皿会按制造费用的大小而增加金银器皿的价值。其次，它可有效阻止铸币输出。铸币在外国，只能按照条块的重量出售，而在国内，其价值超过同等重量金银块的购买力，所以把输出的货币带回国内来是有利可图的。此外，其对铸币熔解也有一定的阻止作用。

一切商品市价都会因运输、损耗、意外事件等而发生变动，金银条块同样如此。它们会在运输过程中遭受意外，会在镀金、包金、镶边和绣花过程中遭受损失，等等。对于这种消耗，金银矿山多的国家自然没有忧虑，金银等金属矿产稀缺的国家就需要不断输入金银来进行弥补。在这种输入过程中，虽然金银输入国总是力求准确，但输入过多或过少的情况仍难以避免。输入过多，他们往往不愿冒再输出的危险与困难，而情愿以稍低于一般价格的价格在国内售去若干；反之，如果输入过少，金银市价就会高于一般价格。这种略低于或略高于造币厂价格的小幅价格变动，是一种偶然性的。长期来看，它竟也能保持一定的稳定性和持续性。

判断一个国家的货币作为价值尺度在特定时间和地点运用时的准确程度，主要是看其铸币实际所包含的纯金量或纯银量，与它应当含有的纯金量或纯银量的相差程度。

例如在英格兰，如果 44 个半几尼恰好含有标准金 1 磅，即纯金 11 盎斯和合金 1 盎司，则此种金币，就可作为某一特定时间和地点所可能有的商品实际价值的正确尺度。而如果这 44 个半几尼因磨损消耗，所含标准金重量不到 1 磅，且磨损程度参差不齐，则这种价值尺度就会像其他各种度量衡一样，难免有些错误。

最后提醒一点，我所说的商品货币价格，与铸币名称无任何关系，主要是指商品售出所获得的纯金量或纯银量。

链接

古典二分法

古典二分法就是把经济分为两个互不相关的部分——实物经济与货币。相应地，经济学也分两个互不相关的部分——经济理论与货币理论。经济理论研究实物经济中决定产量的部分，如资源、人口、技术这些因素。货币理论研究货币如何决定物价水平。

根据货币量同比例变动，货币的价值（即购买力）也取决于流动中的货币量，与货币量反比例变动。换言之，货币量变动引起物价水平同比例变动和货币价值反比例变动。这就是著名的货币数量论。

由这种古典二分法又得出了一个重要的推论：货币中性论。这就是说，在经济中，货币量的变动只影响物价、名义利率、名义汇率、名义 GDP 这些用货币单位表示的名义变量，并不影响真实利率、真实汇率、真实 GDP 这些用实物单位表示的真实变量。这种理论的基本观点是货币对经济没有实质性影响。

一种理论，无论如何权威，当它不能适应现实时，必然会遇到挑战。

20世纪初，货币在经济中的作用日益重要，把实物经济与货币分开的观点已无法解释经济生活。这时，古典二分法遇到了挑战。挑战者是瑞典经济学家威克塞尔。

威克塞尔是个在思想上有点儿激进的经济学家，他蔑视宗教中的神权和现实中的王权，主张言论自由，节制人口，也曾由于激进的言行而被捕。也许正是大无畏的反潮流精神使他敢对传统的古典二分法发起冲击。他在《利息与价格》这本书中，以利率为纽带，把实物经济与货币联结为一个整体。

威克塞尔认为，货币对实物经济有实质性影响，而不仅仅是决定物价水平。货币是交换、投资与资本交易的媒介，可以通过利率变动影响储蓄和资本积累，进而影响产量变动。他的论述是从区分自然利率与货币利率开始的。自然利率指不使用货币时供求关系所形成的利率，相当于物质资本的收益率。货币利率指资本市场上用货币支付的利率，由借贷双方的供求关系决定。自然利率不受货币影响，对货币是中立的，但货币利率要受货币影响。这两种利率一致时，经济处于均衡状态。如果银行增加货币量，货币利率就下降。当货币利率低于自然利率时，这两者之间的差额称为超额利润，它刺激企业增加投资，扩大生产。在充分就业的情况下，生产扩大引起生产要素需求增加，价格上升。生产要素流入支付能力高的生产资料的部门。生产要素的这种流动和消费支出增加引起消费品价格上升，这又引起对生产资料需求的增加，这就导致经济扩张的累积过程。

在这个过程中，生产资料与消费品比例失衡，物价持续上升，这时只有减少货币量，使货币利率与自然利率一致。如果银行减少货币量提高了货币利率，这个累积过程正好相反。

威克塞尔用货币利率与自然利率的背离来解释经济周期。这种理论成为瑞典学派的理论基础，也被奥国学派的米塞斯、哈耶克等人吸收，发展为经济周期理论中的货币投资过度理论。在今天看来，威克塞尔的最大贡献还在于打破了统治经济学一百多年的古典二分法，用利率把实物经济与货币联系起来，说明了货币对整个经济的影响。以后的货币理论和货币政策，正是由这个思路发展下来的。

商品价格的构成

在未开化的社会，劳动量是物物交换的唯一标准。如果猎手捕杀一头海狸需要的劳动量是捕杀一头鹿的两倍，那么，一头海狸就可以换得两头鹿；两天劳动所得到的生产物的价值，就是一天劳动所得到的生产物价值的两倍；两小时劳动量所得到的生产物的价值，就是一小时劳动所得到的生产物价值的两倍。

不过在这种社会背景下，也有特殊情况。如果一种劳动比另一种劳动更为艰难，那么这种劳动的艰难性，当然需要予以格外考虑。通过一个小时异常艰难的劳动所得到的生产物，往往可以换得两个小时比较轻松的劳动所得到的生产物。

还有一些劳动需要非凡的技巧和智能，同样的，这些劳动所得到的生产物与其他仅需要普通技能和智力就能得到的劳动生产物相比，也具有更高的价值。超乎常人的技巧和智能，往往需要长时间的积累和练习才能获得，将技巧非凡的人的生产物赋予更高的价值，只不过是对之前获得这种技巧和智能所付出的劳动与时间，给予合理的报酬，当然也是对具备这种技巧和智能的人的尊重。例如在进步社会，对于特别艰苦的工作和特别熟练的工作，劳动工资都会有额外的加成。

事实上，资本一旦积聚在少数人手里，就必定会有人将资本附加在劳动者身上，供给他们原材料和生活资料，让他们劳作，以便自己通过劳动生产物的售卖或劳动对原材料增加的价值获得利润。这部分利润，即用于与货币、劳动或其他货物交换的完全制造品的价格，在除去足够支付原材料代价和劳动工资后的剩余差额。这部分利润，就是企业家将资本投在企业场所所得的利润。

由此可见，劳动者对原材料增加的价值可分为两部分：一部分为劳动者工资，一部分为雇主利润。雇主利润主要被雇主用作垫付原材料和工资的全部资本，如果雇佣劳动者的生产物售出所得，无法抵消雇主所垫付的资本，雇主便不会雇用工人；而且，如果他所得的利润不能和他所垫付的资本额保持相当的比例，他也不会进行大投资而只会进行小投资。

对于这种资本利润，也许有人会说它只是某种特定劳动工资的别名，更明确地说，它不外乎是监督指挥这种劳动的工资。其实，这种观点是大错特错的。利润与工资完全不同，它们受着两个完全不同的原则支配。监督指挥这类工作，作为一种劳动，其本身也有数量、强度、技巧的区别。利润则不同，它无法同劳动数量、强度、技巧等成比例。

那么，是什么在支配着利润呢？当然是资本。利润的多少与资本的大小成比例关系。例如某地有两种不同的制造业，分别雇用劳动者 20 人，工资每人每年 15 镑，全年共计 300 镑。现假定该地制造业的年利润为 10%，其中一方每年加工价值 700 镑的粗糙原料，另一方加工价值 7000 镑的粗糙原料，合计起来，即前者每年投入资本 1000 镑，后者每年投入资本 7300 镑。最终按 10% 的年利计算，前者每年就会获得利润 100 镑，后者每年则会获得利润 730 镑。不难看出，这两者在利润上的差异是很大的。

虽然两家工厂在利润额上相差很大，但他们的监督指挥工作却并没有什么不同。在许多大工厂里，这类监督指挥工作通常都由一个重要的工作人员经管。这个劳动者的工资，正说明了上文所言的监督指挥那一类劳动的价值。在考虑这名劳动者的工资时，不仅要考虑他的劳动和技巧，还要考虑他所负的责任；不过，他的工资与他所管理的资本，并不成比例关系。

与这名劳动者不同的是，资本持有者虽然没有什么劳动，却总希望其利润能与资本保持一定的比例关系。这样，在商品价格中，资本利润就成了一个必不可少的组成部分，它与劳动工资截然不同，受完全不同的原则支配。

利润空间的存在，必然意味着劳动生产物并不完全属于劳动者，他们还要同雇用他们的资本持有者共同分享。同样的，一般用于取得或生产任何一种商品的劳动量，也不能单独决定这种商品一般所应交换、支配或购买的劳动量，另一个因素——垫付工资、提供材料的资本的利润，也起着决定性的作用。

在土地私有的国家，拥有土地的地主为了不劳而获，甚至对土地的自然生产物也要收取地租。土地私有化之前，森林中的树木，田野里的花草，大地上的果实，劳动者砍伐采集之后就是自己的，而如今要获取这些，还需要向土地所有者付出额外的代价。他们在砍伐采集这些自然生产物之前，必须得到土地所有者的准许，必须将自己所得到的分出一部分来上交给地主。这一部分，便是我们所说的地租。

地租是商品价格的第三个组成部分。另外两个组成部分是上面所说的劳动工资和资本利润。任何年代任何社会中的商品，其价格都可分解为这三个部分或其中之一。在较开化的文明社会，绝大部分商品的价格都由这三者构成。

以谷物价格为例。谷物价格的三部分为：付给地主的地租；付给生产者所雇用的劳动者工资及耕畜维持费；付给农场主的利润。谷物的全部价格，或直接或最后由这三部分构成。

再以面粉价格为例。面粉由谷物制造出来，故面粉价格应在谷物价格的基础上，额外加上面粉厂主的利润和雇佣劳动者的工资。再以面包价格为例。面包又由面粉制造出来，所以面包价格又应在面粉价格的基础上，额外加上面包师的利润和雇佣劳动者的工资。另外，谷物由农家运到面粉厂，再由面粉厂运到面包房，又需要支付若干劳动工资，因此，这种劳动工资及这种资本的利润，也要计算在内。

从谷物到面粉，从面粉到面包，我们不难发现，商品越接近完成，其价格中的工资、利润部分占总价格的比例就越大。并且，随着制造加工的逐渐深化精细，工资、利润项目不断增加，后者较前者就需要投入更多的资本，他们也由此而获得更多的利润。如织工是纺工的深加工，雇用织工的资本，除了支付雇用纺工的资本和利润外，还要额外加上织工的工资。

所以，雇用织工的资本总是大于雇用纺工的资本，并且与雇用纺工相比，雇用织工也能产生更大的利润。

商品价格一般由以上三个部分构成，但也有少数商品的价格仅由劳动工资及资本利润组成，甚至极个别商品的价格直接等同于劳动工资。

例如，海产鱼类的价格，往往只包括渔夫工资和渔业资本利润两个部分，地租则极为少见。海上渔业无需交付地租，河上渔业就不同了。在欧洲大陆的绝大多数地区，鲑鱼业都需要支付地租，这种地租虽不是严格意义上的土地地租，在形式上它已变为河域租金，但它实质上仍与工资、利润一同构成鲑鱼价格。

再如，在苏格兰一些地方，通常有或多或少的穷人到海岸边拣拾斑色小石头，这些被称为苏格兰玛瑙的小石头会受到雕石业者的青睐，他们会从拣拾者手中将其收购过来。这时，雕石业者收购的石头的价格，就只是拣拾者的劳动工资，没有地租，也没有利润。

总而言之，一切商品的全部价格，最后必由地租、工资和利润三部分或其中一两个部分构成。一切商品价格中，除去土地地租和劳动工资所占份额外，剩下的全部归属于利润。

从小的方面说，每一件商品的价格都由地租、工资和利润三部分或其中一两个部分构成；从大的方面说，一个国家全部劳动生产物的价格，也由这三个部分构成。其全部居民共同分享支配着这三个组成部分，国家每年生产的全部物品，也正是以这样的方式分配给不同社会成员的。由此可见，地租、工资和利润，是一切收入的根本源泉，所有人的收入，归根到底都来源于这三种收入中的一种。

任何人的收入，都因劳动、资本或土地而来。来自劳动的收入，称为工资；来自运用资本的收入，称为利润。也有人将资本转借给他人，以从中取得收入，这种收入，就称为货币利息或利益。利息或利润也是一种收入，因为借款人偿还利息所用的款项，不是来自合理运用借款而得到的利润，就是来自他种收入。地租归地主所有，它是完全来自土地的收入。拥有土地的农场主，收入通常有两个来源，一为劳动，一为资本。在他们看来，土地不过是借以获得劳动工资和资本利润的工具。所有通过税收获得的收入，所有俸金、恩恤金和各类年金，归根到底也都因这三个根本的收入源泉而来，即都直接或间接地以劳动工资、资本利润和土地地租的形式构成收入。

通常，当地租、工资、利润这三种收入属于不同人时，很容易理解区分；而当这三者同属于一个人时，就极易混淆了。

例如，很多乡绅不但自己要耕种一部分土地，同时还要以地主资格收取地租，并以农场主资格获得利润。乡绅通过这种方式获得的收益，都被他们悉数划入了利润的范畴，这就将地租和利润混为一谈了。英国在北美和西印度有很多种植园主，也在自己的土地上经营农业，他们很少说到种植园的地租，而谈论的通常都是种植园的利润。

另外，更为明显的混淆是，农场主将自己劳作所应得的工资也算在了收益之内。很多农场主在出租土地获得利润的同时，都会参与土地劳作，如犁耕、耙掘等。所以，在全部收益中，除去地租，剩余的部分并不全是利润，还包括自己作为劳动者所应得的工资。

与农场主相似，从事独立工作的制造业者，也容易将工资与利润混为一谈。如果这类制造业者拥有的资本，足以用来购买原材料并维持生活直到货物上市，那么，他最终获得的收益便应该包括作为工人应得的工资，以及作为老板得到的资本利润，而不能笼统地将这些收益划归为利润。

地租、工资和利润这三者都集于一人，情况就更为复杂了。一个亲自动手栽培植物的园林家，同时兼有地主、农场主和劳动者三种身份。因此，他的生产所得，自然便应包括他支付给地主的地租、自己作为农场主的利润及作为劳动者的工资。而在通常情况下，他的全部收益都被当成他的劳动所得。

在较开化的社会，价格单由劳动构成的商品极为少见，绝大部分商品的价格都包含有大量的地租和利润。因此，该社会全部劳动的年生产物所能购买或支配的劳动量，远远超过这年生产物制造乃至运输所需要的劳动量。

如果一个国家每年所能购买的劳动量都被社会雇用，那么，随着劳动量的逐年增加，这个国家劳动生产物所具有的价值也会逐年增加。但这种价值的增加，并不能保证这个国家年产物的普通或平均价值也随之逐年增加，这要取决于这个国家的年产物分配给劳动者的多少。因为任何国家的年产物都不是全部用来维持劳动阶级的，其中很大一部分都会被懒惰阶级消耗掉。

链接

古典经济学

古典经济学又称古典政治经济学、资产阶级古典政治经济学。是指大约从1750—1875年这一段政治经济学创立时期内的除马克思主义政治经济学之外的所有的政治经济学。其起源以大卫·休谟的有关著作出版（1752年）为标志，以亚当·斯密的代表作《国民财富的性质和原因的研究》出版（1776年）为奠基。

亚当·斯密的继承者之一是托马斯·马尔萨斯，他以一部《人口论》而闻名于世。而在亚当·斯密之后，推动古典政治经济学发展和作出主要贡献的是大卫·李嘉图，他在继承亚当·斯密理论的同时，也批判了他的一些观点，从而形成了一种似乎不同于亚当·斯密的体系，甚至有人将此称为“李嘉图革命”。李嘉图的成功曾吸引了一批跟随者，其中有著名的詹姆斯·穆勒父子。

古典经济学着重经济总量研究，这涉及到经济增长、国际贸易、货币经济和财政问题等方面。这与1870年以后盛行的研究个人利益最大化的经济学是有所不同的。古典经济学关心的是国家经济问题，虽然那时候的学者也非常强调个人利益必须尊重，但他们更强调的是如何使个人利益与社会利益保持协调。亚当·斯密在讲到这一点时，总是谆谆地开导人们，国家大计相比个人更重要。

古典经济学的理论核心是经济增长产生于资本积累和劳动分工相互作用的思想，即资本积累进一步推动了生产专业化和劳动分工的发展，而劳动分工反过来通过提高总产出使得社会可生产更多的资本积累，让资本流向最有效率的生产领域，就会形成这种发展的良性循环。因此，古典经济学似乎是想告诉人们，顺从市场对资源的配置，保持资本积累的良性循环，会更好地促进经济增长。但他们又看到劳动分工是受条件约束的，资本的积累会使现有的劳动分工以更大的规模出现，并表现出工资的随之上涨，而劳动分工的发展却不易实现，这将使资本积累受到劳动分工发展跟不上的影响。古典经济学的分析产生了自身的矛盾。李嘉图特别强调过这种矛盾，不过他的解释也不能消除这种核心思想中的矛盾。

关于废除《谷物法》的争论是古典经济学争取自由贸易主张的一部分。一些经济学家由此提出了自由贸易理论，其中著名的有李嘉图的比较成本理论。该理论指出，一个国家能够从进口甚至那些具有竞争优势的商品中获益，只要它在生产其他商品上具有更大的竞争优势。所以，按照这一理论，一个国家应该将其生产能力更多地集中在优势更大的产业上。休谟研究的国际收支问题的成果为这方面理论研究的发展打下了基础。他认为，国际收支逆差将通过黄金的流出来减少货币供给，从而也降低物价水平，使得出口具有竞争力而进口的吸引力减少，这一均衡机制将持续地发生作用，直到黄金外流暂停，收支进入平衡为止。而李嘉图等人的看法是，当黄金外流时，作为货币供应的一部分纸币发行必须收缩，因为黄金外流是物价水平过高的一种征兆。这些思想至今不无启发意义。

后来创立的马克思主义政治经济学产生于对古典经济学的批判。卡尔·马克思曾这样概括地评价："古典政治经济学是属于阶级斗争不发展的时期。它最后的伟大代表李嘉图，终于有意识地把阶级利益的对立、工资和利润的对立、利润和地租的对立当作他的研究的出发点，因为他天真地把这种对立看作社会的自然规律。这样，资产阶级的经济科学也就达到了它不可逾越的界限。"但正是由于存在着这种理论的批判关系，古典经济学也就成为了马克思主义政治经济学的重要来源。

商品的自然价格与市场价格

每一个国家或地区，劳动工资和资本利润都有一种普通率或平均率，这种普通率，既受到社会贫富、发展状况的制约，也受到各种工作性质的影响。同样，特定范围内的土地地租也有一种普通率或平均率，它也既受制于该地区的一般情况，又受制于土地的肥沃程度。这种普通率或平均率，可以称为该地区当时通行的工资、利润和地租的自然率。

如果一种商品的价格，恰好等于生产、制造乃至运送这种商品所花费的按自然率支付的地租、工资和利润，那么，我们就可以认为这种商品是按照它的自然价格出售的。这时的商品价格，就与它的价值相符，或者说，正好等于售卖者所花费的实际成本。

一般商品的原始价格，并不包含再贩卖这种商品的利润。所以，如果再贩卖者不能按照当地一般利润率的价格将这种商品出售出去，他就会遭受损失。因为在这个过程中，他浪费了将资本投在其他方面以获取利润的机会成本。这个利润，与他制造商品、把它送往市场过程中要垫付劳动者的工资或生活资料及垫付他自身生活资料的花费，大体相当。所以，商品的出卖若不能给他以利润，那就等于说，他没有从中取回其实际费用。

商人们期望获得利润，就需要一个理想的价格。虽然他们不一定会以这种利润的最低价格出售商品，但长期来看确实如此，尤其是在绝对自由即每个人都能随意变更职业的地方，更是如此。

商品的市场价格，就是它通常出卖的实际价格。自然价格即地租、劳动工资和利润的总和。与自然价格相比，商品市场价格有时略高，有时略低，有时则与它完全相同。

任何商品的市场价格，都与它的实际供应量及愿以自然价格购得的人的需求量息息相关。愿以自然价格购得商品的人，因为他们使得商品的售出得以实现，所以，他们可称为有效需求者，他们的需求亦可称为有效需求。

需要注意的是，这种需求与绝对需求不同。一个贫民在一定程度上可以说自己需要一辆六匹马拉的大马车，他的这种需求就不是有效需求，因为这类马车绝不是为了满足他的需求而送往市场出售的。

如果一种商品的供应量无法满足市场上的有效需求，那些愿支付这种商品出售前所必须支付的地租、劳动工资和利润的全部价值的人，就无法得到他们所需数量的商品。这样，他们当中势必有些人会因实在想得到这种商品而宁愿支付更高的价格。于是，在这种情况下，竞争便理所当然地在需求者中产生了。一旦产生竞争，商品的市场价格便会或多或少地超出自然价格。商品越是供应不足，购买者之间竞争越是激烈，市场价格就越会更多地超出自然价格。当然，竞争的激烈程度，并不仅仅是由竞争者的富有程度和奢侈程度决定的。商品的缺乏程度所引起的竞争程度，关键取决于商品对购买者的重要性的大小。由此不难想象，在城市遭受封锁或饥荒发生的时候，生活必需品的市场价格总是出奇的高昂。

与此相反，如果一种商品的供应量超出了市场上的有效需求，这种商品就不能全部卖给那些愿支付商品出售前所必须支付的地租、劳动工资和利润的全部价值的人。作为商品出售者，其中便会有一部分人以较低的价格售出这种商品。这一部分价格的低落，必然使全体价格随之低落。这样，这种商品的市场价格，就会或多或少地低于自然价格。商品越是超出过大，售出者之间竞争越是激烈，市场价格就越会低出自然价格更多。同样，这种竞争的激烈程度，也不仅仅是由商品供应的过量程度决定的。商品的供应过量所引起的竞争程度，关键还取决于商品的特性，即耐久性。在供应过量程度相同的情况下，易腐败的商品比耐久性的商品更能引起售出者之间更大的竞争，如与铁器供应过量相比，柑橘供应过量便会激起卖方更激烈的竞争。

还有一种情况。如果一种商品的供应量恰好与市场上的有效需求大致相当，这种商品的市场价格便会与自然价格大致相同。在这种情况下，这种商品就都能以自然价格售出，而不能以更高或更低的价格售出，购买者之间的竞争和商人之间的竞争在某种程度上维护着商品的这个价格。

任何一种商品上市投入供应时，都会自然地使本身与有效需求相当，这对人们都有好处。商品供应量不超过有效需求，对所有使用土地、劳动或资本而以商品供应市场者有利；商品供应量不少于有效需求，对所有人都有利。

如果一种商品的市场供应量超过了它的有效需求，这种商品价格的某些组成部分必然会降到自然率以下。如果下降部分为地租，地主便会因利益受损而收回一部分土地；如果下降部分为工资或利润，劳动者或雇主便会因利益受损而撤回一部分劳动或资本。在这种情况下，市场上的商品供应量就会逐渐与有效需求相符，价格中的所有组成部分，也会逐渐回升到它们的自然水平，商品总价格由此也会逐渐与自然价格趋于一致。

与此相反，如果一种商品的市场供应量无法满足它的有效需求，这种商品价格的某些组成部分必会上升到自然率以上。如果上升部分为地租，地主便会因有利可图而尽可能地提供更多的土地来生产这种商品；如果上升部分为工资或利润，劳动者或雇主便会因有利可图而投入更多的劳动或资本来制造这种商品。在这种情况下，市场上的商品供应量就会逐渐与有效需求相符，价格中的所有组成部分，也会逐渐回落到它们的自然水平，商品总价格由此又会逐渐与自然价格趋于一致。

从以上论述不难看出，自然价格从某种程度上说，是一种中心价格，一切商品价格都不断受其吸引。虽然在各种因素的影响下，商品价格有时会高于或低于这个中心价格，但总体来看，商品价格都趋向于这个中心价格。

任何一种上市商品的全部供应量所使用的所有劳动量，都会自然地使自己与有效需求相符。其目的当然在于始终把适当的商品量供给市场，使供给与有效需求相符。

但这种劳动量的合适使用量也很难把握。在一些行业，同量劳动逐年所产出的商品量有很大不同；而在另一些行业，却往往相等或不相上下。例如农业，同数劳动者生产出的谷物、葡萄酒、油等商品量，就一年不同于一年；而在纺织业，同数纺织工人产出的麻布或呢绒量，却每年都大致相当。

这样，对前一种行业来说，适合有效需求的生产量，就是这个行业的平均生产额。由于实际生产量往往大于或小于平均生产额，所以市场上商品量有时大大超过其有效需求，有时极不够供应其有效需求。因此，即使有效需求能够在总体上保持同一程度，商品的市场价格仍会时常产生波动，有时会高出自然率很多，有时会低出自然率很多。

而对后一种行业来说，由于同量劳动的生产量总是相同或大致相同，因此，生产量便能更准确地适应其有效需求。在有效需求保持同一程度的前提下，商品的市场价格也会始终保持同一状态，即和自然价格完全相同，或大致相同。

众所周知，麻布和呢绒的价格与谷物相比并不会时常变动，更不会如谷物一样有很大的变动。因为谷物不仅会随着需求的变动而变动，还会随着为供应需求而上市的商品大量频繁的变动而变动，麻布或呢绒则仅会随着需求的变动而变动。

商品市场价格的变动，对自然价格中的地租部分影响不大，它主要对其中的工资和利润部分产生影响。以货币形式支付的地租，无论就比率或价值来说，绝不会产生任何影响。以原生产物一定比例或一定数量的形式支付的地租，当然也只能在年租的价值上，不能在其比率上受影响。地主和农业经营者们在议定租佃条件时，都会竭尽所能地使地租率适合于生产物的平均价格，而不是临时价格，从长远来看，这对双方都有好处。

商品市场价格的变动对工资或利润产生何种影响，主要取决于当时市场上积存的商品或劳动是过多还是过少，换言之，即取决于当时市场上既成作业或待成作业是过多还是过少。

国丧的时候，黑布存货往往供不应求，以致价格飙升。此时，那些大量持有这种商品的商人就会获得更多的利润。但是，这种利润只是增加在商人头上，织布工人的工资并没有受到任何影响。因为这时，市场上缺少的是商品，并不是劳动，换言之，是缺少既成作业，而不是待成作业。不过，国丧虽不能影响织工们的工资，却会抬高缝工们的工资。因为这时的纺织行业，劳动量会感到不足，换言之，即对待成作业的有效需求大于现有供给。国丧对黑布的需求，无疑降低了花彩丝绸和棉布的价格，从而削减了大量持有花彩丝绸和棉布的商人的利润，以及精制这些商品的劳动者的工资。因为此时，市场对于这些商品和生产这些商品的劳动者的需要，难免会延缓一年半载，于是，这类商品与这类劳动就会出现供过于求的现象。

尽管总体来看，任何商品的市场价格都趋向于自然价格，但仍有许多商品因受到特殊因素的影响，如难以预料的意外事故、特定的地理环境、特殊的政策规定等，其市场价格仍会在相当长的时期内大大超过其自然价格。

商品供给者在商品有效需求增加而导致市场价格高出自然价格很多时，总是尽可能地隐瞒这种情况。因为如果大家都知道了这种商品的丰厚利润，必然会吸引市场上更多的资金投入，加速生产这种商品，结果，有效需求完全得到满足，这种商品的市场价格不久就会降低到自然价格，甚至低于自然价格。商品供给者离市场越远，隐瞒的时间越长。他们有的甚至能隐瞒长达数年，在这数年之内，他们独享丰厚的利润。当然，这种秘密很少能长久保存。

这个秘密的保存时限，也与行业有关。例如制造业方面的秘密，就比商业方面的秘密能保存更长的时间。如果一个从事染业的劳动者发现了一种能节约一半成本的制造染料的方法，只要处理得当，他就能终生独享这个方法给自己带来的利益，甚至传给他的子孙。他的这种额外利益来自他个人劳动的高价格，所以从某种程度上也可以说是他个人劳动的高工资，但因为他的资本总是得到这种利益，而且他的利益总额与资本总额保持一定比例，所以，这部分利益，通常被称为资本的额外利润，而并不被当作劳动的高工资。

像这种市场价格的增高，显然是由特殊的偶发事件导致的，只是这种作用有时会持续很长一段时间。

有些商品的产出，需要独特的地理气候条件，以致即使全国适于生产这种产物的土地全被使用，也无法满足市场上的有效需求。所以，这种产品在上市后，往往会售卖给那些愿意支付特别价格的人。这些人所支付的特别价格，都会超过按自然率计算，足够支付生产它们的土地的地租，以及产制和运销所用的劳动工资和资本利润的价格。

这种特殊商品的市场价格总是很高，甚至可以连续几个世纪都以高价出售。这样一来，其价格中的地租部分就会高于按自然率计算的地租。生产如此珍贵产物的土地地租，例如有优良土壤和位置的法国珍贵葡萄园的地租，和其邻近同样肥沃和同样精耕细作的其他土地的地租，并不会经常保持一定的比例。与此不同的是，其价格中劳动工资及资本利润部分，和邻近其他地方的劳动工资及资本利润，却往往保有自然的比例关系。

像这种市场价格的增高，显然就是由特定的地理环境导致的。由于客观条件既定无法改变，所以，这种作用会永远存在。

垄断与商业或制造业中的保守秘密相似。垄断经常使市场出现商品供应不足的现象，有效需求难获满足的现象随之发生。在此情形之下，垄断者就以大大超出自然价格的市场价格售出手中囤积的商品，他们从中得到的利益，无论是工资还是利润，都会超出自然率很多。

不难想象，在每个时期，垄断价格都是可能得到的最高价格。而自然价格或自由竞争的价格，虽不是在每个时期，但在长时期内，却是可能有的最低价格。垄断价格是商品售卖者向购买者榨取利润的最高价格，或是想象中买者愿意支付的最高价格，而自然价格或自由竞争的价格，则是商品售卖者能接受的最低价格，即他得以维持经营的最低价格。

行业之间的排他性、学徒法规及特殊职业从业人数的各种法规，虽然在程度上不及垄断，但在趋向上是与垄断一致的。与垄断相比，它们甚至是一种扩大的垄断。在它们的作用下，一些行业所有商品的市场价格往往会长期维持在超出自然价格的水平，并且，生产这些商品所使用的劳动工资和资本利润，也会或多或少地超出自然率。

像这种市场价格的增高，就是由各种法规决定的。只要这类法规继续有效存在，它们所产生的这种作用就会继续存在。

商品的市场价格虽然总是趋向于自然价格，但必须指出的是，任何一种商品的市价可以长期高于其自然价格，却不能长期低于其自然价格。因为，如果价格中任何一个组成部分低于自然率，利益受损者立刻就会从中撤回一部分土地或劳动或资本，使投入市场的商品供应量与有效需求相符，不久，这种商品的市场价格就会上升到与自然价格相符的水平。

学徒法规及各种法规对商品市场价格、劳动工资和资本利润的影响，并不总是使其高于自然价格。在制造业繁荣时期，它们能如愿以偿；在制造业衰落时期，它们就会使劳动者的工资下降到自然率以下。因为这些法规在有利时妨碍他人进入此种行业，在不利时妨碍自己进入他种行业。即使如此，这些法规对抬高和降低劳动者工资仍起着相当长久的作用。对前者来说，这种作用可持续数百年；对后者来说，当那些在产业繁荣时期受过职业训练的劳动者离开人世的时候，法规的延续便宣告中断，学习、进入这一行业的劳动者人数便会逐渐与有效需求相适应。在古印度及古埃及，子承父业是一种不容违背的传统，任何变更职业的行为都会被治以最可怕的渎神之罪，如此，任何职业的劳动者的工资或资本利润长期处于自然率以下，就是不可避免的了。

对于商品的市场价格与自然价格的暂时或长期的差异问题，我的论述权且到此。

商品的自然价格，会因其自身组成部分即工资、利润和地租的自然率的变动而变动。但在任何社会，这种自然率都会随着社会的贫富及发展状况而变动。对此，我会在下文详细阐明这些变动的原因。

第一，我会尽可能地说明，何种情况自然而然地决定工资率，这些情况又是如何受到社会贫富及发展状况的影响。

第二，我会尽可能地说明，何种情况自然而然地决定利润率，这些情况又是如何受到社会贫富及发展状况的影响。

第三，我会尽可能地说明，何种情况决定以下我所说的这种比例。虽然货币工资与货币利润因劳动及资本用途的不同而不同，但它们似乎都保持着一定的比例。正如后文所论述的，这种比例一部分取决于各种用途的性质，一部分取决于所处社会的不同法律和政策。但要指出的是，虽然这种比例在很多方面受制于社会法律和政策，可它似乎并不受所处社会贫富及发展状况的支配，在所有这些不同状况中，它总能保持不变，或大体不变。

第四，我会尽可能地说明，何种情况决定土地地租，并导致土地生产物的真实价格上升或下降。

链接

大卫·休谟

大卫·休谟(1711—1776),18世纪英国哲学家、历史学家、经济学家。1711年5月7日生于苏格兰爱丁堡,11岁进爱丁堡大学。1729年起专攻哲学。1732年刚满21岁就开始撰写他的主要哲学著作《人性论》。1734年去法国自修,继续哲学著述。1748年出使维也纳和都灵。1749年回家乡,潜心著述。1751年移居爱丁堡市。1763年任驻法使馆秘书;1765年升任使馆代办。1767—1768年任副国务大臣。1769年8月退休返回爱丁堡。

休谟的主要著作有《人性论》《道德和政治论说文集》《人类理解研究》《道德原理探究》《宗教的自然史》《自然宗教对话录》《自恺撒入侵至1688年革命的英国史》(6卷)等。

(1)哲学思想

休谟生活在英国资产阶级“光荣革命”结束到产业革命开始的社会变革的时代。这时，英国资产阶级已经成为统治阶级的一部分，并且继续维持同贵族的联盟以加强对劳动人民的统治。与此同时，迅速成长壮大起来的工商业资产阶级要求对这个联盟内部的关系进行有利于本阶级的调整，并继续反对封建复辟势力。这时，资产阶级的进步性和保守性交织在一起。作为这个阶级思想的代表人物休谟，贯彻经验论的观点，提出了以动摇于唯物主义和唯心主义之间的怀疑论为特色的哲学体系。

休谟在概述自己的哲学体系时指出，全部哲学可以区分为自然哲学和精神哲学两大部分，而科学的哲学研究法是实验和观察的方法。自从培根以来，哲学家和自然科学家已经运用这种方法建立起自然哲学的体系。但是，在精神哲学方面，仍然没有建立起一个新的体系。休谟给自己提出任务:应用实验推理的方法，直接剖析人性本身，以便建立一个精神哲学的体系。而作为这个体系基础的“人性”本身，他认为主要由两个部分构成，即理智和情感。他对“理智”的研究是关于认识论问题的论述，对

“情感”的研究是关于社会伦理和政治问题的考察，对宗教问题的探讨同理智原理和情感原理都有联系。休谟的精神哲学体系，大致包括认识论学说、社会伦理、政治学说以及宗教哲学学说等几个部分。

在哲学上，他首倡近代不可知论，对感觉以外的任何存在都持怀疑态度，对外部世界的客观规律性和因果必然性持否定态度。他认为，感性知觉是认识的唯一对象，知觉分印象和观念两类，但认为人们不可能超出知觉去解决知觉的来源问题。否认因果联系的客观性，认为因果联系只是由于印象出现先后而形成的一种观念。在伦理观上，主张功利主义，认为快乐和利益是一致的。他还用其经验论、怀疑论和功利主义伦理学论述了有关上帝观念和宗教问题。

（2）其他思想

在经济学方面，他是18世纪货币数量论的代表，是反对重商主义的。他关于国际贸易的学说对英国古典政治经济学有很大的影响。他的社会历史观点以人性论为基础，把对财富、享乐和权力的追求看作是人的本性，认为无论何时何地，人性是一致的不变的；历史的作用就在于发现有关人性的普遍原理，提供经验教训。所著《自恺撒入侵至1688年革命的英国史》是一部政治史，但此书在附录和一些章节中对各历史时期的生活方式、道德风尚和精神文化作了分门别类的记述。他是把历史研究范围扩大到社会和文明方面的近代西方史学家之一。休谟政治思想保守，反对英国资产阶级革命，同情查理一世。在书中，他还严厉抨击长期议会和克伦威尔，歌颂“光荣革命”，说它开辟了英国宪法的新纪元，使英国人得以享受人类前所未有的最完备的自由制度。

（3）历史地位和影响

休谟的哲学是近代欧洲哲学史上第一个不可知论的哲学体系。休谟和康德一样，在哲学的发展上起过很重要的作用。休谟的怀疑论为19世纪英国非宗教的哲学思想提供了理论基础。休谟的不可知论观点被实证主义者、马赫主义者和新实证主义者所继承，对西方现代资产阶级哲学产生了广泛的影响。

劳动工资

劳动产品是指劳动的自然报酬或自然工资。

早期原始社会，土地尚未私有，资本积累尚未完成，劳动者拥有社会全部劳动产品，不会有地主或雇主来与他们共享劳动果实。后来，随着土地私有和资本积累的出现，这种原始状态便宣告终结。

当土地成为私有财产，拥有土地的地主就会要求耕种土地的劳动者给他一部分劳动生产物。此外，在大多数耕作者收割庄稼前，通常要靠雇主们预付的资金来维持生活，而获取可观的利润就成为农场主预付生活费的报酬。在这种情况下，劳动者最后所拥有的劳动果实，就被扣除了两大部分。

其实，不仅是农业，在其他各种行业中，劳动者被扣除利润都是无法避免的。如手工业和现代制造业，绝大多数工人都要雇主们预付原材料、工资和生活费用，雇主们由此得以分享他们的劳动产品，这便是资本利润。当然，也有极少数工人有实力独自购买生产材料，并维持日常生计直至完成产品生产。这时，他们就兼有劳动者和雇主的双重身份，最终就会享有全部的劳动产品，即除去劳动工资外，还包括资本利润。但是，这种情况十分罕见，就整个欧洲而言，也只有大概 1/20。也许正因为此，大多数人对劳动工资的理解就是：劳动者在为他人劳动时所获得的收入。

通常，劳动工资主要取决于劳资双方所订立的契约。但劳资双方的利益又是相互对立的：劳动者希望得到更多，雇主们希望付出更少。由此我们便会看到这样一种现象：一方面劳动者为争取更高的工资而紧密团结起来，另一方面雇主们为尽可能降低劳动者工资而展开合作。

由于雇主们人数相对较少，更容易团结，加之他们的联合行为为法律所准许，至少不会被法律禁止，所以，在与劳动者的对立中，他们往往处于有利地位。劳动者人数虽多，但他们的联合行为却为法律所禁止。在诸多议会法令中，没有一个法令要求取缔为降低劳动价格而结合的组织，却有很多法令要求取缔为提高劳动价格而结合的组织。此外，在争议过程中，雇主较劳动者更能长久地坚持。因为雇主们即使不雇用一个劳动者，也有足够的资金维持一两年的生活；而对于劳动者来说，维持一个星期都很困难，维持一个月极为少见，维持一年就根本不可能。从长远来说，雇主需要劳动者的程度，也许和劳动者需要雇主的程度相同，但从短期来看，雇主的需要程度没有劳动者那样迫切。因此，绝大多数劳动者迫于当前生计，不得不向雇主们提出的低工资屈服。

在对立中，虽然雇主们总是居于有利的一方，但他们也不能无限制地压低劳动者的工资。劳动者的工资有一定的标准，在相当长的时期内，即使雇主们支付给最低级劳动者的普通工资，似乎也不能低于这个标准。毕竟，依靠劳动维持生计的人，其工资至少必须足够其维持生计。另外，出于劳动者赡养家室、传宗接代的需要，其工资还得或多或少地超出足够维持生活的程度。

显然，上述工资是雇主们付给劳动者符合一般人道标准的最低工资。不过在某些时候，劳动者也会处于有利地位，进而获得大大超过上述工资标准的工资。

当国家对劳动者的需求不断增加时，或者说如果国家每年提供的就业机会逐年增加，劳动者就没有必要为提高工资而联合起来。劳动者供不应求，自然会导致雇主们的相互竞争；雇主们竞相出高价雇用劳动者，这样他们为防止劳动者工资提高的联合就自动瓦解了。

国家对依靠工资生活的劳动者的需求，必会随着预定用来支付劳动工资的资金的增加而成比例地增加。这种资金的增加又有两种情况：一种是超过维持生活需要的收入的增加；一种是超过雇主自己使用需要的财富的增加。

可以获得的劳动供给和用以购买劳动的基金，决定着工资率的高低。

从长远来看，劳动者工资的最低标准由维持生计所需的最低费用决定。在这里，维持生计的工资就是长期劳动价格，就是自然或均衡工资率。这可以通过以下三种情况来说明。

第一，均衡状态。劳动的供求使劳动者得到均衡工资。只要人口和工资基金保持不变，就会具备静止的均衡状态的前提。

第二，衰退状态。对劳动的需求下降，实际工资便会降低到维持生计工资以下，人口和工资基金逐渐下降，直至达到收入和资本所能维持的水平。

第三，上升状态。工资基金增长，实际工资超过维持生计工资，人口会逐渐增加。

这三种情况都说明了一个道理：与任何其他商品一样，市场对人口的需求也是变化的，“人的生产”也是处于调节状态中的。

这些情况综合起来说，就是国家对工资劳动者的需求，必然随着国家收入和资本的增加而增加。收入和资本没有增加，对工资劳动者的需求绝不会增加。而收入和资本的增加，就是国民财富的增加。因此，国民财富增加，对工资劳动者的需求随之增加；国民财富不增加，对工资劳动者的需求也不会增加。

可见，一个国家现有的庞大财富并不会使劳动工资增加，使其增加的，是不断增长的国民财富。换言之，即最高的劳动工资并不在最富有的国家出现，而在最繁荣、最快变得富有的国家产生。

例如，论富有程度，北美远不及英格兰，可在繁荣及财富增加速度的方面，北美就超出英格兰很多。一个国家繁荣程度的标志，就是人口数量的增加。英格兰及欧洲大多数国家的人口数量，即使在最近的500年内，也没有增加一倍，而北美英属各殖民地，在短短的二十多年内，就增加了一倍。他们的繁荣程度可见一斑。

一个国家的发展如果长期处于停滞状态，那么不管它本身如何富有，劳动者也无法在那里获取极高的工资。指定用来支付工资的资金，换言之，居民的收入和资本，也许能达到极大的数额。但这数额如果数百年或几乎不变，那每年所雇佣的劳动者人数就很容易供应下一年所需劳动者人数，甚至还有剩余。这样，劳动者既不缺少，雇主也不会为获得劳动者而相互竞争。而另一方面，劳动者的增加却会超过雇主所需要的劳动者数量，这时，国家的就业机会就会出现不足，劳动者为获得工作，就会彼此开始竞争。如果该国劳动者的工资原本足够维持生计并还有剩余，那么，劳动者之间的不断竞争就会逐渐使这种工资降到合乎人道标准的最低工资水平以下。

中国人口众多，土地肥沃，耕作精细，向来被称为世界上最富有的国家。然而，很久以来，它的发展似乎就停滞不前了。500 年前，前往中国考察的马可 · 波罗对中国各种状况进行了详尽的介绍，500 年后的今天，旅行家们关于中国耕作、人口等方面的描述，仍与马可 · 波罗的记述大体相似。也许在马可 · 波罗时代以前很久，中国的富有程度就达到了法律所允许的程度。

中国的发展固然处于停滞状态，但似乎并未出现倒退的迹象。中国没有一个城市被它的居民遗弃，它的土地一旦被耕种，就绝不会出现荒芜。所以，这个国家的劳动者每年必须完成同样多或更多的劳动，从而，整个国家用于维持劳动的基金必然也不会明显减少。

然而，如果一个国家用于支付劳动者工资的资金急剧缩减，情况就大不相同了。工资总额的减少，必然导致各个职业所雇用劳动者人数的减少，劳动者就会失去工作或工资遭到缩减。上等职业的人失去工作，往往会转而求其次，进入中等职业；中等职业人满为患又会导致竞争加剧，劳动者就会面临工资不断遭到削减的状况，甚至直接面临最为悲惨的失业危机。失业者除了做违法犯罪之事来填饱肚子外，要么等着挨饿，要么沿街乞讨。这样的后果是显而易见的，贫穷、饥饿和死亡会接踵而来，并泛滥成灾。今日东印度的孟加拉及其他一些英国殖民地，就是这种情况的真实写照。

由此可见，可观的劳动工资，既是一国国民财富增长的必然结果，也是一种自然征兆。在这样的国家，绝大多数劳动者都是备感幸福、安乐的。与此相反，如果劳动者备感艰辛，生活窘迫，国家的发展就处于停滞不前的状态；如果劳动者饥寒交迫，生存难以为继，国家的发展就处于极速倒退的状态。

第一章 论劳动分工及分配

现今，英国的劳动者工资，显然超过了人道标准的最低工资水平。而且，他们的真实工资所能购买的生活资料数量的增长速度，甚至快于劳动货币工资的增长速度，这就足够他们支付一家的生活费用。

劳动者工资状况得到了有效的改善，生活有了可靠的保障，那么，这对国家的发展是好是坏呢？答案是很明显的。任何社会，劳动者的数量在总人口中都占绝大多数，这绝大多数人的生活境况的改善和提高，对社会当然是有利的。如果他们的生活都处于贫困交加的状态，他们所处的社会就绝不会是繁荣幸福的社会。劳动者能够分享自己的劳动果实，使自己衣食无忧，这样的社会才是公正的、繁荣的。

在可观的劳动工资的吸引下，劳动者会更加勤奋地工作。可观的工资又是获取充足生活资料的保证，生活资料的富足又能增强劳动者的体力，提高工作效率，改善生活状况，他们就会更勤奋地工作。这是一个良性循环。因此，与低工资劳动者相比，高工资劳动者总是显得更加乐观、积极和勤勉。例如，英格兰劳动者的能力就强于苏格兰劳动者的能力，城市劳动者的能力就强于乡村劳动者的能力。

与这种情况不同的是，在实行计件工资的地方，持续高强度的工作用不了几年就会将劳动者的身体彻底累垮。例如，伦敦等地的匠工，很难以旺盛的精力工作 8 年以上。这种现象在很多实行计件工资的行业都很常见。对此，我个人的观点是，任何行业，只有适度工作的人，才能始终保持健康的身体，才能以长远的工作量超出他人，因为他们能持续地进行工作。

食物价格的变动虽不会与劳动价格的变动保持一致，甚至某些时候会完全相反，但不管怎样，它都能对劳动价格产生影响。劳动的货币工资，必然受到两种情况的支配：一种是社会对劳动的需求，另一种就是生活资料的价格。劳动需求的增减，直接决定必须给予劳动者生活资料的数量，而购买这些数量所需的金额，又决定了劳动的货币价格。因此，在有些时候，食物价格较低，劳动的货币价格却不低；但如果劳动需求不变，而食物价格上涨，劳动的货币价格就会变得昂贵起来。

食物价格上涨，劳动价格也会随之提高，因为食品行业对劳动者的需求会增加；而在物价昂贵的歉收之年，劳动价格却会降低，因为此时，社会对劳动的需求会大大地减少。反之，食物价格下降，劳动价格会随之降低，因为食品商业对劳动者的需求会减少；而在物价低廉的丰收之年，劳动价格却会提高，因为此时，社会对劳动的需求会大大地增加。在食物价格只发生一般变动时，这两种对立因素，似乎会互相抵消。从某种程度上说，这或许正是劳动工资比食物价格更稳定、更持久的原因之一。

当劳动工资得到提升时，商品价格必然随着价格中工资那一部分增加的比例而提高，并且，它还会以价格提高的比例，减少国内外对这种商品的消费。但是，使劳动工资增加的原因，即资本的增加，却会增加劳动生产力，使较少的劳动生产出较多的产品。于是，为了实现利益的最大化，那些雇用了很多劳动者的雇主们，就会妥善地安排劳动者的工作，以使他们生产出尽可能多的产品。在这个过程中，他们会把最好的机械提供给劳动者。这种生产现象，并不单一地存在于某一个工厂，而在整个社会都极为普遍。

在这种情况下，劳动者人数越多，生产的分工就越精密，从事针对个人操作的机械发明的人就越来越多，高效率的机械也就更容易被发明出来。生产机械的改良能有效地提高劳动者的工作效率，使他们用更少的劳动就生产出了较过去同样多的产品，这时，劳动量的减少，就足够抵偿劳动价格的增加。

链接

大卫·李嘉图

大卫·李嘉图（1772—1823)，古典经济学理论的完成者，古典学派的最后一名代表，最有影响力的古典经济学家，英国古典政治经济学的代表。生于犹太人家庭，父亲为证券交易所经纪人。

李嘉图 12 岁到荷兰商业学校学习，14 岁随父从事证券交易。1793 年独立开展证券交易活动，25 岁时拥有 200 万英镑财产，随后钻研数学、物理学。1799 年读亚当·斯密《国富论》后开始研究经济问题，参加了当时关于黄金价格和《谷物法》的讨论，1817 年发表《政治经济学及赋税原理》,1819 年选为下议院议员。

李嘉图以边沁（1748—1832）的功利主义为出发点，建立起了以劳动价值论为基础，以分配论为中心的理论体系。他继承了亚当·斯密理论中的科学因素，坚持商品价值由生产中所耗费的劳动决定的原理，并批评了亚当·斯密价值论中的错误。他提出决定价值的劳动是社会必要劳动，决定商品价值的不仅有活劳动，还有投在生产资料中的劳动。他认为全部价值由劳动产生，并在三个阶级间分配：工资由工人的必要生活资料价值决定，利润是工资以上的余额，地租是工资和利润以上的余额。由此说明了工资和利润、利润和地租的对立，从而揭示了无产阶级和资产阶级、资产阶级和地主阶级之间的对立。他还论述了货币流通量的规律、对外贸易中的比较成本学说等。但他把资本主义制度看作是永恒的，只注意经济范畴的数量关系，在方法论上有形而上学的缺陷，因而不能在价值规律基础上说明资本和劳动的交换、等量资本获等量利润等，这两大难题最终导致李嘉图理论体系的解体。他的理论达到资产阶级界限内的高峰，对后来的经济思想有重大影响。

李嘉图经济学理论的基础是劳动价值论，这种理论是从亚当·斯密那里来的，但经过了一些改动——反而越来越僵化了。

李嘉图的价值理论的核心就是下面一句话："商品的价值……取决于其生产所必需的相对劳动量。"根据这个理论，他认为，劳动的价值（工资）是一定社会中为维持工人生活并延续其后代通常所必需的生产资料决定的，而利润则决定于工资。在所有这些分析中，我们看不到供给与需求的作用，一切都是某种神秘的因素所决定的。

不过，聪明的李嘉图早就意识到了这种价值理论的内在矛盾，他自己曾经犯过嘀咕："我不能克服这样的困难：在地窖里贮藏了三四年的酒，最初在劳动方面花费了也许还不到两先令，后来却值 100 镑的橡树。"后来，人们用水与钻石来概括李嘉图等古典经济学家所面临的"价值悖论"：水对人极端重要，是生命的支柱，但在通常情况下，价格却很低；而钻石是奢侈品，对于人的生存而言没有任何用处，通常情况下价格却很高，为什么？

李嘉图始终没有能够解决这个难题。到了1870年，边际主义兴起，经济学家才能够解答这一问题。答案很简单：价值只能来自个体消费者的主观评估。你可能花了30年时间研究一种东西，但拿到市场上却没有一个消费者问津，那么，它就没有任何经济价值，不管你在这上面投入了多少劳动。商品和服务的价值是消费者评估的结果，商品和服务的相对价格是由消费者对这些产品的评估和欲望之水平和强度所决定的。

李嘉图刚刚开始进入经济学界的时候，英国正在紧锣密鼓地制定限制谷物贸易的《谷物法》。李嘉图鼓吹自由贸易，但《谷物法》最终还是通过了。这促使他更深入地思考贸易问题，从理论上驳斥贸易限制的荒唐。

他的国际贸易学说可以被称为“比较成本说”或“比较成本规律”。他模仿同亚当·斯密关于个人劳动分工的理论来分析两个国家间贸易的好处。假定制一单位布，英国需要50个劳动日，葡萄牙需要25个劳动日；制一单位酒，英国需要200个劳动日，葡萄牙只需要25个。可以看出，葡国制酒、制布所需的成本都比英国绝对低，即都处于绝对优势。不过，葡萄牙在酒的生产中表现出的优势更大，葡萄牙的制酒成本相对低，处于比较优势，制布成本相对高，处于比较劣势。而英国制布成本相对低，处于比较优势。在这种情况下，英国放弃生产比较劣势的酒，专门生产比较优势的布。如此分工，两国合起来不仅可以生产出更多的酒和布，英国还可以用布换到较多的酒，而葡萄牙用酒可以换到更多的布。两国同时获得国际分工与国际交换的好处。

这种理论为自由贸易提供了坚实的理论基础。李嘉图认为，国际分工与国际交换的利益，只有在政府不干涉对外贸易、实行自由贸易的条件下，才能最有效地实现。“在一个具有充分商业自由的体制下，每个国家都把它的资本和劳动置于对自己最有利的用途。”因此，他是坚定的自由贸易论者。

李嘉图的观点形成了一个庞大的经济学理论体系，在亚当·斯密奠定的基础上正式建立起了古典经济学的大厦。他的劳动价值论在新古典主义经济学兴起之后已经没有多大价值了，但其比较优势理论对于自由贸易的贡献却是不朽的。

资本利润

资本利润与劳动工资的增减，都取决于社会财富的增减，但社会财富的增减对这两者的影响程度是完全不同的。

资本的增加会导致工资的提高，工资的提高又会导致利润的降低。例如在某一行业内，许多富商都投入了很大的资本，行业内的竞争就变得更加激烈，利润自然趋于降低。由此一种行业到社会所有行业，也是同样道理。

通过上文我们已经知道，即使某一特定地方和特定时间的劳动工资，也是难以确定的，所能确定的只不过是普通工资。而就资本利润而言，就连最普通的利润也无法捉摸。

利润不仅会受商品价格变动的影响，而且会受与货主竞争的同行业者和购买者运气的好坏，及商品在运输途中遭遇的种种意外事故的影响。因此，利润每时每刻都是在变动的，即使行业内部人士，也不一定能说出他们每年的利润究竟有多少。由此也不难想象，要确定一个大国内各行业的平均利润，就更难上加难了。

的确，就过去或现在的资本利润给出一个准确的数字，是完全不可能的，但是，我们却可以通过货币的利息有一个大致的了解。因为，在货币利润较大的地方，资本支付越多，报酬就越多；在货币利润较小的地方，资本支付越少，报酬就越少。所以，一国内资本的普通利润，必随着该国市场一般利息率的变动而变动：利息率下降，利润便会随之下降；利息率上升，利润便会随之上升。

自亨利八世以来，英国财富和收入都在不断增加，而且增长的速度越来越快。这期间，劳动者的工资也在不断增加，但大部分工商业的资本利润却在减少。

与乡村相比，在城市经营一种行业往往需要更多的资本。而且，城市富裕的竞争者很多，这也会导致城市资本利润率低于乡村资本利润率。此外，都市劳动者工资也比乡村的高。因为在繁荣的城市，拥有大量生产资本的人往往很难雇用到他们需要的劳动者人数，所以他们便开始相互竞争，不惜降低资本利润以抬高劳动者工资，增强自己的竞争力。而在偏僻的乡村，由于没有充足的资本使所有劳动者都被雇用，所以，竞争就转向了劳动者一方。劳动者为了让自己能被雇主雇用，就开始降低自己的工资，这样一来，雇主们的资本利润就提高了。

不过也有一些特殊情况。在英国北美及西印度的殖民地，劳动工资、货币利息及资本利润，都比英格兰高，劳动的高工资和资本的高利润同时存在。这也并不奇怪，毕竟这种现象只是新殖民地特有的现象，在其他地方极为少见。

新殖民地都有这样一种现象：相对于广阔的土地，资本总是显得捉襟见肘；而相对于有限的资本，人口更是显得不足。所以在这些地方，资本持有者只是将资本投在土质最肥沃和位置最适宜的土地上，即海滨和可航行河流沿岸各地。另外，购买这些土地的价格，往往低于其自然生产物的价值。为购买并改良这些土地而投下的资本，必然产生极大的利润，因而使他们能够支付非常高的利息。投在这种有利用途上的资本迅速积累，使种植园所有者能雇用的工人数量迅速增加，新殖民地的劳动者很快就供不应求。此时，种植园所有者的资本利润也达到最大化。

但这种好景并不长。随着殖民地的进一步扩展，资本利润便开始逐渐减少。土质优良和位置绝佳的土地全被占有，再去耕作土壤和位置较差的土地，所能获得的利润就会减少，而用在土地上的资本，也只能提供较低的利息。正是由于这种原因，现今英国殖民地大部分法定利息率和市场利息率都大大降低了。

随着财富、人口的增加及工作改良的进展，利息率和资本利润逐渐下降。然而，劳动工资却不与资本利润共同跌落。不管资本利润如何，对劳动的需求，只是随资本的增加而增加。即使利润不断降低，资本也会继续增加，而且比以前更为迅速。但也必须承认，不断增长积累的大资本，利润虽低，却比高利润的小资本增加得更快。这就像俗话所说，货币产生货币，有了一些货币，就更容易获得更多的货币，但最困难的是获得最初的这部分货币。

当然，在财富迅速增长的国家，新领土的获得或新行业的开展也会提高资本利润，增加货币利息。因为这类国家的资本，无法满足这种新获得或新发展能给每个人带来的全部业务，所以，他们只好把资本投在能提供最大利润的那些行业上。以前投在其他行业上的资本，必有一部分撤回来，转入更有利的新行业。这样一来，那些旧行业的竞争程度就减弱了，市场上的货物供给也减少了。货物减少，价格势必或多或少地上升，这又给经营者提供了更大的利润空间。

资本利润的增加还有另一种情况，即社会财富或为了维持产业资金的减少导致劳动工资降低的现象出现。由于劳动工资降低，社会上持有资本的经营者用于商品生产的资本投入就比以前少，商品售卖的价格也比以前高。投入较少，所得较多，他们的利润在两方面得到增加。

例如，孟加拉及东印度其他英国殖民地发展落后，人民贫苦，劳动者工资非常低，资本利润非常大，货币利息也非常高。因此，这些地方的经营者总能快速获得巨大的资产。孟加拉农家往往以40%、50%或60%的利息借入资金，并以未来的收获物作为抵押。能够担负这种高利息的利润，必然侵占地主几乎所有的地租，而这样高的利息，也必然侵占利润的大部分。这种高利息现象在罗马共和国衰亡以前也同样存在，如布鲁塔斯曾在塞浦路斯岛以48%的利息借款，这在西塞罗的书简中有明确的叙述。

如果一个国家所获得的财富已达到它的土壤、气候及地理位置所允许的最高限度，那么，在这种情况下，它的劳动工资及资本利润都是非常低的。如果一个国家的人口已达到其领土可维持或其资本可雇用的限度，同样，在这种情况下，激烈的职业竞争必然使劳动工资降低到仅够维持现有劳动者人数的水平。如果一个国家的资本已达到国内各种行业经营所需要费用的饱和程度，那么竞争将达到最激烈的程度，普通利润也下降到最低水平。

但像以上这些富有的国家，似乎是不存在的。中国的发展长期处于静止状态，其财富也许在很久以前就达到了该国法律所允许有的限度，但如果换以其他法制，以该国的土壤、气候和位置条件，财富还会有很大的提升空间。一个忽视国外贸易、只允许外国船舶驶入有限几个港口的国家，禁止在不同法制下可经营的诸多交易，并且，国内富有者或大资本家在很大程度上享有安全，而贫穷者或小资本家不但无安全保证，而且随时都可能被下级官吏以借口执行法律而强加掠夺。所以，在这样的国家，任何经营都不能按照各自行业的性质和范围所能容纳的程度，投下足够多的资本。在各种行业上，压迫贫穷者，必然使富有者的垄断成为制度。富有者垄断行业，就能获得极大的利润。据说中国的普通利息率是12%，但对这样的利息水平，资本的普通利润是足够支付的。

法律完善与否，对利息率有很大的影响。如果一个国家在法律上有所欠缺，就可能使其利息率增加到大大超过它的贫富状况所需要的程度。它的法律如果不强制人们履行契约，那么一切借款人就会成为法制开明的国家中的破产者或信用欠佳者，而出借人由于收回借款的不确定性，就会向破产者索取更高的利息。罗马帝国西部未开化的民族在遭受侵略的很长一段时间内，契约的履行与否全凭当事人的信义，统治者很少过问此事。也许，这正是当时利息率高得出奇的主要原因。

相反，如果法律完全禁止利息，也难有所成效。需要借入资金的人总是很多；而借出人对于资金的出借，必然以一定的报酬为目的或条件，并且，借出人在这个过程中担负着回避法律的禁令的危险，从而也要求得到一定数量的补偿。正如孟德斯鸠所说，一些国家利息率之所以很高，多半是因为这些国家的法律禁止利息，贷出资金难于收回，而并不是贫穷导致的。

在普通利润率中，除了足够补偿投资容易遭受到的意外损失的一部分之外，还应剩余一部分，那就是纯利润或净利润。普通利润率的最低标准就是这两部分的总和。普通总利润当然也是如此。它除了包含这种剩余，还包含为补偿意外损失而保留的部分。借款人所能支付的利息，就与这剩余部分的纯利润成正比关系。

不管借出人在借出资金时如何谨慎，遭受损失的意外情况仍有可能发生。因此，同上述最低的普通利润率一样，除了补偿贷借容易遭到的意外损失外，还应剩余一部分。如无剩余，那么借出者借出资金的动机就与金钱无任何关系了。

如果一个国家的财富和用于各种行业经营的资本都已达到最大限度，那么，这个国家的普通纯利润率就会很低。这也就说明，除了特别富有的人外，绝大多数人都无法依靠货币利息来生活，中小资产者也不得不自行监督自己资本的用途。几乎所有人都必须成为实业家，从事某种行业。荷兰的现状最能说明这个问题。在那里，如果不是实业家，就会落伍于时代。人们都习以为常地经营着某一种行业，这甚至已成为一种社会习俗，如果有人不遵守，就会像穿上与众不同的另类服饰一样，成为别人的笑料。

最高的普通利润率在大部分商品价格中占去应当归作地租那一部分的全部以后，仅剩足够支付商品生产及上市所需的劳动的最低工资，仅够维持生存的工资。在劳动者从事工作时，总得设法养活他们，但地主未必都要给付。东印度公司职员在孟加拉经营商业的利润，就与这最高率相当。

当利润发生变动时，市场利息率对普通纯利润率所应有的比例必然随之变动。在英国人看来，两倍于利息的利润才算是合理的利润，这种合理的利润，就是普通利润。在普通纯利润率为8%或10%的国家，借用资金来经营业务的人，将所得利润的一半作为利息，也许是合理的。资本由借用人担负风险，他像是在给出借人保险；在大部分行业，4%或5%，既可作为这种保险所冒风险的足够补偿，亦可作为不辞辛苦运用这笔资本的足够报酬。但如果一个国家的普通利润率过低或过高，上述这种利息与纯利润的比例就不可能存在。利润率过低，无法将利润的一半作为利息；利润率过高，便可将一半以上的利润作为利息。

繁荣程度较高的国家对于较高的劳动工资，可在商品价格上以较低的利润来弥补。这样，他们就能与繁荣程度较低而劳动工资较低的邻国，以同样低廉的价格出售他们的商品。

其实，工资提高导致商品价格上浮的程度，要比利润率提高带来的影响小得多。例如，麻布制造厂各工种劳动者，如梳麻工、纺工、织工等的工资，如果每人每天提高两便士，那么一匹麻布的价格所增高的数额，必然等于生产这一匹麻布所雇用的劳动者数量，乘以他们生产这一匹麻布的工作日数，再乘以两便士。商品价格中归于工资的那一部分，在所有制造阶段，按算术级数逐次增加。但雇用这些工人的所有雇主的利润，如果都提高 5%，那么，商品价格中归于利润的那一部分，在所有制造阶段，就是按几何级数逐次增加。这两种价格的上升幅度是有显著差别的。

总之，工资提高对商品价格上浮的作用，就如同单利对债额累计的作用；而利润率提高的作用，却像复利一样，利上加利。英国商人和制造者，对高工资提升物价、从而减少国内外销路的不利影响，总是满腹牢骚；但对于高利润的后果，他们却保持沉默。因自己得利而产生的不良后果，他们避而不谈；对他人得利而产生的不良后果，他们就会表示出强烈的不满。

链接

托马斯·马尔萨斯与人口理论

托马斯·马尔萨斯（1766—1833) 出生于一个富有的家庭。他的父亲丹尼尔是哲学家、怀疑论者大卫·休谟和让·雅克·卢梭的朋友。马尔萨斯年幼时在家接受教育，直到 1784 年被剑桥大学耶稣学院录取。他在那里学习了许多课程，并且在辩论、拉丁文和希腊文课程中获奖。他的主修科目是数学。1791 年他获得硕士学位，并且在两年后当选为耶稣学院院士。1797 年他被按立为圣公会的乡村牧师。

马尔萨斯于 1804 年结婚，并且养育了三个孩子。1805 年他成为英国第一位（或许是世界上第一位）政治经济学教授，执教于东印度公司学院。他的学生亲切地称呼他为“人口”马尔萨斯。

马尔萨斯的思想很大程度是受他的父亲及其朋友们（如卢梭）的乐

观思想的影响。他的一些文章也是对孔赛伯爵的回应。在1798年发表的《人口学原理》中，马尔萨斯作出一个著名的预言：人口增长超越食物供应，会导致人均占有食物的减少。

人口学原理的基本思想是：如没有限制，人口是呈指数速率（即：2,4,8,16,32,64,128等）增长，而食物供应呈线性速率（即：1,2,3,4,5,6,7等）增长。注意：马尔萨斯使用的相对应术语是几何和算术。

只有自然原因（事故和衰老），灾难（战争、瘟疫及各类饥荒），道德限制和罪恶（马尔萨斯所指包括杀婴、谋杀、节育和同性恋）能够限制人口的过度增长。

马尔萨斯倾向于用道德限制（包括晚婚和禁欲）手段来控制人口增长。然而值得注意的是，马尔萨斯建议只对劳动群众和贫困阶级采取这样的措施。那么根据他的理论，较低的社会阶层对于社会弊病要承担较大的责任。这就从根本上导致了推动立法手段使英国的穷人生存状况更为恶化，但也减缓了贫困人口的增长。

马尔萨斯注意到许多人误用他的理论，痛苦地阐明他没有仅仅预测未来的大灾难。他辩解道："……周期性灾难持续存在的原因自人类有史以来就已经存在，目前仍然存在，并且将来会继续存在，除非我们大自然的物理结构发生决定性的变化。"因此，马尔萨斯认为他的《人口学原理》是对人类过去和目前状况的解释，以及对我们未来的预测。

此外，许多人辩驳道，马尔萨斯没有认识到人类有能力增加食物供应。关于这个论题，马尔萨斯写道："将人类与其他动物相区别的主要特性是人的生存能力，和具有大量增加生存手段的能力。"

马尔萨斯的《1798论文》表达了以下8个主要观点：

人口数量严重受限于生存手段；

生存手段增加后，人口也相应增加；

人口压力刺激生产增长；

生产增长反过来也刺激人口增长；

从长远来看，生产增长不能与人口的增长潜力保持同步，人口数量与供养能力之间必将出现巨大裂痕；

性、劳动和子女等影响人口和生产力的诸多因素受个人的收支情况所影响；

当人口增长超过供养能力时，正面的抑制因素会发挥作用；

这些抑制因素的本质将对生物社会系统的其他部分产生影响。

在东印度公司学院，马尔萨斯延伸出一套需求供应失衡理论，他称之为过剩。在当时这被看作荒唐的理论，却是后来有关大萧条的一系列经济理论的先驱，他的崇拜者、经济学家约翰·梅纳德·凯恩斯将这个思想引入了著作。

以往高出生率被认为有利于经济，因为会提供更多的劳力。然而，马尔萨斯却从一个新的视角看待出生率，并且说服了大多数经济学家：高出生率可以增加总生产量，但它更趋于降低人均生产量。马尔萨斯具有广泛的影响力，他的崇拜者包括知名的经济学家大卫·李嘉图等人。

关于他的理论的一个最知名的门徒，是英国首相小威廉·皮特。19世纪30年代，马尔萨斯的著作强烈地影响了辉格党人，他们改变了托利党的家长式作风，于1834年引入了《济贫法修正法案》。

对马尔萨斯理论的关注也帮助了英国全国人口普查的实施。1801年，政府官员约翰·李克曼主导了第一次现代人口普查。

马尔萨斯人口理论的门徒，还包括知名的神创论者、自然神学家威廉·佩里大主教，他于1802年发表了《自然神论》。他认为马尔萨斯的人口学原理证明了神的存在。

有讽刺意味的是，马尔萨斯自己反对节育，他的著作却强烈地影响了弗朗西斯·普勒斯，后者发动了极端马尔萨斯主义运动以推动节育。普勒斯于1822年发表了论文《人口学原理的证明》。

马尔萨斯理论对现代进化论创始人达尔文和阿尔佛雷德·华莱士产生了关键影响。达尔文在他的《物种起源》一书中说，他的理论是马尔萨斯理论在没有人类智力干预的一个领域里的应用。达尔文终生都是马尔萨斯的崇拜者，称他为“伟大的哲学家”。华莱士称马尔萨斯的著作是“我所阅读过的最重要的书”，并把他和达尔文通过学习马尔萨斯理论，各自独立地发展出进化论，称作“最有趣的巧合”。

第一章　论劳动分工及分配

进化论学家们普遍认可马尔萨斯无意中对进化论做出了许多贡献。马尔萨斯对于人口问题的思考是现代进化理论的基础。马尔萨斯强化了对"有限增长"条件下"生存挣扎"的观察。由于马尔萨斯理论，达尔文认识到了生存竞争不仅发生在物种之间，而且也在同一物种内部进行。

联合国教科文组织的发起人、进化论学者和人道主义者于连·赫胥黎在1964年出版的著作《进化论的人道主义》中描述了"拥挤的世界"，呼吁制订"世界人口政策"。联合国人口基金会等国际组织关于地球能容纳多少人的辩论即起源于马尔萨斯。

时至今日，马尔萨斯仍然发挥着重要影响。举一个例子，科幻作家艾萨克·阿西莫夫发表了许多有关人口控制的文章，反映出的观点就来自马尔萨斯的观点。

马尔萨斯被视为现代人口学的奠基人。马尔萨斯宣称他的人口学原理不仅是对人类，而且是对所有物种都普遍适用的自然法。现在也可以证明，没有一种东西会以固定速率呈指数方式增长。

马尔萨斯关于食物供应的算术模型遭到普遍拒绝，因为在过去的两个世纪里，食物供应与人口增长保持了同步。

工资与利润

通常情况下，将劳动和资本投入各行各业所带来的利弊，在相同的地方几乎都一样。如果不是这样的话，倘若某一行业明显比其他行业更为有利或不利，那么，人们就会趋利避害，都想从事比较有利的行业，如此，这一行业必定人满为患，不久便没有任何优势可言。

因此，只要所处社会是自由社会，人们就可以任意选择自己的职业，也可以随时改变，这样，投入各行各业的劳动和资本的报酬就会基本相同。

事实上，欧洲各地的工资及货币利润，并不像我前面所表述的那样基本一致，而是随着劳动和资本用途的不同而有很大的区别。概括而言，造成这种差异的原因主要有以下两种：其一，各种职业本身性质的不同；其二，欧洲各国并没有得到完全自由的发展。对于这两种原因，我将在以下两节分别予以讨论。

第一节　起因于职业本身性质的不均等

劳动工资因职业本身性质所产生的差异，主要有以下五种情况。

第一，劳动工资因工作的难易、环境和尊卑不同而不同。

在许多地方，如果按照年工资计算，缝纫工人的工资要少于纺织工人的工资，纺织工人的工资要少于铁匠的工资，铁匠的工资又要少于煤矿工人的工资。

这是因为，缝纫工人的工作比纺织工人的工作简单，纺织工人的工作又比铁匠的工作更干净，而铁匠的工作远不如煤矿工人的工作危险。

因此，对于所有比较体面的职业而言，荣誉本身就构成了其报酬的一部分，而其直接货币工资常常极为有限。但对于那些比较卑微的职业而言，情形则恰恰相反。例如，屠夫的工作野蛮而令人生厌，但他们的收入在许多地方都比较丰厚。

此外，捕鱼和狩猎在原始社会无疑是非常重要的工作，但在现代社会却变成了休闲娱乐活动。今天，如果还有人继续以这两种职业为生，那么，他们的生活将不太富裕。

与此相同，不愉快和不体面对资本利润的影响，与它们对劳动工资的影响大致相似。例如，小酒馆或小旅店的老板并不能完全掌控自己的店铺，他们常常遇到喝醉酒、惹是生非的客人，而他们常常一味地忍气吞声，因此，他们的工作可以被称为不愉快和不体面的。但令人欣慰的是，他们的工作通常能给他们带来可观的利润。

第二，劳动工资会因为学习业务的难易程度和学费多少的不同而不同。

如果一项工作需要劳动者花费很长的时间才能学会，那么，从事这项工作的人，除了获得普通劳动工资外，还要收回全部的学费，并至少获得学费应有的普通利润。而且，人的寿命长短不同，人们总希望尽快收回这部分资本和利润。这样，需要特殊和熟练技术的劳动工资和普通劳动工资之间必定存在差异。

例如，从事精巧艺术的人和自由职业者，常常需要学习很长时间，并花费高额的学习费用，如雕刻家、画家、医生等，他们的劳动工资必定比普通劳动者高得多。

第三，劳动工资会因其业务的稳定与否而不相同。

不同职业的稳定程度往往各不相同。对于制造业而言，绝大多数时候，只要制造工人愿意，就会天天有活干。相反，制砖工人、泥瓦匠等，就没有这样的运气，当天气恶劣的时候，他们就只能赋闲。事实上，即便天气良好，他们的工作状况也要取决于顾客的临时需求。因此，他们一旦被雇用，其工资除了普通劳动工资外，还要足够维持他们空闲时的生计，并且对他们在不安定的环境中所忍受的焦虑和郁闷之苦亦有所补偿。

因此，大部分制造工人与普通劳动者的日工资相仿，但制砖工人、泥瓦匠等的日工资却是普通劳动者日工资的1.5倍至两倍。

然而，在各种熟练劳动中，制砖工人和泥瓦匠的劳动似乎是最简单的，据说，伦敦市内就有轿夫在夏天时改做制砖工人。因此，这类劳动的高工资，与其说是熟练劳动的工资，倒不如说是对其不稳定的一种报酬。

如果除了工作不稳定外，还要加上艰苦、不愉快和不干净，那么，即使是最普通的工作，它的工资也可能会超过最熟练技工的工资。在纽卡斯尔，实行计件工资的煤矿工人，他们的工资一般约为普通劳动工资的两倍。他们的这种高工资，主要是由于工作时的艰苦、不愉快和不干净所带来的。此外，伦敦运煤工人在工作时的艰苦、不愉快和不干净程度与煤矿工人相似。由于运煤船到达时间不确定，大部分运煤工人的工作也极不稳定，所以，运煤工人的工资往往是煤矿工人工资的两倍。

第四，劳动工资会因劳动者所负责任大小而不同。

劳动者所负责任越大，其所获得的收入也就越多。例如，金匠和珠宝匠的工资，不仅高于许多需要同样技巧的其他工匠，甚至还高于一些需要更大技巧的工匠。这是因为托付给他们的材料十分贵重，他们所负的责任较大。

日常生活中，我们将健康托付给医生，将名誉、财产等托付给律师。很显然，我们决不会将此类重大的责任贸然托付给谁，我们所托付的人必定是我们所信任的人。因此，为了能肩负起这类重大的信任，医生、律师们就必须要有相应的社会地位。而为了获得和保持应有的社会地位，他们就必须接受长期的教育和支付巨额的费用，这势必提高他们的劳动价格。

第五，劳动工资会因学习者能否成功的可能性而不同。

每一个学习技能的人在学习过程中，最终是否能取得就业资格，往往因其选择职业的不同而不同。

就大部分机械职业而言，最终学成的可能性非常大，但就自由职业来说，结果则很难确定。例如，将孩子送去学做鞋，他很容易学成并成为合格的鞋匠。而将孩子送去攻读法律，最终成为律师的可能性不超过1/20。

在一种完全公平的彩票中，中奖人所得应当是未中奖人所损失的总和。在一种 20 个人失败而只有 1 人成功的职业中，这个成功者的收获就应该是那 20 个失败者所应得的总和。因此，一个要到 40 岁才能开业获利的律师，其工资就不仅是弥补自身教育的代价，还要足以弥补其余学无所成的代价了。律师们的收费尽管有时明显偏高，但与他们的付出相比，这个价格并不为过。

综上所述，引起劳动工资差别的五种情况，只有工作的愉快和安全程度两项会影响到资本利润。但是就愉快程度而言，资本投在各个行业都大体相似。而资本的普通利润，尽管会随着其危险程度的提高而提高，但提高的程度并不一定和危险程度成正比。因此，在同一个社会中，投在各种行业资本的普通利润率都比较接近，远比各种劳动工资的差别小得多。事实也证明了这一点，普通工人的工资与成功的律师或医生的收入之间的差别，比任何两个行业的普通利润的差别要高出许多。

此外，各种行业利润表面上的差异有时是不足为信的，因为我们并不一定都把工资和利润区分清楚了。“药剂师的利润”一词似乎已成为利润过高的代名词。但这表面上的巨额利润，恰恰只是合理的劳动工资。众所周知，药剂师的工作比其他一切技工的工作要精巧很多，而且他所肩负的责任也要重大得多。他的劳动报酬，理应与他的技能以及承担的责任相吻合。但由于他的合理工资只能加在药品价格上，因而从表面上看，他们的利润相当可观，但事实上，这只是披上利润外衣的合理工资而已。

因此，上述五种情况，虽然会使不同行业的劳动工资和资本利润产生很大的差异，但是，投在各个行业的劳动和资本总体上的利弊却相差不大。当然，要实现这种均衡，即使是在能充分保障自由的地方，还须具备其他三个条件：

第一，这些行业是众人熟悉，且确立已久的；

第二，这些行业都处于一种自然状态（通常状态）；

第三，这些行业必须是从业者的唯一或主要谋生行业。

第二节　起因于欧洲政策的不均等

劳动工资及资本利润因欧洲政策所产生的差异，主要有以下三种情况。

第一，限制某些行业中的从业者人数，减少竞争，从而使不同行业的劳动工资和资本利润产生差异。

行业协会的排外特权，是欧洲政策中限制从业人数的主要手段，因为它只允许那些有经营资格的人之间相互竞争。为了获得经营资格，就必须跟当地有资格的一个师傅做学徒。而协会有时还会对一个师傅能带几个学徒作出规定，直接限制从业人数，并且，由于协会通常还规定了学徒的年限，从而增加了学习费用，达到间接限制从业人数的目的。这样，各个行业的竞争就受到了限制，不是任何人都可自由出入了。

毫无疑问，人们的劳动所有权是一切其他所有权的基础，应该是最为神圣不可侵犯的。体力与技能是一个穷人所拥有的全部世袭财产，如果不允许他按照自认为正当的方式，在不伤害他人的条件下，运用他们的体力与技能，显然就侵犯了他最神圣的财产。这不但侵犯了劳动者的正当自由权，而且还侵犯了雇主们的正当自由权。一个人是否合适被雇用，理应由雇主们决定，而立法当局却装模作样地担心他们会雇用了不合适的人，这显然是一种粗暴无理的行为。

此外，长期的学徒制并不能保证市场上的商品质量。大多数的劣质商品，通常不是由于技术问题，而往往是商家欺诈所致。现在，人们对金属器皿上的纯度记号，麻布上的检验印记的信任，远远超出学徒年限的规定。消费者判断商品的质量时，一般都只看记号或检验印记，而绝不会去询问制造商品的工人是否曾做过 7 年学徒。

总之，行业协会以及其他一些协会的规定，通过限制从业人数而限制了自由竞争，以防止商品价格大幅度下降，从而阻止劳动工资和资本利润的下降。这样，欧洲的一些政策，就限制了一些行业内可能发生的剧烈竞争，使不同行业的劳动工资与资本利润产生了较大的差异。

第二，增加某些行业的从业人数，加剧竞争，从而使不同行业的劳动工资与资本利润产生较大差异。

在所有的基督教国家中，大部分牧师的教育费用，都是由一些公共团体或热心的私人捐助者设立的奖学金、助学金承担的。因为几乎是免费教育，所以牧师随处可见，教会中挤满了愿意接受比普通工资低许多的人。

如果那些没有固定收入的律师和医师，也有如此之多的公费教育机会，那么，这些行业中的竞争也会变得同样激烈，他们的金钱收入也会因此大大减少。而对于那些靠自费接受教育的人来说，从事这一行业就无利可图，甚至得不偿失。因此，这些行业中，如同牧师一样，就会挤满了由公共慈善团体所培养的人。他们人数众多、生活贫困，一般都愿意接受极为低廉的薪酬。结果，律师和医生们所受到的尊重程度也会大打折扣。

在还未设置奖学金时，即使贫困子弟要从事神学、医学和法学这三种职业也只能自费学习，所以，教师们的报酬相比之下就高出许多。苏格拉底的时代，普通老师向每个学生收取的学费大约是 4 到 5 迈纳，大约相当于现在的 13 至 16 镑。雅典当时最优秀老师收取的学费，比这还要高。苏格拉底自己向每个学生收取 10 迈纳，约合 33 镑。据说，他在雅典讲学时，就收了 100 个学生，这 100 个人，其实就是来听他做一系列连续讲演的人，因此，他每一系列的连续讲演，就可得到 1000 迈纳，约合 3300 镑。

此外，当时其他一些非常著名的老师，似乎也都是腰缠万贯的大富翁。乔治阿斯就曾将自己的纯金塑像，送给德尔菲寺院。而且，他和当时另外两位有名的老师——皮阿斯和普罗特格拉斯的生活方式，都很奢华。据说，柏拉图的生活也很富裕。亚里士多德给亚历山大王子当老师时，报酬极为优厚，但他自己却认为，如果回到雅典办学校，收获会更丰。

虽然以后几十年中，由于竞争加剧，老师们的收入也有所下降，但他们的劳动工资以及受到的尊敬程度，仍然比今天的老师们要高出许多。

当然，我们所说的这种劳动工资的差异，如果从全社会的角度来看，也许是利大于弊。公职教师的地位虽然有所降低，但是免费教育的利益可以大大抵消这一不足。而且，如果欧洲各地的学校能够加强管理，大众受益程度将会更高。

第三，劳动和资本的流动受限，使它们不能在各行业和各地区间自由转移，从而使劳动工资和资本利润产生差异。

学徒制度的规定和行业协会的排外特权，阻止了劳动的自由流动，使同一职业或同一地方内的劳动者，也不能自由地从一个行业地方转到另一个行业地方。

我们经常可以见到这样一种情形：有些处于迅速发展阶段的行业，劳动者的工资较高，并且不断需要新的工人；有些处于衰退阶段的行业，劳动者工资很低，工人大量过剩。但是这两者之间，即使是在同一个城市，甚至就是近邻，也不能互通有无。因为有学徒制度和排外特权的存在，妨碍了它们相互帮助。

此外，还有一些技术很相似的行业，如果没有这些不合理的规定从中作梗，劳动者就能够很迅速地从一种职业转入另一种职业了。例如，织素麻、织素丝、织素羊毛这三者的技术非常相似，如果劳动可以自由流动，那么，当这三种行业中，有任何一个行业处于衰退状态时，该行业的劳动者，就可立即改行进入其他两种繁荣的行业中去。而他们的工资，也就不会再出现繁荣时过高、衰退时极低的情形了。

这些阻止劳动者自由转移的原因，同样也会阻止资本的自由转移。因为每一行业中所雇用的劳动量，在很大程度上，决定了这个行业所能容纳的资本量。可是，它们对资本转移的妨碍，在程度上要比对劳动转移的妨碍更轻些。不管怎样，富商们在城市中取得经商权，总比穷苦劳工争取工作机会要容易许多。

在欧洲，由于行业协会的规定阻止了劳动者的自由转移，这是一个普遍现象。但是，由于济贫法的实施而妨碍了劳动者的自由流动，却是英格兰特有的现象。自从英格兰颁布济贫法以来，贫民就只能在所属的教区内居住、工作。因为根据法令规定，各教区都有救济其辖区内贫民的责任，而为了控制辖区内的贫民数量，各教区都实行了非常严格的户籍管理制度，避免贫民擅自进入自己的教区，这样，英格兰各地的贫民几乎都被终身幽禁起来了，劳动工资也因此而相差很多。

链接

约翰·穆勒

约翰·斯图尔特·穆勒（1806—1873），英国思想家、哲学家、经济学家、哲学心理学家，实证主义和功利主义的代表人物，经济学古典学派的最后代表人物，也是心理化学理论的创始人，被公认为有史以来智商最高者之一。

穆勒是英国心理学家詹姆斯·穆勒的9个孩子中的长子，从小即在家里接受父亲极其严格的教育，童年教育几乎由父亲一手包办。穆勒自幼聪慧，没有进过学校，全部青少年时期的教育，都是由其父细心负责完成的。他又把学来的东西转教弟妹，自己也更有进步。

穆勒3岁即开始学希腊文，至7岁即读过很多希腊名著，8岁开始学习拉丁文、几何学和代数学，并负责教他的弟弟妹妹读书，10岁时写成了罗马法史，11岁他父亲撰写《英属印度史》时，他就担任校对工作，12岁时能阅读亚里士多德的名著《工具论》和霍布斯等人的逻辑学著作，曾多次访问休谟,14岁已精通希腊文、拉丁文、数学和文学。由于其父和李嘉图交往甚密，穆勒也曾受教于他。他曾学过逻辑学、心理学、政治学、经济学、代数、几何学及微积分。

穆勒因童年的杰出表现，当时被誉为神童。1820年穆勒14岁时与功利主义另一著名代表边沁同游法国，并颇受萨伊和圣西门的影响，次年回国即研究心理学。1823年17岁时随父亲到英属东印度公司任职，次年5月任该公司印度通讯检查部的书记，1823—1826年成为功利主义学社成员，经常在边沁家中聚会。1856年擢升为东印度公司主任，1858年公司解散，退休，1865年被选为英国议会下议院议员，1868年竞选连任失败，即退出政坛专心著述。

在穆勒看来，心理活动是主动的，而不是被动的，心理活动不仅仅是经验的简单累加，心理活动的结合，最终可以产生全新的观念，这种观念并不存在于先前的经验之中。在合成新的复杂的观念过程中，经验已失去了它们原有的特性。这里，穆勒在说明新观念不仅仅是各部分经验的总和时，比 W. 冯特更早提出了与格式塔心理学相一致的“创造性综合”的观点。在研究联想律方面，穆勒先于 1843 年主张三个法则，即类似律、接近律和强度律，而以频因律附于接近律。他认为，证明接近律作为一个有效的原则有赖于同时发生的次数，而频因律则为多次性的重复，它与接近律成为心理的联合，而不是客观的联合，所以要将接近和频因完全划分几乎不可能；联想的频因现象乃为接近的多次性。至于把强度律作为第三个法则，则是认为活跃性为联想的一个条件。1865 年，他又提出联想的四个法则：类似律、接近律、频因律和不可分律，而删去强度律。在穆勒看来，不可分只是多次性的极限，当接近没有例外，而次数又很多时，则其联合就成为不可分的了。由此可见，穆勒的这些法则不是完全可以独立作用的法则，而是联合的总原则的各个方面。穆勒哲学心理学思想的贡献，主要在于以下两个方面：

(1) 对知识来源问题的解释

对人性本质中知识来源问题的解释，穆勒的思想虽然大体上继承了英国经验主义前人的思想，但他本人对经由联想形成知识的历程，却提出了超越前人的主张。自 17 世纪初经验主义兴起于英国后，历经霍布斯、洛克、柏克莱、休谟等人，他们对人性本质中知识来源问题的解释，虽然在立场上有的唯物，有的唯心，但基本上都是采取知识来自感官经验的论点，而且他们都将感官接受刺激后经由感官、知觉、联想的心理活动，解释为构成复杂知识的历程。显然，经验主义者的此种解释有两大特点：其一，将观念联想看成是被动的心理活动。其二，将观念联想构成知识视为“积少成多”的历程。穆勒经验主义的最大特点是，他反对观念联想为被动的看法。基于他的看法，终于提出了他独到的理论。此即接下来要介绍的心理化学理论。

(2) 首创心理化学理论

在英国经验主义者之中，穆勒反对前人所持观念：联想只是印象或观念积少成多的传统理念。他采用了自然科学中物理变化与化学变化的观念，在 1843 年出版的《逻辑体系》一书中，他提出了心理化学理论。心理化学理论的要义是，将人的心理运作比作物质的化学变化，而不是采用化学原理来解释人的心理活动。穆勒认为，简单观念形成复杂观念时，各观念之间的关系，不是像物理变化那样，它既不是混合的，也不是组合的，而是融合的；其间融合的过程就像化学变化一样，由原来混合物质变化成一种与以前截然不同的新物质。穆勒举出氢气和氧气两种物质化合后变成另一种新物质的水为例，用以说明心理化学的意义。他也举出七色光混合后而形成白色光的例子，用以说明由知觉获得的知识不是零碎观念的累积。因此他也认为，联想的法则并不能解释人类复杂的思想来自何处，也不能说明它们是如何构成的；只能从经验和直接实验中知道这些东西。此种思想对以后思维创造的心理学研究产生了先导作用。穆勒的心理化学理论校正了联想主义的方向，使其导入实验心理学的坦途。冯特思想中的综合性创造的理念即可能源于穆勒的心理化学理论。尤其是对以后完形心理学的发展具有很大的启迪作用；格式塔心理学的中心思想“整体不等于部分之和”的理念，正是受了穆勒心理化学理论的影响。

地　租

地租作为使用土地的代价，自然是租地人依土地实际情况支付给土地所有者的最高价格。在双方签订租约时，土地所有者都会尽可能地使租地人所得的土地生产物的数量，在除去当地农业资本的普通利润以后，仅够补偿他用以提供种子、支付工资、购置生产工具的农业资本。这个生产物数额，当然是租地人在不亏本的情况下所能接受的最低数额。如果生产物中分给租地人的那一部分多于这个数额，即生产物中分给租地人的那一部分价值；如果多于这一数额的价值，土地所有者就会想方设法将超过的这部分以增加地租的方式据为己有。所以，地租只是租地人依土地实际情况所能支付的最高价格。

当然，现实情况多与这一数额有一定出入。有时，土地所有者或因心地善良，或因情况不明，可能接受比这一数额略低的地租；有时，租地人也可能缴纳比这一数额略高的地租，即甘愿承受比当地农业资本普通利润略低的利润。不过，这个数额仍被视为自然地租。

在很多人看来，地租就是地主用来改良土地资本的合理利润或利息，这种说法有一定的道理，但也不完全正确。对于未经改良的土地，地主也会要求地租，而所谓改良费用的利息或利润，一般只是这原有地租的附加额。而且在很多时候，改良土地的资本，实际上都源自于租地人。可即便如此，土地所有者在与租地人签订租约时，仍会以自己出资改良土地为由，提出增加地租的要求。

甚至，对于那些生长完全不能由人力改良的自然物的地方，地主也会要求地租。例如，不列颠一些地方，尤其是英格兰，都生产一种叫作克尔普的海草。这种海草一经燃烧，就会成为制造玻璃以及其他用途所需要的碱盐。但这种海草只生长在海边的岩石上，而海边的岩石每天都被海潮淹没两次，所以，它的产量无法通过人力的增多来提高。但即使这样，对于以生产这种海草为界的所有地，地主仍会像谷田一样要求地租。

再如，以渔业为生的人，不得不住在近海地带。此时，土地所有者对渔民房屋所在地收取的地租，就不是同渔民由土地上所获得的利益成比例，而是同他由土地和海上这两方面所能获得的利益成比例，且地租部分也是用鱼来支付的。这种情况并不多见，却真实存在。

至此我们便会发现，地租作为使用土地的代价，是一种垄断价格。它只与租地人所能支付的数额成比例，而与地主改良土地所支出的费用或土地所能收取的数额并无多大关系。

在这种情况下产生的土地生产物，被送往市场售卖，其普通价格就足够弥补生产、运输所垫付的资本，并提供普通利润。一旦普通价格超过这个限度，其剩余部分必然归作土地地租。如果普通价格没有超过这个限度，便无法提供地租。普通价格超过与否，由市场需求决定。市场需求旺盛，土地生产物在市场上售卖的价格就会超过其原费用，这时，租地人就能向土地所有者提供地租；反之，则不能提供地租。

因此，作为商品价格构成部分的地租，其构成方式是与工资和利润完全不同的。工资和利润的高低，是造成价格高低的原因；而地租的高低，却是价格高低造成的结果。商品价格有高有低是因为这一商品上市所必须支付的工资与利润有高有低，而这种商品能否提供地租或能提供高地租还是低地租，则是由商品价格的高低造成的。

为此，下文我将依次对这三种情况进行阐述：第一，总能提供地租的土地生产物；第二，有时能提供有时不能提供地租的土地生产物；第三，这两种原生产物在不同改良阶段，所自然产生的相对价值上的变动。

第一节　论总能提供地租的土地生产物

与动物相同，人类人口的增长也必然与其生活资料相称。因此，食物在任何时候总被或多或少地需求，或者说，食物总能购买或支配或多或少的劳动量。即使对劳动支付高工资会导致食物所能购得的劳动量相对缩减，但按照邻近一带劳动者的普通生活标准，食物所能购得的劳动总能维持一定的水平。

任何地方的土地，其生产物除足够维持它上市所需要的劳动外，还应有所剩余。这剩余部分，不仅应足够补偿雇佣劳动所垫付的资本及利润，还应留下一部分作为地租交给土地所有者。

例如，挪威及苏格兰的荒凉旷野生产一种牧草，以这种牧草饲养牲畜，所得的乳汁和繁殖出来的牲畜，除了足够维持放牧所需要的一切劳动，并支付给放牧者或牲畜所有人的普通利润外，还应有所剩余，以作为牧场地租。牧场地租随土地的优良程度而增加。与劣质土地相比，地主会因优良土地上生产物的增加和维持费用的降低而得到更多的好处。

如果忽略土地生产物的类型，那么地租就因土地肥沃程度的不同而不同；如果忽略土地的肥沃程度，那么地租就因土地位置的不同而不同。如城市附近的土地，就比偏远地方的土地能提供更多的地租。但良好的运输条件也会降低运输费用，使偏远地方与都市附近更接近于同一水平。所以，在一切改良中，最有实效的就是交通改良。

即使肥沃程度一般的谷田，它为人类生产的食物，也比肥沃程度最好的同面积牧场所生产的多出很多。虽然生产谷物要花费更多的劳动量，但产出物在扣除一切成本费用后所剩余的食物量，还是较牧场生产所得更多。因此，1 磅家畜肉的价值，如果向来被认为低于 1 磅面包的价值，那么，谷物的剩余部分所具有的较大价值的现象，就会极为常见。不过，这似乎只是农业发展初期普遍存在的一种现象。

在农业发展的不同时期，面包与家畜肉的相对价值有着很大的不同。在农业发展初期，国内未曾开垦的土地都用来蓄养牲畜，家畜肉就比面包多，从而造成面包的价格极其昂贵。而当国内大部分土地都开垦为耕地的时候，就完全是另一种景象了。面包比家畜肉多，家畜肉的价格就变得极其昂贵起来。而且，由于荒野上饲养出的牲畜在市场上出售时，会与改良的土地上饲养的牲畜价格相同，荒野土地所有者也会借此机会依照其牲畜的价格，增加土地的地租，这又进一步提高了家畜肉的价格。

可见，在改良日益深入的形势下，未改良的牧场地租和利润，在某种程度上取决于已经改良的牧场地租和利润；而已改良的牧场的地租和利润，在某种程度上又取决于谷田的地租和利润。由于生产周期不同，同是一亩土地，家畜肉的生产额会比谷物的生产额小得多。所以，家畜肉较低的产量必须以较高的价格得到补偿。

在城市附近的地区，牛乳及马粮的需求总是很旺盛，家畜肉的价格也一直居高不下。这就必然使牧草价格增加的幅度超过它与谷物价格的正常比例。但这种地方性利益的特殊情况并不会在偏远地区发生。

有些国家人口繁多，以致国家土地像城市附近地区一样，所生产的牧草及谷物无法满足人们的生活需要。所以，其土地主要用以生产那些容积较大、不易由远方运输来的特殊牧草；而人们所食用的谷物，主要依赖于国外的供给。如现在的荷兰就是这样。

另外，土地地租也与周围土地生产物的价值有直接关系。例如，在以谷物为主要生产物的地方，圈围草地的地租往往比附近谷田的地租高。这种高地租就不是由草地生产物的价值，而是由利用耕畜耕作的谷田生产物的价值决定的。如果四周土地全被圈围，那么圈围地租就会降低。

在土地面积相同的情况下，仅仅使用天然牧草所能饲养的牲畜，自然比使用芜青、胡萝卜、包菜等人工牧草，或其他已经用过的方法所能饲养的牲畜少很多。无疑，这会使进步国家中相对于面包过高的家畜肉价格，略有降低。而事实也的确如此。至少，现今伦敦市场上家畜肉相对于面包的价格，较上世纪初叶有了很大程度的降低。

在所有富裕的大国，绝大多数耕地都用来生产人们或牲畜所需要的粮食。此时，这部分耕地的地租和利润，就决定着其他一切耕地的地租和利润。如果其他特殊土地提供的地租和利润较上述土地更少，那么，这类土地马上就会改作谷田或牧场；反之，部分谷田或牧场就会改用来生产那种特殊的产物。

总之，生产人类粮食的耕地地租，决定着其他大部分耕地的地租。任何特殊产物所提供的地租，不会长久低于大部分耕地的地租，因为那里定会立即改为他用；如果特殊产物所提供的地租，长期高于大部分耕地的地租，那通常就是由于适合于这产物的土地过少，无法满足有效需求导致的。

如果国家的主要粮食是另一种植物性粮食，而不是谷物，国家通过和谷田耕作相同或几乎相同的耕作所能产出的这种植物量，比最肥沃的谷田所生产的都多出很多，那么，地主的地租，即其支付劳动工资并扣除农业资本及其普通利润后所剩余的实物量，必然多出很多。不管这个国家维持劳动的普通工资处于怎样的水平，较大的剩余量总能维持较大的劳动量，而地主也能购买或支配更多的劳动量，这就提升了其地租的价值。

与谷田相比，稻田的产量要大得多。虽然耕种稻田需要更多的劳动，但其产量除了维持劳动以外，还有更多的剩余。所以，在以稻米为主要食物且耕作者也主要依靠大米维持生活的产米国家，地主从更多稻米剩余量中得到的利益，比产麦国家多得多。

优良的稻田一般都在沼泽地带，这些沼泽每年至少有一个季度水源储存充足。所以，对这些地方来说，除了耕种稻谷外，种植葡萄或放牧等都极不合适。由于其他耕地不能转为谷田，所以在这些产米国家，谷田的地租便无法决定其他耕地的地租。

而对于同一亩地，种植马铃薯的产量又会超过种植谷物的产量，超过小麦的产量当然会更多。亩产 12000 磅马铃薯，是一个正常的产量；而亩产 12000 磅小麦，却是一个极为优异的产量。当然，我们也不得不承认，马铃薯较小麦含有更多的水分，但即使扣除一半作为水分，亩产 6000 磅的马铃薯产量仍数倍于小麦的产量。更何况，耕作种植马铃薯的土地费用，比耕作种植小麦的土地费用少，所以，如果将来马铃薯能像大米一样成为某地人们普遍爱好的食物，从而使得种植马铃薯的土地像现今种植小麦或其他人们食用谷物的土地一样多，那么，同样耕地必能养活更多的人口。而且，劳动者如果都以马铃薯为生，那么在生产中，除去扣除耕作资本及维持劳动外，还会有更大的剩余。这仍属于地主的剩余部分的出现，必然导致人口和地租的增加。

因为凡能种植马铃薯的地方，都可以栽种其他所有植物，所以，如果种植马铃薯的土地与现今种植谷物的土地相同，那么，马铃薯必然像谷物一样，是人们的主要食物。种植马铃薯的土地地租，也像谷田地租一样，决定着其他大部分耕地的地租。

马铃薯含有丰富的营养素，能提供人体所需的多种营养。但马铃薯不像谷物那样，能贮存二三年，它甚至难以储藏一年。也许正因为此，在任何大国，马铃薯都不像面包一样成为各阶层人们最主要的植物性粮食。

第二节　论有时提供有时不提供地租的土地生产物

食物是必然提供地租的土地生产物。而其他生产物，则有时提供，有时不提供。

人类最基本的需求无非三种：食物、衣服及房屋。

在原始社会，衣服和房屋材料总是显得过剩，因此没有甚至完全没有价值。由于无用被抛弃，而使用部分的价格，差不多只等于改造这些材料使其适于使用所花费的劳动与费用，所以，自然无法向地主提供地租。在进步社会，衣服和房屋材料需求很大，于是价值增大。由于这些材料全部被使用，供不应求的情况便经常出现，但总有人愿意以超过其市场价格的高昂价格来购买。这时，向地主提供地租是可能且正常的。

原始社会的人以兽皮为衣服，所以，如果不断狩猎获取兽肉和兽皮的原始人没有对外贸易，他们自身穿不了的衣服材料就会被视为无价值的东西而遭到抛弃。例如，在被欧洲人发现之前，北美狩猎民族便是如此。如今，他们可以用皮料同欧洲人交换毛毡、火器或白兰地。我认为，在当今世界现有的通商状态下，即使最不开化的民族，只要土地所有制已经确立，这种对外贸易就在一定程度上存在，同时也使得提供地租成为了可能。但在既落后又无对外贸易的地方，衣服材料大为过剩，就不可能向地主提供地租。

房屋材料由于运输方式不及衣服材料便利，所以难以成为对外贸易的商品。在房屋材料生产过剩的国家，这些过剩的材料，不会给地主提供什么价值。在人口众多的进步国家中，用于建筑的无果树木，价值很高，为其产地提供了相当大的地租；而在北美许多地方，树木产地的所有者，不但得不到地租，如果有人愿意去采伐并运去他的大部分树木，他还会非常感谢。所以当房屋材料显得尤为过剩的时候，地主不可能得到地租。而当邻近富裕国民有房屋材料需求的时候，情况又有所不同。例如，伦敦铺设街道所需的石头，曾使苏格兰海岸一部分岩石地的所有者第一次收到了地租。

衣服和房屋材料的多少并不决定一个国家的人口多少，国家人口数量是与食物所能供给的人数成比例的。有了充足的食物，衣服及房屋就成为了很容易解决的问题。相反，有了衣服和房屋，食物却往往很难找到。

随着土地改良的日渐深入，一个家庭的劳动往往能提供两个家庭的食物，也就是说，此时，一半的劳动能用来生产食物以外的其他物品，如衣服、房屋、家具等。富人所消费的粮食，并不比穷人多，但富人豪华的住宅、巨大的衣橱就是穷人无法比拟的。人的肠胃所能容纳的食物有限，但人对房屋、衣服、家具等物品的欲望却是无限的。所以，如果劳动者食物过剩，就会用剩余的食物来交换以满足其他欲望的物品。这样，人类在建筑物、衣服、应用物品或家具上的各种发明，便有了现实的需要和应用。

由此不难发现，食物不仅仅是地租的原始来源，而且对后来提供土地地租的其他生产物来说，其价值中相当于地租的部分，亦来自于生产食物的劳动力的增进，这也是土地改良和耕作的结果。但那些到后来才提供地租的其他土地的生产物，并不一定都能提供地租。即使土地已改良并耕作的国家，对这类土地生产物的需求，也未必能达到那样的程度。以致其价格，除了支付工资、偿还资本并提供资本的普通利润外，还有剩余。这类生产物是否提供地租，要根据具体情况而定。例如，煤矿能否提供地租，既要看它的产出力，又要看它的位置。

众所周知，木柴比煤炭更合适做燃料。木柴价格随农业发展状况而有所变动。农业发展初期，各个国家大部分地方都是树木，这些树木绝对不受当时地主的欢迎，如果有人愿意砍伐，他们当然求之不得。农业取得一定的发展后，部分树木因耕地扩展而被砍伐，部分树木因牲畜增加而消失。长此以往，森林资源急剧下降，木柴的价格必然有所提高。这种价格，便给地主提供了很好的地租。

如果一个地方煤炭价格与木炭价格几乎相等，那么，不管木炭价格如何，煤炭价格都会达到最高水平。如英格兰牛津郡，普通人的火炉中总是混含着木柴与煤炭，可见两者价格大体相当。

煤炭的最低售卖价格，同其他一切商品一样，是补偿其上市所需资本及普通利润的价格。那些无法向地主提供地租，因而必须由地主自己经营，否则就会遭到荒废的煤矿，其价格一般与这最低价格不相上下。

在煤炭提供地租的地方，煤矿价格中的地租部分，一般比其他大多数土地原生产物价格中的地租部分小。土地地租，通常是总生产额的1/3，且这比例是确定的，不受收获上意外事故的影响。而煤炭地租，通常以总生产额的1/5为非常大的地租，1/10才是普通地租，而且，这比例是不确定的，它会随生产额的变动而变动。

煤矿的价值，取决于煤矿的产出力，也同样取决于它的位置。而金属矿山的价值则不同。从矿石中分离出来的金属，尤其是贵金属，具有很大的价值，支付长时间陆运和长距离水运的费用都绰绰有余。其市场也不受产出地的局限，不但可以销往临近国家，而且可以行销全世界。

所以，从某种程度上说，各矿山所产不同金属的价格，都取决于世界当时产量最大的矿山产物价格。在这种价格下，各大矿山所产的金属价格，在偿还采掘费用后，已所剩不多，因此，便无法向地主支付较高的地租。

贵金属在市场上卖出的最低价格，或者说贵金属长期在市场上所能交换的最小其他货物量，由决定其他一切货物普通最低价格的原理决定。煤炭的价格由木柴的价格决定，除木柴外任何东西的缺乏都不能使煤炭价格上涨。但贵金属的最高价格不取决于任何货物。将金的稀缺性增加到一定程度，那么，一小块金都可能比金刚钻还昂贵，并可能换得更多更大数量的其他货物。

贵金属的主要价值，在于它的美质，这种美质，使贵金属特别适宜于做衣物和家具的装饰。任何颜料或染料，都不能提供像镀金那么光亮的色彩。贵金属也不易生锈，餐饮等用具如以金银制造，更为人们喜爱。而且，贵金属的这种美质，又因它的稀少而更显高贵。

贵金属的高价值并不是在成为货币之后产生的，在此之前，它便具有了高价值，这是由它独特的性质决定的。因为宝石的美质，人们对它的需求不断增长。同时，又因为其作为装饰物的单一性，开采难度极大，耗资巨大，所以它的价值也随之大大增加。因此，在绝大多数情况下，宝石的价格几乎全部由工资及利润构成，地租只占其中极小的一部分，甚至完全可以忽略不计。

世界出产量最大的矿山产物价格，决定着世界各地贵金属及宝石的价格，所以贵金属或宝石矿山给所有者所提供的地租，并不与绝对产出量成比例，而是与其相对产出量成比例。换言之，即与其同种类型的矿山相比的优越程度成比例。如果有新矿山发现，而这些新矿山优于波托西矿山，正像波托西矿山之优于欧洲矿山一样，那么，银价就会下降得多，甚至波托西矿山会因无经营价值而关闭。

富有矿山的贵金属和宝石的产出量通常都很大，但这并不意味着它对世界财富有多大程度的影响。因为贵金属和宝石的价值，主要来源于它们自身的稀缺性，如果类似产品过多，其价值必会下降。此时，金银餐具，及其衣服家具的奢华装饰物，在买入时所花费的劳动量或商品量，就会较之以前少很多。

土地与矿山则完全相反。土地生产物及地租这两者的价值，不与其相对产出量成比例，而是与绝对产出量成比例。土地所生产出的一定数量的物品，总能供给一定人数的衣食所需。并且，不论地主享有的物品在其中占有多大的比率，他总能支配相当的劳动及这劳动所给他提供的商品。不管邻近土地如何肥沃，再贫瘠的土地，其价值也不会有所减少，甚至有可能得到增加。

任何因素，只要它提升了生产食物的土地产量，那么，它不仅增加了被改良土地的价值，而且也给其他许多土地的生产物创造了新的需求，从而提升了它们的价值。土地改良提高了生产物的产量，人们都有了消费不了的多余食物，因此对贵金属和珠宝就产生了需求。不得不说，世界上除食物之外的各种财货所具备的主要价值，从根本上说，都是由食物的丰足决定的。

古巴和圣多明各的穷苦居民在被西班牙人发现之前，对小金块的概念，就像我们现在对小鹅卵石的感觉一样，值得拾取，但有人要时，也不值得拒绝。他们常以小金块作为头饰和服饰。他们对于初来乍到的西班牙人如此热切地想要得到金块的行为，感到十分惊讶；更令他们感到惊讶的是，世界上竟有如此富裕的国家，它的人民享有如此富足的而对于他们来说却总是十分缺乏的食物。西班牙人常以足够一个家庭生活好几年的大量食物，来交换小量会发亮的东西。如果他们明白上述道理，对西班牙人的黄金热，就会习以为常了。

第三节　论总能提供地租的生产物与有时提供有时不提供地租的生产物两者价值比例的变动

随着社会改良的日渐深入和食物产量的大幅提高，人们对一切能提供实用及装饰用途的土地生产物的需求日益强烈。由此可以想象，在社会改良进步的过程中，这两种生产物的相对价值总是呈现同一种变化状态，或更直接一点儿说，与总能提供地租的土地生产物的价值相比，有时提供地租有时不提供地租的土地生产物的价值总是在不断增长。

价值的增长，意味着价格的增高，即它们所能换得的食物逐渐增多。除意外事故使其中某种生产物的供给大大超过实际需求这种特殊情况之外，所有这类生产物都遵循这种价值增长状态。

例如，某地砂石矿的价值，必会随着该地的不断改良和人口的不断增多而提高，如果该地甚至邻近一带仅此一个砂石矿，情况则更是如此。而银矿就完全不同了。即使在周围数千里内再无第二座银矿，银的价值也不一定会因国家的发展进步而有所提升。虽然砂石矿产物的市场范围很小，但其需求会随着该区域的发展和人口的增长而日渐旺盛，价值也由此得到提升。银矿虽然在全世界有广阔市场，但其价值的增加，也必然要由全世界的发展改良和人口增加来实现，否则，白银的需求便不会因银矿附近区域的改良进步而有所增加。同时，即使全世界都实现了发展改良和人口增长，但若在这个改良进步的过程中，一些更富有的新矿山陆续被发现，那么，白银的市场价格仍可能处于回落状态，因为白银产量的上升程度，足够抵消因社会改良和人口增多带来的需求增长程度。

一般而言，白银的主要市场，是世界上商业发达、文化繁荣的地区。在过去的 4 个世纪里，欧洲市场上，白银的供需变化大概有以下几种情况。

第一，由于某种偶然因素导致白银供给的大幅度增加，超过了白银需求的增长速度，此时，白银的价值就会逐渐下降，而谷物的平均货币价格将会上升。例如，大约从 1570 年至 1640 年这 70 年的时间里，由于在美洲发现了许多富饶的银矿，市场上白银的供给量猛增，大大超过了同时期白银需求量的增加，致使这一时期白银的价格迅速跌落，而谷物的名义价格迅速攀升，从每夸特 10 先令升至 30 先令。

第二，白银的市场需求增加了，但它的供给却没有按相同的比例增加，此时，白银的价值就会逐渐上升。即一定数量的白银将能换取更多的谷物，或者说谷物的平均货币价格将下降。例如，1700 年到 1764 年间，谷物的平均价格比 1636 年到 1700 年间谷物的平均价格要低 25%以上，谷物平均货币价格的这种变动，就是由于欧洲市场上白银价值上升的结果。

18 世纪初的几十年中，欧洲市场上对白银的需求大大增加了。这一时期，经济发达国家不仅需要投入大量的白银用以铸造新的货币和器皿，而且补偿原有银币和银制器皿的磨损所需的白银量也非常可观。所以，虽然从发现美洲大陆以来，全世界白银的产量一直在增加，但由于新增的产量远远低于新增的需求量，导致了市场上白银价值的上升。

第三，白银的供给和需求几乎按照相同的比例增加，此时，白银所能交换或购买的谷物数量就会保持不变，而谷物的平均货币价格也很稳定。

总之，一切社会状况的改良，归根结底，都直接或间接地使土地的真实地租上升，使地主的真实财富增大。因为改良发展和耕作进步，地主会得到更多的土地生产物。

土地改良和耕作扩大，会使土地生产物中的某些物品的真实价格上涨，这部分生产物价格的上涨，反过来又会加速土地的改良和耕作的扩大。例如，牲畜价格上涨，会直接提高土地地租，于是，地主所得生产物的真实价值得到提高，即他支配别人劳动的能力得到增强。同时，地主所得部分在全部土地生产物中的比重，也会随之增大。

尽管地主所得的同样多的土地生产物的真实价值增大了，但地主并不需要使用比以前更多的劳动量来实现这一切。所以，除去一小部分用作雇佣劳动的资本和支付普通的利润外，全部土地生产物的大部分，都归地主享有。

如果制造品的真实价格在劳动生产力不断提高的作用下趋于跌落，那么，土地的真实地租便间接得到了提高。消费不了的原生产物或剩余生产物，常被地主拿去交换制造品。而制造品价格随着生产力的进步会不断降低，所以这时，同量土地原生产物所能换得的制造品，会越来越多，地主购买他们所需的便利品、装饰品、奢侈品等的能力，会越来越强。

另外，社会财富的增长及有用劳动量的增加，也会间接提高土地的真实地租。因为，增加的社会有用劳动量，必然有一部分流向土地，使土地耕作资本得到增加，这无疑又会提高土地生产物的数量。于是，土地的真实地租又在生产物增加的同时得到了提高。

与此相反也是同样的道理。例如，对改良和耕作的忽视，土地原生产物真实价格的低落，制造业技术退步引发的制造品真实价格的昂贵，以及社会真实财富的衰落等，都会减低土地的真实地租。

前文已经论及，一个国家土地和劳动的全部年产物的所有价格，也分为土地地租、劳动工资和资本利润三个部分。这三个部分构成三个阶级人民的收入，即以地租为生、以工资为生和以利润为生的这三种人的收入。这三个阶级是该国三大主要阶级和基本阶级。他们的收入，是其他一切阶级收入的根本来源。

显而易见，在这三大阶级中，地主阶级是第一阶级，他们的利益和社会利益息息相关。凡是有利于社会利益的，必然有利于他们；凡是不利于社会利益的，必然不利于他们。

也正因为此，地主阶级出于自身利益的考虑，在商业及政治等问题上决不至于贻误国家。但实际上，地主阶级长期无需劳动、无需谋划就可获得稳定的收入和地位，这样的懒惰使他们逐渐丧失了了解和预测国家相关事务必备的知识和能力。

依靠工资生活的劳动者是第二阶级。这一阶级也与社会利益密切相关。例如，社会劳动需求量显著增加时，劳动工资处于最高水平；社会财富增长停滞不前时，劳动工资仅够维持日常生活；社会发展面临衰退时，劳动工资会降低到普通工资水平以下。

劳动者的利益虽与社会利益密切相关，但他们也没有能力理解自身利益与社会利益这两者之间的关系。他们没有时间接收社会上的各种信息，更没有足够好的教育背景去对这些信息作出准确的判断。当他们的雇主为了自身的利益在公众集议的场合发表言论时，劳动者也会难得一见地出来发表意见。也只有在这时，他们的言论才能得到稍许的尊重。

依靠利润生活的劳动者的雇主是第三阶级。追求利润的资本，推动着促进社会进步发展的有用劳动的进行。资本使用者正是以利润为目标，支配指导着劳动者的一切劳动。与地租和工资不同，利润率在贫国较高，尤其是在迅速衰落的国家，利润率反而最高。所以，这一阶级的利益与社会利益的关系，便与上述其他两个阶级完全不同。

例如这一阶级中最富裕的商人和制造业者，他们精于为自己谋划打算，而很少对社会利益有所考虑，所以，即使在最为公正的场合，他们的决定也是以前者为根据而得出的。其实，在任何商业或制造业，商人的很多利益都会与社会利益不同，甚至完全相反。如扩张市场，缩小竞争。前者往往对公众有利，而后者就与公众利益相悖了：缩小竞争会抬高商人的利润，这种不合理的利润的实现，需要牺牲公众利益为代价。由此可见，对于这一阶级所提出的任何新的商业法规，都应小心谨慎地详加考证，决不能随意采用，因为他们的利益从不与公众利益完全一致。为了自己的利益，他们总会欺骗公众，甚至不惜压迫公众，而事实也的确如此。

链接

凯恩斯主义

约翰·梅纳德·凯恩斯（1883—1946），生于英国剑桥。他于1936年发表的《就业、利息和货币通论》一书，创立了现代宏观经济学的理论体系，实现了西方经济学演进中的第三次革命，这是西方经济学史上具有划时代意义的事件。

凯恩斯主义经济学或凯恩斯主义是在凯恩斯的著作《就业、利息和货币通论》的思想基础上建立的经济理论，主张国家采用扩张性的经济政策，通过增加需求促进经济增长。

凯恩斯的经济理论认为，宏观的经济趋向会制约个人的特定行为。18世纪晚期以来的“政治经济学”或者“经济学”建立在不断发展生产从而增加经济产出，而凯恩斯则认为对商品总需求的减少是经济衰退的主要原因。由此出发，他认为维持整体经济活动数据平衡的措施可以在宏观上平衡供给和需求。因此，凯恩斯的和其他建立在凯恩斯理论基础上的经济学理论被称为宏观经济学，以与注重研究个人行为的微观经济学相区别。

凯恩斯经济理论的主要结论是经济中不存在生产和就业向完全就业方向发展的强大的自动机制。这与新古典主义经济学所谓的萨伊法则相对，后者认为价格和利息率的自动调整会趋向于创造完全就业。试图将宏观经济学和微观经济学联系起来的努力成了凯恩斯《通论》以后经济学研究中最富有成果的领域，一方面微观经济学家试图找出他们思想的宏观表达，另一方面，例如货币主义和凯恩斯主义经济学家试图为凯恩斯经济理论找到扎实的微观基础。二战以后，这一趋势发展成为新古典主义综合学派。

凯恩斯主义的出现，有其深刻的社会政治和经济的原因，亦即社会化大生产的进一步发展和国家垄断资本的产生。作为资本主义社会正式代表的国家，在社会资本的再生产过程中凌驾于个别的、私人的垄断资本之上，同时也必然承担个别垄断资本无法承担的任务。但作为社会再生产正常运转必须承担的任务，在社会范围内对整个国家的经济进行协调，以此为垄断资本的总利益服务。当资本主义处于自由竞争时期，社会对这种宏观控制需求不强，国家也没有掌握足够强大的资本实现这种控制，而当它进入国家垄断之后，这种要求和可能都具备了。

凯恩斯主义之后，还出现了后凯恩斯主义，用来弥补凯恩斯主义的不足。许多资产阶级著名政治家，也都是国家干预的著名人物，如法国总统戴高乐、美国总统罗斯福、法国总统密特朗等，都有相应的理论和政策。这样就形成了资本主义国家对经济国家干预的思潮，这种思潮方兴未艾。

当前在美国，被称为“克林顿经济学”的经济政策方法就是坚决用“行动主义”代替“放任自流”，加强政府对经济生活的干预。克林顿在其总统经济报告中说：“美国是靠变革而繁荣的……但是我们这个国家在太长的时间中用太多的方法放任自流。”为此，克林顿的“行动主义”，使政府部门介入经济生活，如首次在白宫成立了与国家安全委员会并行的国家经济委员会，统筹和协调美国经济政策的制定和推行。在克林顿所制订的国内短期计划和中长期计划都贯穿着政府干预的思想，并且在实践中取得了明显的效果。

对凯恩斯为代表的资产阶级经济学家对国家干预经济的思想和理论，应予正确和公正的评价。一方面，这种思想和理论具有鲜明的资产阶级性质，是为巩固和发展资本主义服务的；另一方面，我们还应看到它们还有对资本主义经济，对社会化大生产的规律有科学认识的一面。他们的国家干预的思想和某些具体手段和措施，较之放任自流的思想，是对于社会化大生产规律新的和深入的认识，具有某种普遍意义。

凯恩斯认为，生产和就业的水平决定于总需求的水平。总需求是整个经济系统里对商品和服务的需求的总量。在微观经济理论中，价格、工资和利息率的自动调整会自动地使总需求趋向于充分就业的水平。凯恩斯指出当时生产和就业情况迅速恶化的现实，指出理论说得再好，事实上这个自动调节机制没有起作用。问题的关键在于“需求不足”是否存在。根据古典主义经济理论——《通论》以前实践中常用的说法——需求不足只是衰退和经济混乱的症状而不是原因，因而在一个正常运行的市场中是不会出现的。

古典经济学理论认为，在一个经济体系中达到充分就业的关键是两点：一是供给和需求的相互作用决定商品的价格，价格的不断变动反过来导致供给和需求的平衡；二是这个系统创造的新的财富可能会被保存起来用于将来消费或者用于投资将来的生产，同样有一个供求机制决定着这个选择。存款的利息率遵循同价格一样的机制，即它是货币的价格。

即使是在“大萧条”最严重的年份，这一理论仍然把经济的崩溃解释为缺乏有力的刺激生产的机制。所以合适的办法是将劳动的价格降低到维持生存的水平，导致价格下降，从而购买力（就业）就会回升。没有作为工资付出的资金将会转化为投资，也许是在其他的产业。关闭工厂和解雇工人也是必须采取的办法。其他关键的政策措施就是平衡国家预算，或者通过增加税率，或者通过削减财政支出。

凯恩斯主义的推演逻辑是从充分就业开始的：

(1) 以往假设的充分就业均衡建立在萨伊定律基础之上，其前提是错误的，因为总供给与总需求函数的分析结果显示，通常情况下的均衡是小于充分就业的均衡；

(2) 之所以存在非自愿失业和小于充分就业的均衡，其根源在于有效需求不足；因为总供给在短期内不会有大的变化，所以就业量就取决于总需求；

(3) 有效需求不足的原因在于“三个基本心理因素，即心理上的消费倾向，心理上的灵活偏好，以及心理上的对资本未来收益的预期”；

(4) 政府不加干预就等于听任有效需求不足继续存在，听任失业与危机继续存在；政府须采取财政政策刺激经济而非货币政策，从而增加投资，弥补私人市场的有效需求不足。

凯恩斯之所以从宏观的视角对大量的宏观概念进行归纳与整合，使经济学的发展开始跳出价格分析的限制，是因为在资本主义发展到垄断阶段迫切需要一种全新的角度和全新的理论对自由资本主义的缺陷给予解释和弥补。

第二章

论财富的性质、积累和使用

亚当·斯密对于资产的性质、积累及使用的深刻见解至今仍然令人惊异。亚当·斯密开创性地把资产细分为用于消费的资产、固定资本和流动资本，并阐述了金融风险及控制的方法。另外，亚当·斯密还区分了生产性劳动与非生产性劳动，剖析了人们的借贷行为，分析了资本运用方法的不同对生产性劳动产生推动作用的差异。这些思想的提出推动了古典经济学的发展。

财富的分类

如果一个人只拥有很少的财富，仅仅能维持几天或几周的生活，而且他必须靠辛勤的劳动来获得微薄的收入，那么，他就会非常谨慎地使用它。如果一个人拥有较多的财富，足够维持几月或几年的生活，那么，他使用财富的谨慎程度必定小于前者。

我们将其财富分为两个部分：其一，他希望用来获得收入的部分，称为资本；其二，他希望用来供目前生活的部分，称为消费。

这第二部分又包含三项：第一，原来为了这一目的而预留下来的那一部分财富；第二，不断获得的收入，不管其来源何处；第三，用上述两项在以前购买的但还没有使用的物品，如衣服、家具等。

事实上，希望用来供目前消费的财富，有时仅包括上述三项中的一项、两项，或是三项全有。简单来说，对投资者提供收入或利润的资本，有以下两种使用方法。

其一，资本可以用来生产或购买物品，然后销售出去，以获取利润。

如果这种资本仅仅留在所有者手中，那么，对于所有者来说并不能产生任何收入或利润。这种资本只有不断地以一种形态用出，以另一种形态收回，才能创造出收入或利润。因此，这种资本被称为流动资本。

其二，资本可以用来改良土地，购买有用的工具或机器，或用来置备无需易主或无需进一步流通即可提供利润的东西。这种资本被称为固定资本。

前一种情况为资本保留在手中而获取利润，后一种情况为资本支付出去而获取利润。

从事不同的职业，所需要的流动资本与固定资本之间的比例，是大不相同的。

就商人来说，他们的资本全部属于流动资本，他们几乎不需要工具或机器。

就手工业者和制造者来说，他们资本的一部分必须固定在工具或机器上。只不过，有些行业工具或机器贵些，有些则便宜得多。事实上，这一类的资本大部分是流动的，开始时可能作为工人工资流出，或作为原材料价格流出，之后则从产品的价格流入，其中含有这一产品的利润。

就农场主来说，他们用于购买农具的资本是固定的，用于维持工人与支付工资的资本是流动的。耕畜的价格和购买农具的价格一样，可称为固定资本；饲养牲畜的费用和维持工人的费用一样，可称为流动资本。不是以代耕为目的，而是以售卖为目的的牲畜，其购买费和饲养费，则应归于流动资本。不是以代耕或贩卖为目的，而是以剪毛、挤乳、繁种以求利润为目的而买入的羊或牛，应当称为固定资本；在这里生利的方法在于拥有它们。它们的维持费是流动资本；在这里，生利的方法在于付出维持费。种子的全部价值，亦可称为固定资本。种子虽往返于土地与谷仓，但未更换主人，所以没有真正地流动过。农场主获取利润，不是靠出售种子而是靠种子孳生产品。

一个国家或社会的总财富，也就是其全体人民的财富，也应该分为以下三个部分。

（1）是留供目前消费的

这一部分的特性是不提供收入或利润。属于这一类的有：已由消费者购买但尚未完全消费掉的食品、衣服、家具等，仅供居住的国内房屋……

其实，衣服、家具、房屋等，有时同样可以提供收入，从而对特殊的个人有资本作用。如有人出租衣服给化装舞会、有人出租家具给需要的人或租客，有人出租房屋以换取租金。总之，这种租借的事情随处可见。但由出租而得来的收入，归根结底是出自其他收入来源。而且这些物品虽提供收入，有资本作用，但对社会公众来说，则不提供收入，不能有资本作用，丝毫不能增加全体人民的收入。因此，我们将这些物品归于留供目前消费的各种财富。

（2）是固定资本

这一部分的特性是不必经过流通，不必更换主人，即可提供收入或利润。

概括而言，属于这一类的包括以下四项：

第一，一切便利劳动和节省劳动的有用工具或机器。

第二，一切有利润可图的建筑物，如商店、货栈、工场、农屋、厩舍、谷仓等。这类建筑物和住屋大不相同，属于营业上的用具。

第三，用开垦、排水、围墙、施肥等有利可图的方法投下的使土地变得更适于耕作的土地改良费。

第四，社会上一切人民学到的有用技能。学习一种技能费去的资本，好像已经实现并且固定在学习者的身上。这些技能，对于他个人自然是财产的一部分，对于他所属的社会也是财产的一部分。

（3）是流动资本

这一部分的特性是要靠流通、更换主人而提供收入。

概括而言，属于这一类的包括以下四项：

第一，货币。有了货币，其他三项才能周转而分配给真正的消费者。

第二，屠户、牧畜饲养者、谷商、酿酒商等人所有的食品，他们出售这种食品，可以获得利润。

第三，还在耕作者、制造者、布商、木材商、木匠、瓦匠等人手中的衣服、家具、房屋三者的材料。这些材料是否是纯粹的原料或半加工的材料，可以不问；只要未曾制成即属于这项。

第四，已经制成，但仍在制造者或商人手中，未曾卖给或分配给真正消费者的物品，如店铺柜台上陈列着的制成品。

综上所述，流动资本包含各种商家手里的食品、材料、制成品及货币。食料、材料、制成品的流转和分配，都必须依靠货币。否则，就无法顺利到达最后使用或消费它们的人手中。而在食品、材料、制成品及货币中，食品、材料、制成品通常在一段时间后，就会由流动资本变成固定资本，或变成留供目前消费的财富。

显而易见，固定资本完全是由流动资本转变而来的，而且需要不断地由流动资本来补充。用于营业的所有工具或机器，都由流动资本而来。流动资本提供建造工具或机器的材料，提供维持建造工具或机器的工人的费用，并提供工具或机器制成后的维护和维修费用。

如果没有流动资本，固定资本就无法提供任何的收入；如果没有流动资本，工人就没有任何生产原料，也没有维持生存所需要的食物；如果没有流动资本，即使最好、最有用的工具或机器，也不能生产任何东西；如果没有流动资本，土地无论怎样改良也不能提供收入；如果没有流动资本，就无法雇用工人。

固定资本与流动资本具有唯一的、共同的目的——使留供目前消费的财富不致匮乏，且能有所增加。人民的衣食住，都依赖于这种财富。人民的贫富，也取决于这两种资本所能提供的这种财富是丰饶还是贫乏。

为了补充社会上的固定资本和供目前消费的财富，需要不断地从流动资本中抽出大部分，而流动资本同样需要不断的补充。

简单说来，这种补充主要有三个来源——土地产物、矿山产物、渔业产物。

土地产物、矿山产物和渔业产物，不断地供给食料和材料，而且其中一部分通过加工制造成完成品。正是由于这种供给，从流动资本中抽出的食料、材料、完成品，才有了新的补充。需要指出的是，必须从矿山采取所需要维持和补充的用来作为货币的金属。通常情况下，货币无须从流动资本中抽出来作为固定资本或留供目前消费的财富，但货币难免磨损，难免输往外国，因此需要不断地加以补充，只不过数量相对较小而已。

毫无疑问，土地、矿山和渔业都需要有固定资本和流动资本来经营，而它们的产物，不仅要偿还投下的资本，增加利润，还要偿还社会上一切其他资本，增加利润。

农民每年消费的工业品，都由制造者为他们补充；制造者每年消费的食品和材料，则由农民为他们补充。

在土地、矿山和渔场自然生产力大小相等的情况下，它们的产额和投资数量的大小与资金用法的好坏成比例；在资本数量相等、投资方法又同样适当的情况下，它们的产额就和它们的自然生产力的大小成比例。

在所有生活比较安定的国家，人们都愿意用可供他们使用的财富换取目前享乐或求得未来利润。如果是用来求目前享乐，那它就是留供目前消费的财富。如果是用来求未来利润，那么求利润的方法，不是把财富保留在手里，就是花出去。在前一种情况下，它是固定资本；在后一种情况下，它是流动资本。在生命财产非常安全的情况下，一个人如果不把他所能支配的一切财富用于这些途径，我是不会相信的，除非他是个疯子。

链接

马克思与《资本论》

卡尔·亨利希·马克思（1818—1883），马克思主义的创始人，第一国际的组织者和领导者，全世界无产阶级和劳动人民的伟大导师。

《资本论》是马克思用毕生的心血写成的一部光辉灿烂的科学巨著，这部巨著第一次深刻地分析了资本主义的全部发展过程，以数学般的准确性证明这一发展的方向必然引导着社会主义革命和无产阶级专政的确立。

《资本论》武装了无产阶级，成为无产阶级进行革命斗争的强有力的理论武器。是马克思“整个一生科学研究的成果”，它凝聚着马克思的全部心血和智慧，是他献给全世界无产阶级的一部最重要的科学文献。它在世界各国广泛流传，成为工人阶级反对资产阶级的强大思想武器。

《资本论》对资本主义进行了彻底的批判。马克思认识到了经济过程的动态性，并预见到了经济周期的存在，而且发展了关于经济活动的封闭理论。他同时还是第一个将经济和历史联系在一起的经济学家，而《资本论》就是他这种创举的体现。

《资本论》以唯物史观的基本思想为指导，通过深刻分析资本主义生产方式，揭示了其发展的规律，同时也使唯物史观得到了科学的验证和进一步的丰富和发展。《资本论》运用唯物史观的观点和方法，将社会关系归结为生产关系，将生产关系归结于生产力的高度，从而证明了社会形态的发展是一个不以人的意志为转移的自然历史过程。同时，《资本论》也没有简单地把精神生活、政治生活和社会生活的一般过程归结为它们的共同基础——物质生产过程，而是从物质生活的生产和再生产中引出了全部社会生活和精神生活的内容和形式。

《资本论》方法的最大特色，就是把逻辑、辩证法和认识论有机地结合起来，融为一体。正如列宁所说："在《资本论》中，唯物主义的逻辑、辩证法和认识论都应用于一门科学。"马克思使用从抽象上升到具体的方法、逻辑与历史一致的方法，对资本主义社会矛盾运动的辩证分析，丰富和发展了马克思主义辩证法。马克思在《资本论》第一卷中，系统全面地阐述了资本主义基本矛盾的产生、发展和克服的过程，从而透彻详尽地阐明了唯物辩证法关于对立面的统一和斗争的学说，阐明了唯物辩证法的实质。在《资本论》中是对唯物辩证法的丰富和发展，正如恩格斯指出的，《资本论》的方法不亚于历史唯物主义基本观点的发现。

马克思在这部作品中对古典经济学家，如亚当·斯密、大卫·李嘉图等人的理论进行了仔细的分析和批判，提出了全新的观点，同时吸收了黑格尔的辩证法方法，也受到了法国空想社会主义者傅里叶、圣西门等人的影响。马克思自己认为他的目的是："用辩证的方法，经过批判，得出一个科学的结论"，通过分析资本主义的发展过程，"找出现代社会的运动规律"，为现代工人运动提供科学的依据。为此，他在伦敦的大英博物馆中埋头钻研经济材料达 12 年。

马克思认为，资本主义最主要的不公平在于对劳动的剥削，劳动者得到的报酬要低于他们所生产的价值，其剩余价值被拥有生产资料的雇主获得，生产资料的个人占有与生产产品的社会化矛盾必然会导致周期性的经济危机发生。他力图揭示资本积累的过程和对社会发展的影响，他认为"商品"是资本主义社会的最基本单元，商品的流通和对利润的追求会导致社会中经济与道德的冲突和分裂，主观的道德价值和客观的经济价值会分道扬镳，政治经济学应该研究价值的分配方式，使经济学的发展符合法律和道德观念。

马克思认为，政治经济学家应该按照客观规律去研究资本主义的发展规律，“社会的经济发展规律如同自然科学一样”，不以人的意志为转移，人们应该了解这种规律，依照客观规律行事。商品生产要进行社会化，要有意识地控制商品生产，以使其达到最大的利用度。

《资本论》提供的是认识世界的立场、观点和方法，而不是现成的教条，《资本论》的理论也需要在实践中随着时代的发展而不断发展。

在实践中不断丰富和完善社会主义经济理论，特别是有中国特色的社会主义经济理论，要把握以下四点：

（1）马克思主义经典著作中的某些重要观点，由于种种原因过去被忽视被简单化了，如关于科技劳动和管理劳动作为生产劳动创造商品价值的观点，关于多种财产权及其内部构成关系的观点等，这些观点的重要价值目前已日益为人们所认识，需要我们从现实出发进一步加以研究和阐释。

（2）马克思主义经典著作的论述中有一些与当时现实相符，但随着经济与社会的发展变化，已与当前现实不符的具体观点，应当实事求是地加以改变。例如，《资本论》中讲作为世界货币的只能是贵金属货币，这符合当时的实际，目前金本位崩溃的条件下，美元等纸币也可充当世界货币，需要理论上予以阐明。

（3）我们在社会主义实践中遇到的新情况和新问题，面临的新任务，应当以马克思主义理论为指导进行与时俱进的新的探索与研究，作出科学的说明，如走新型工业化道路、建立社会主义市场经济体制、落实科学发展观等问题。

（4）要力求准确理解和把握《资本论》的基本理论，减少误解与错解。应当区分哪些是附加于马克思的甚至错解了的东西，特别是要划清科学社会主义同空想社会主义、小资产阶级社会主义以及民主社会主义的根本区别，坚持在科学社会主义理论的基础上发展和创新中国特色社会主义理论。

货币的性质和作用

前面我已经介绍过，参与商品生产的要素有三个——劳动、资本和土地。所以说，大多数商品的价格是由劳动工资、资本利润、土地地租这三部分构成的。就一个国家全年的所有商品来说，全国年产物的总价格或总交换价值，可分解为劳动工资、资本利润和土地地租。

就像私人土地的地租可分为总地租与纯地租一样，一国居民的收入也可分为总收入与纯收入。

私人土地的总地租，包括私人土地所有者的全部付出，从总地租中减去修缮、管理等各项必需的费用，剩余的部分就是可供土地所有者自由支配的纯地租。而一国居民的总收入，包括土地与劳动的全部年产品，从一国居民的总收入中减去维持固定资本和流动资本的费用，剩余的部分就是可供一国居民自由支配的纯收入。

事实上，一国居民真正财富的多少，完全取决于其纯收入的多少。

关于固定资本的补充，可以在一定程度上增加劳动生产力。比如说，在同样面积的农场，没有围墙、水沟、道路等必要建筑物的农场，要比拥有这些设施的农场，生产力低得多。而在同样规模、生产同种产品、工人数量相等的工厂中，没有精良机器的工厂，要比拥有这些设备的工厂，生产力低得多。固定资本的维护费用，不能计算在纯收入中，而其所提高的劳动生产力，却能使纯收入增加。

关于流动资本的补充，要从不同的情况进行讨论。食料、材料、成品和货币，是流动资本的四个组成部分。其中，食料、材料和成品可以转化为固定资本，也可以转化为供目前消费的财富，而那些没有转化的部分就将成为社会的纯收入。关于社会流动资本中的货币问题，我认为有必要进行详细探讨。

简单来说，货币对社会收入的影响主要有以下两点：

其一，货币的补充，需要费用，这项费用要从社会纯收入中扣除。

其二，货币仅仅是货物借以流通的工具，不能将货币计算在社会总收入或纯收入中，因为构成社会收入的只能是货物。

此外，以纸币代替金银铸币，可以说是用一种价格低廉的商业工具代替另外一种极其昂贵的商业工具。与金银铸币比较而言，纸币的生产费用和维护费用要少得多。因此，这在一定程度上增进了社会的总收入或纯收入，对此我将作进一步说明。

随着社会的发展，以物易物的时代已经过去，货币逐渐成为商业活动中交换的一般媒介，而代替金银铸币的纸币有许多种。

以银行的流通券为例，倘若这家银行资本雄厚、操作规范、诚实守信，人们相信它有随时兑换现金的意愿和能力，那么，它所发行的流通券就与金银币无异。如果这家银行将 10 万镑期票借给客户，客户自然要付给利息，这些利息就是经营银行的利润来源。这些期票会有一部分返回兑现，但总有一部分在人们手中流通。因此，这家银行发行的 10 万镑期票，用 2 万镑金银币就可以应付兑现的需要。换言之，2 万镑金银币发挥了 10 万镑金银币的功用——国内流通就可以节约 8 万镑金银币。倘若国内的银行都这样做，那么，由于期票的发行就使得金银需求仅为原来的 1/5。

假设一个国家在某一时期的总通货量为 100 万镑，银行期票发行了 100 万镑，那么，金银币的储备只需 20 万镑即可。与银行期票发行之前相比，就溢流出 80 万镑金银币。这 80 万镑金银币在国内就被闲置、没有有利的用途，于是被送到国外，而且必须以金银的形式送出。此时，国内流通领域，事实上是以 100 万镑纸币代替了 100 万镑金银币在流通。

大量的金银被输往国外，用来购买他国的商品，如果将这些商品再转卖给第三国，则可以从中得到丰厚的利润，这也就增加了社会的纯收入。如果用来购买供本国消费的商品，这些商品按用途可分为两类：奢侈品，这种用途不会增加社会生产；劳动资料，这种用途必定增加社会生产，也必然增加社会的纯收入。

一般来说，社会上大多数人是聪明、勤劳和节俭的，流往国外的金银大部分可视为本国的创业基金，能够增加社会收入。国内由于用纸币代替金银币，流通所需的金银量减少到原来的1/5，这节约下来的4/5，最终会影响到社会纯收入的增加。

事实也证明了上述理论，最近二三十年来，银行业发展迅速，国内流通完全用纸币代替了金银币。虽然流通的金银币大为减少，但商业却更加繁荣，农业和工业的发展也非常明显。

由上述可知，银行在其中发挥了积极、重要的作用，那么，银行的主要业务是什么呢？该如何避免纸币发行过剩呢？银行经营与国家利益之间又有什么利害关系呢？

银行的一项主要业务就是贴现汇票。所谓“贴现汇票”，即指垫付货币，收买没有到期的汇票，持票人不等汇票期满前往银行兑现时，银行要在全部贷额中扣除到期应收的利息，等到汇票到期后兑付，不但可以偿还银行先前贷出去的价值，还会以利息形式带来纯利润。银行贴现汇票，不是以金银支付，而是以本银行发行的流通券支付，所以，银行总是尽可能多地贴现汇票，以赚取利润。

至于纸币的发行，无论在哪一个国家，纸币的价值都无法超过它所代替的金银的价值，或超过实际流通中所需要的金银币的价值。纸币一旦过剩，人们既不能用于国内，又不能输往国外，只有到银行兑现。倘若银行兑现缓慢，就会引起人们的恐慌，结果往往导致许多纸币要求兑现，从而引起混乱。

与一般企业相比，银行经营还有两项特殊的费用：为应对随时兑现的需求，银行必须储备没有利息的巨额货币；这些货币不断减少，必须不停地加以补充。

倘若纸币发行过多，其回到银行的速度也就快了许多。因此，上述第一项特殊费用必须以更高的比例增加才行，而上述第二项特殊费用则增加更多。

我认为，倘若所有银行都能够清楚地认识到这一点的话，也就能够避免纸币过剩情况的发生。然而，不幸的是，银行家似乎都忽略了这一点，从而导致纸币过剩的情况时有发生。

英国一些大胆的商人，往往过分经营，这是纸币过剩的主要原因之一。其实，商人的创业基金，不宜完全向银行借贷，这种方式只适合用来应对不时之需。而银行如果借出资本不超过限度，那么，国内纸币过剩的情况就不会出现。

倘若银行借贷给商人的款项以及利息能够按时收回，那么，银行金柜的补充就不需要多少费用。倘若情况不是这样，那么，银行金柜必定出大于入，很容易造成枯竭。因此，许多银行对此非常慎重，它们要求客户定期还款，这种谨慎的态度往往带来两个好处：银行能够准确地判断借款人的财物状况以及避免纸币发行过剩。

银行以现金结算和贴现汇票的方法为商人提供了便利，反之，商人借贷也要考虑银行本身的利益和安全。

商人的流动资本不能完全从银行借贷，即使大部分从银行借贷也是不好的，因为商人想要收回投资需要较长的时间。商人的固定资本就更不能完全从银行借贷，大部分从银行借贷也是不可取的，因为固定资本比流动资本收回更慢。以上这些对银行都是不利的，很容易使其蒙受损失。

商人趋利，总觉得银行所要付出的仅仅是多印一些纸币而已，他们总是期盼着银行能满足自己的所有要求，获得想要的全部资本。当银行出于种种原因拒绝他们的要求时，一些商人就想出了“循环划汇”这一方法。所谓“循环划汇”，即通常所说的“循环借款”。比如说，甲、乙两人，甲向乙开出一张汇票，限期两个月并付利息，在付款期限未到之前，乙又向甲开出同等数额汇票一张，外加利息佣金，限期两个月。在这两个月未到期之前，甲再向乙第二次开出汇票，乙也照例行事，这样循环下去，可持续数月乃至数年，只是利息和佣金都要计算在内，这种方法就叫做“循环划汇”。

银行为了贴现这种循环汇票，往往会发行大量的过剩纸币。如果甲、乙两人相互串通，相互开出循环期票，倘若他们同时向一家银行贴现，那么，他们就很容易被识破。但他们向多家银行贴现，且由许多人参加开列汇票，那么，银行就很难识破了。即使银行识破了他们的骗局，但常常为时已晚，银行已经处于被动的位置，为了保护自己的利益，银行只有继续贴现，慢慢地将贷款收回，或增加贴现的条件，迫使这些人转向其他银行。

倘若一家银行以振兴国家为己任，那么，无论是现金结算，还是汇票贴现，其条件都比其他银行宽松得多。其在为汇票贴现时，也不问是真实汇票还是循环汇票。这家银行的做法，势必导致其发行大量纸币，过剩的纸币在极短的时间内返回银行要求兑现，必定导致银行金柜亏空，最后不得不停业。诸如这家银行的经营方法，是非常失败的，这样经营的后果恰恰背离初衷，对国家造成巨大的危害。

以上讨论，也就涉及到了银行经营与国家利益的问题。这也是本节我准备探讨的最后一个问题，同时也是非常重要的、不容忽视的一个问题。一个国家银行安全、稳定地经营，可以促进国内产业的发展。因为，银行使这一国家的闲置资本发挥了作用，从而产生可观的利润。

商人手中的闲置资本，对于商人与国家而言，并不能产生什么利益。因为银行的灵活经营，为这些闲置资本带来了可观的利润，对商人与国家都有利，促进了国内产业的发展。此外，银行安全、稳定地经营，用纸币代替金银币，这也是有利于国家的。

我要指出的是，用纸币代替金银币，纸币的发行和运行存在一定的风险，倘若管理不善，可能带来灾难性的后果。例如，倘若一个国家完全靠纸币来融通货物，后来不幸发生了战争，并且战败，敌军占领了首都，维持纸币信用的金银库也落入敌手，那么，这一国家的商业将陷入混乱，市场上除了以物易物、赊欠之外，不会有其他的交换。而缴纳赋税、支付军饷也无法进行。倘若这一国家大部分是靠金银币来融通货物，那么，情况将会好很多。

所以说，无论哪一个国家，都要防止纸币过度发行造成银行破产，同时也要防止让纸币在流通领域占有过大的比重。

概括而言，货物流通可分为两类：其一，商人与商人之间的流通；其二，商人与消费者之间的流通。货物的流通，必然属于其中一类。而两类货物的流通方式同时进行着，其区别在于所需要的货币数量有所不同。

商人与商人之间流通的货物价值，一定不能超过商人与消费者之间流通的货物价值，因为货物终归要卖给消费者。商人与商人之间往往是批发交易，每次都需要大量的货币；商人与消费者之间往往是零售交易，每次需要的货币量很小。

国家对纸币的发行必须加以管制。倘若纸币面额很大，就只能在商人之间流通；倘若纸币面额很小，就好像是在鼓励普通人去经营银行，这样往往导致银行破产，从而引起社会的混乱。因此，国家最好同意规定纸币的最低面额。

此外，发行纸币的银行，必须有足够的信用来保证纸币与金银币的兑换，如此，用纸币购买任何货物都会像金银币一样，价格不至于产生变动。

总之，银行发行纸币，既有限制又可随时兑现，就不会危害社会安全，反而会增进社会安全。国家还应该鼓励各个银行之间善意的竞争，因为对社会有益的事业而言，愈是自由，就愈能促进社会的发展和进步。

链接

格雷欣法则

格雷欣法则是一条经济法则，也称劣币驱逐良币法则，意为在双本位货币制度的情况下，两种货币同时流通时，如果其中之一发生贬值，其实际价值相对低于另一种货币的价值，实际价值高于法定价值的“良币”将被普遍收藏起来，逐步从市场上消失，最终被驱逐出流通领域，实际价值低于法定价值的“劣币”将在市场上泛滥成灾。

大多数人都有过这样的经历，当钱包里既有新钱又有旧钱的时候，大家都愿意把旧钱花出去买东西，留下“新票”。道理很简单，这是出于对新钱的偏好。从这种偏好中，就出现了格雷欣法则的萌芽。

这一法则是以托马斯·格雷欣爵士（1519—1579）的姓氏命名的。格雷欣是英国著名的金融家、慈善家，皇家证券交易所及格雷欣学院的创建者。他对货币与交易方面的事宜了如指掌，因此成为英国女王伊利沙白一世改革货币制度的主要军师，业务包括与佛兰德的商人议定皇室贷款、购买军备以及偷运黄金进英国。他家境富裕，地位显赫，曾经两次邀得英国女王成为他的座上客。

格雷欣提出了这个法则之后，便成为了货币史上的著名人物。

自从人类给金钱以一定的币值时起，这一法则就起作用了。

追溯到古罗马时代，人们就习惯从金银钱币上切下一角，这就意味着在“货币充当买卖媒介时，它的价值含量就减小了”。古罗马人不是傻瓜，他们很快就觉察到货币越变越轻。当他们知道货币减轻的真相时，就把足值的金银货币积存起来，专门用那些不足值的货币。这个例子说明：坏钱把好钱从流通领域中排挤出去了。为控制这一现象的蔓延，政府发行了带锯齿货币，足值货币的边缘都有细小的沟槽。如果货币边缘的沟槽被挫平，人们就知道这枚货币被动过手脚。

在中国，早在公元前2世纪，西汉的贾谊曾指出“奸钱日繁，正钱日亡”的事实，这里的“奸钱”指的就是劣币，“正钱”指的是良币。

这是在实行金银复本位制时出现的理论。当时，金和银都是法偿货币，在法律上按一定比价具有相同的价值。但在现实情况中，金银的开采成本、市场供求是不太可能完全同步变化的，于是当金相对于银来说更为贵重时，人们必然会储存更有价值的金而使用相对来说没有价值的银，因为交换时是以法定比价而不是实际比价来计算的。如果银相对来说更为贵重时，劣币就成了金，银变成了良币。

进入了纸币流通的时代，货币的不足值性更加明显，国家也必须用更加有力的手段保障其法偿性。也正是在这时，格雷欣法则开始受到一些学者的质疑。事实上，没有良币出现，或者有强有力的政府禁止良币的使用，劣币也不能一直使用下去。

问题的根源在于，劣币驱良币并不是产生于竞争的前提条件下。每一套货币的发行，都是由国家强制人民接受的，尽管付款的一方很乐意使用劣币，但收款的一方却不会甘愿接受，只有在国家能保证被接受的劣币能够继续流通的时候，劣币才能得以继续存在，这条规律才能继续起作用。

换句话说，如果国家滥用发行货币的权力，通过“劣币驱良币”的把戏来掠夺民间财富，这个过程可以说是政府损害自己信誉的过程。当这个过程超过了一定的限度时，人民也有可能拒绝所谓的法偿货币，通过自由的选择使得货币自发地建立新规律。

格雷欣定律不但是货币、金融领域内的著名定律，而且在商业领域也有一定的泛化倾向。

后来，人们就用这一法则来泛指价值不高的东西会把价值较高的东西挤出流通领域，主要指假冒劣质产品在多种渠道向正牌商品挑战，并具有膨胀、蔓延的趋势。

比如，当软件市场上的经济秩序和法规约束尚不完善时，或者不能很好协调工作时，盗版软件会影响正版软件的制作、销售等，从而危害软件业健康发展的趋势。这种趋势雷同于“劣币驱逐良币”，可称为“盗版驱逐正版”，是一种非正常的市场状态。

除了商业和金融领域，在社会上的其他领域中也存在这样的现象。

20世纪，意大利产生了一位最伟大的作家、思想家卡尔维诺。卡尔维诺写道：在一个人人都偷窃的国家里，唯一不去偷窃的人就会成为众矢之的，成为被攻击的目标。就像在白羊群中出现了一只黑羊，这只黑羊就是“另类”，一定会被驱逐出去。

在一个缺乏良好秩序和约束体制的环境里，劣币驱逐良币，稗子战胜水稻的机制，带给整个社会的会是什么？这个问题值得我们每一个人深思。

资本的积累

对于劳动而言，如果能增加物品的价值，就被称为“生产性劳动”；反之，如果不能增加物品的价值，就被称为“非生产性劳动”，如家庭仆人的劳动等。

在社会上等阶层中，有些人的劳动就如同家庭仆人的劳动一样，不能使物品增加价值，如君主和他的官吏们，他们的职务虽然珍贵而有必要，但终究是暂时性的，不可能保留起来供日后取得同样的职务；他们治理国家，虽然功劳很大，但今年的成绩不能代表明年或后年的成绩。事实上，这一阶层中包含着不同的人群，如牧师、律师、医师、演员、歌手、舞蹈家等。

生产性劳动者、非生产性劳动者以及不劳动者，都要靠土地和劳动的年产物生活，而一个国家的年产物是有限的。

因此，用以维持非生产性劳动者以及不劳动者的部分越多，则用以维持生产性劳动者的部分就越少，这往往导致来年生产物的减少；反之，用以维持非生产性劳动者以及不劳动者的部分越少，则用以维持生产性劳动者的部分就越多，这往往导致来年生产物的增多。

毋庸置疑，任何一个国家土地和劳动的年产物，都是用来供国内居民消费、给国内居民提供收入的。但无论是出自土地还是生产性劳动，它们都是从一开始就自然分成两个部分：

其一，用来补偿资本，补充从资本中取出来的食料、材料和制成品；

其二，或以利润形式作为资本所有者的收入，或以地租形式作为土地所有者的收入。

对于土地生产物而言，一部分用来补偿农场主的资本，另一部分用来支付利润作为资本所有者的收入，或支付地租作为土地所有者的收入；工厂生产物，则是一部分用以补偿厂商的资本，另一部分则支付利润和作为资本所有者的收入。

用来补偿资本的那一部分年产物，从来不会立即被用来维持非生产性劳动者的生活，而通常被用来维持生产性劳动者的生活。一开始被指定为利润或地租的部分，则有可能用于上述两种用途。

将自己的一部分财富用来投资的人，没有不希望收回资本并赚取利润的，所以，他们只会雇用生产性劳动者。用来投资的这一部分财富，对于投资者而言，起到资本的作用，而对于生产性劳动者来说，则在以后构成了日常收入。至于用来维持非生产性劳动者生活的那一部分财富，从用于这一目的开始，就已经从资本中分离出来，被直接放入了留供直接消费的财富中。

像所有生产性劳动者一样，非生产性劳动者和不劳动者也必须依赖收入生活。我们在这里所说的收入，简单来说，包括两项：

第一，年产物中的一部分，从刚开始就被指定为某些人的地租收入或利润收入；

第二，年产物中的一部分，原本是用来补偿资本和雇用生产性劳动者的，但当它到达人们的手中时，除去其生活需要外往往没有分别地用来维持生产性劳动者和非生产性劳动者。

但是在通常情况下，原本准备用来补偿资本的那一部分年产物，在还没有雇用足够数量的生产性劳动者的时候，是不可能用来维持非生产性劳动者的。同时，生产性劳动者在还没有通过劳动获得工资之前，也不可能用他的一部分工资来维持非生产性劳动者，何况其工资非常有限。

事实上，无论在什么地方，利润和地租都是非生产性劳动者生活所依赖的主要资源。

在前面我已经说过，由土地和生产性劳动获得的年产物，一经获得，就有一部分被指定为补偿资本的基金，还有一部分则作为地租或利润的收入。

现在，我们又知道，无论哪一个国家，生产性劳动者与非生产性劳动者的比例，在很大程度上取决于这两个部分。在这里还要进一步阐明，在贫国与富国之间，这种比例有着极大的差异。对于富裕的国家来说，它只不过是用来补偿资本的那部分土地和劳动的年产物。当然，它在年产物中所占的比例要比与直接算作地租和利润的那部分显然要大得多。另外，在雇用生产性劳动的基金方面，富国与贫国相比自然要大得多。

相对于一个国家来说，一国人民是勤劳，还是懒惰，在很大程度上取决于这两种基金的比例。

从经验上看，下等居民大都依赖于资本的运用的工商业城市中，绝大多数居民都是勤劳、认真和兴旺的；而那些主要依靠君主经常或临时驻节来维持生计，换言之，在那些人民的生活主要依赖收入的花费的城市中，绝大多数居民都是懒惰、游手好闲和贫穷的。非常明显，在前一种城市使用资本，肯定比在后一种城市使用资本要明智和有利得多。

因此，任何国家、任何城市，勤劳与懒惰的比例和资本与收入的比例有着密切的关系。总的来说，资本占优势的地方，居民性格多勤劳；收入占优势的地方，居民性格多懒惰。增减真实劳动量、增减生产性劳动者的人数是由资本的增减决定的，因而，一国人民的真实财富与收入的增减直接影响着一国土地和劳动年产物的交换价值的增减。

资本的增加，来源于节俭；反之，奢侈与妄为只能加剧资本的减少。一个人节省下来的那部分收入，就是他增加的资本，对这部分增多的资本，他可以以征收利息的方式借贷给别人，也可以投资于雇用更多的生产性劳动者，从而获得更多的经济效益。

依照前面所说，个人的资本，是靠节省每年的收入来增加，个人尚且如此，那么，由个人构成社会的资本，也必须靠这个方法才能增加。

虽然节俭是资本增加的直接原因，但在节俭之前，必须先有勤劳，因为包括节俭所积蓄在内的所有生活物质，都来自于勤劳。不过，勤劳所得只有靠节俭，才能有所积累，资本也才能加大。节俭在增加维持生产性劳动者的基金的同时，使生产性劳动者的人数也随之增加；生产性劳动者的劳动，可以增加工作对象的价值。

所以，节俭有利于增加一国土地和劳动的年产物的交换价值。因为，年产物的价值是靠更大的劳动量来增加的，而推动更大的劳动量的重要途径就是节俭。

假设有两种人，他们的收入都是货币。前一种人能从自己的收入中节省出一部分，他或以征收利息的方式借给别人，或是自己投资赢利，然后他再利用投资所得来购买食品、衣服和住所；后一种人，则是把他收入所得的货币全部用于购买食品、衣服和住所等消费品。同样是消费，只是消费的人和消费方式不同而已。

前者是属于节俭的人，他每年所省的收入，不但可在将来雇用更多的生产性劳动者，同样，他也好比是一个工厂的创办人，为自己设置了一种永久性基金，不管将来什么时候，都可维持同样多的生产性劳动者。

但是，在这里值得注意的是：这种基金将如何分派？将用到什么地方？在没有法律予以保障、没有信托契约或永远营业证书加以规定的情况下，必须遵循一个强有力的原理——所有者个人的利害关系，才能保护其安全。如果不按照这一原则的指定用途而滥用该基金，如把这基金的任何部分用于维持非生产性劳动者，那肯定是要吃亏的。

后者是属于奢侈的人，他就像把一种敬神用的基金的收入移作读神之用的人一样，他把父兄节省下来打算干点儿事业的钱，豢养着许多游手好闲的人。他滥用资本，不量入为出，蚕食资本。资本减少，雇用生产性劳动的基金也就会减少，所雇用的能增加物品价值的劳动量也必然减少。因而，他的奢侈行为就导致了全国的土地和劳动的年生产物价值的减少，那么全国居民的真实财富和收入也自然减少了。

进一步来说，奢侈者为了豢养懒惰者，他们在消耗掉自己的资本以后，必然会来夺取勤劳者的面包。假设勤劳者的节俭，不足以抵偿这一部分人的奢侈，那么，奢侈者的所为，在陷他自身于贫穷的同时，还会将全国陷于匮乏之中。

就算奢侈者所费商品全是国内生产，不影响到资金的外流，但其结果也将同样影响社会的生产基金。因为，每一年在每一个国家里，本应该有一定数量的食品和衣服用来维持生产性劳动者的生活，却大量被用来维持非生产性劳动者。这种情况未免有失平衡。

这样一来，每年一国生产物的价值，总不免低于本来应有的价值。对于生产者来说，假若把这一定数量的食品和衣服，不让非生产性劳动者消费，而配给他们，那就不仅可以再生产他们消费的全部价值，而且还可以提供利润。这同量的货币将依然留在国内，并且又生产了一个等价值的消费物品，结果就产生了两个价值。

而且，在年产物价值日趋下降的国家里，他们的货币更需要流通和周转，决不能保留这同量的货币。对于倾向货币而言，其唯一功用是周转消费品。只有通过货币的方式，食品、材料与制成品才可实行买卖，从而分配给正当的消费者。

一国每年在国内流通的消费品的价值，决定了其每年所能流通的货币量，而每年在国内流通的消费品只有两类：一类是本国土地和劳动的直接生产物；另一类是用本国生产物购买进来的物品。国内生产物的价值、每年在国内流通的消费品的价值和国内每年所能流通的货币量，它们三者之间的增减是成正比的，国内生产物的减少势必会导致后两者的减少。

因为年生产物逐渐减少的关系，有一些货币就会流到国外，对于这一领域的货币决不能弃之不用。由于货币所有者考虑到自身的利害关系，货币放着不用对自己无益。即使国内没有用途，他也会千方百计地拿到外国去购买国内需要的消费物品。

货币就这样源源不断地向国外输出，国内人民每年的消费额也因此逐渐超过他们本国年产物的价值。在这样的逆境中，从繁荣时代积累下来的年产物所购买的金银，也许可解他们的一时之忧。但在这种情形之下，金银输出不能看作是民生凋敝的原因，其实质是民生凋敝的结果。说得实际一点，甚至这种输出，还可暂时缓解民生凋敝的痛苦。

总之，货币量是随着一国年生产物的价值增加而增加的。消费品是通过货币的方式来流通的，每年在国内流通的消费品价值增加，用来流通它的货币也必须增加。因此，需要金银的国家，也因拥有足够的货币而出得起价钱，就用不着担心所需的金银会长久缺乏。而金银贮存量过大的国家，也不会造成金银堆积、其他商品贫乏的现象。

所以，不管我们说构成一国真实财富与收入的是一国劳动和土地的年生产物的价值，还是国内流通的贵金属，最重要的，也必须牢记的是：奢侈的是公众的敌人，节俭的是社会的恩人。

在这里，我们再来讲一讲妄为。其结果，和奢侈一样。实施一切不谨慎的、无成功希望的计划，只能给雇用生产性劳动的基金带来减损的危害。固然，投在这些计划上的资本，只能由生产性劳动者消费，但这终究是一种不适当的消费，他们消费的价值，因为不能充分再生产出来，所以，造成社会上的生产基金不断减少。

就幸运的大国来说，一小部分人的奢侈和妄为，是不能对其社会造成多大影响的，因为另外一大部分人的节俭与慎重总是能够超额补偿他们奢侈与妄为造成的损失。

奢侈和浪费是一脉相承的，一个人如果奢侈，必定会浪费，原因在于他有现在享乐的欲望。虽然这种欲望十分强烈，难以抑制，但却总是暂时的偶然的；而节俭呢？如果一个人有改善自身状况的愿望，那他一定会节俭。而这种愿望，是冷静沉着的，也是长久的，它一直潜藏在我们的内心，而我们一刻也没有放弃过这种愿望。

人生一世，很少有人对自身的地位、财富及所拥有的一切觉得完全满意，所以，人的一生总想进步，总想改善。但要从哪些方面改善呢？我想，很多人都会认为增加财产是必要的，也是最理想的手段。因为这手段最为通俗，最为明显。当然，增加财产也不能不择手段，最适当的方法就是——把常年的收入或特殊的收入中的一部分储蓄起来。虽然每个人都不免偶尔心存浪费的欲望，甚至有一种人无时不有这样的欲望。但总的来说，心存节俭的人，还是在我们人类生命的过程中常占优势，且占很大的优势。

若一个国家需要的土地和劳动的年产物的价值不尽如人意时，又要如何改善呢？这里为我们提供了两个行之有效的方法：一个是增加生产性劳动者的数目；另一个则是增进受雇劳动者的生产力。值得注意的是，采取其中的任何一种方法，都要把增加资本放在首位。因为，无论要改良机器还是要改良工作的分配，增加资本都是必不可少的。就改良工作分配而言，如果把工作分成许多部分，做到专人专职，随着职位的增多，人员也随着增多，佣金也就必然要增多，必定需要增加不少资本。

当然，情况也有例外，对于一个国泰民安的国家来说，即使政府不节省不慎重，也会有这种进步。但是要提醒大家的是，如果用一个国家两个相距太近的时代作比较，很容易产生错误的判定。通常来说，进步都是逐渐的，那种突飞猛进的进步实在少之又少。因此，时代距离太近，很难看出它的改良。在大多数情况下，人们看问题总是以点代面，即使国家是一般地改良了，但是又因我们看到某种产业的凋零或某一地方的衰落，便怀疑整个国家的财富与产业都在衰退。

在这里，我们必须回到上面的话题。“节俭可以增加社会资本，奢侈可以减少社会资本。”这几乎是每个国家、每个人在理财方面必须遵循的一条潜规则。对于花费等于收入的人来说，如果用这条准则来衡量就可以得出这样的结论：这些人既不蓄积资本，也不蚕食资本；既不增加资本，也不减少资本。其实也不尽然，花费的方式各种各样，有些方面或方式的花费同样可以促进国家财富的增长。

在一般情况下，商品有两种：第一种是即享即用的物品；第二种是经久耐用，并可以蓄积起来的物品。一个人把他的收入用来购买第一种物品，就只能立时享用，无补于他日；若是用来购买第二种物品，就可能减少或增进明日甚至好几日的费用。

其实，有利于个人财富的消费方式，对国民财富也是有利的。

把收入用于购买经久耐用的物品，不仅较有利于蓄积，对于养成节俭的风尚也是一个容易且是最好的方法。

当然，如果就此以为“费财于经久耐用物品，即为善行；费财于款待宾客，即为恶行”，这也是一种错误的观点。如果一个富人把他的大部分收入用来购买经久耐用的物品，类似于珠宝、服饰等这些琐细东西，则利益仅及于个人，他人分享不到，这也表示他的一种轻浮、卑下、自私自利的性格；如果他把这些费用用于款待宾客、分济友伴，则效果就大为不同。

上面所述不过是想表明，由于费财于经久耐用的物品，有助于增长有价商品的蓄积和易养成个人节俭的习惯，有利于社会资本的增进；由于所维持的是生产者而不是非生产者，所以较有利于国家财富的增长。

链接

奢侈品

大家所熟悉的“力士”品牌的英文名Luxus，意为“奢侈”。具体说来，“奢侈”一词的英文为“Luxus、Luxury”。其实，Luxus原是一个拉丁词，意指“极强的繁殖力”，经演变后成为“浪费、无节制”的意思。在大部分欧洲国家的语言里，都将该词用以描述在各种商品的生产和使用过程中超出必要程度的费用支出及生活方式的某些方面。

沃尔冈·拉茨勒在《奢侈带来富足》一书中，将奢侈定义为一种整体或部分地被各自的社会认为是奢华的生活方式，大多由产品或服务决定。而如今，奢侈品在国际上的概念是“一种超出人们生存与发展需要范围的，具有独特、稀缺、珍奇等特点的消费品”，并又称它为“非生活必需品”。

其实，从经济和社会意义上看，奢侈品本身并无褒贬之分，其实质只不过是一种高档消费行为；是一种个人品位和生活品质的提升。因此，经济学这样给奢侈品下定义：“奢侈品是对其需求的增长高于收入增长的物品。它涵盖范围可能很广，从牛肉、人参到奔驰车，都有可能是奢侈品。”

但是，人们总是认为那些非常昂贵或名贵的，大部分人都消费不起的物品才属于奢侈品。有些奢侈品既不是必需的又没有实际用途的昂贵物品，如名牌箱包、高级成衣和高档汽车。私人飞机和豪华游艇当然也属于奢侈品的范畴。

人类追求奢侈品主要有三个动机：

(1) 奢侈品的价值比较持久，是作为贮藏财富的有效工具。例如，珠宝在保值方面的作用与黄金类似。

(2）奢侈品是一个人社会地位的象征。有别于动物，对于大多数物种来说，它们通过体型的大小来决定其地位；在人类社会中，地位不仅仅取决于体力，还依靠财富、权力等多方面的竞争。

(3)人类对美的追求也是产生奢侈品需求的重要因素。

中国有句古话："物以稀为贵。"稀缺性是使物品成为奢侈品的必要条件。

奢侈品牌首先来自于它所服务的奢侈品。奢侈品在经济学上，指的是价值/品质关系比值最高的产品。从另外一个角度上看，奢侈品又是指无形价值/有形价值关系比值最高的产品。

奢侈品牌具有如下特点：

(1)富贵的象征

奢侈品牌的品牌魅力是富贵豪华的。所以，奢侈品应是闪光的、明亮的、让人享受的。奢侈品通过其品牌视觉识别系统传达了这些内容。从社会学的角度上说，奢侈品是贵族阶层的物品。它有地位，有身份，有高人一等的权力。它是贵族形象的代表。如今，虽然社会民主了，但人们的"富贵观"并未改变，奢侈品牌正好可以满足人们的这种本能需求。"劳斯来斯"汽车就有贵族车的象征意义。

(2)奢华的视觉刺激

奢侈品牌所服务的产品必须是"最高级的"。这种"最高级"必须从外观到品质都能逐一体现。奢侈品的高级性应当是看得见的。正因为人们对其奢华"显而易见"，它才能为主人带来荣耀。所以说，奢侈品理当提供更多的"可见价值"——让人看上去就感到好。那些购买奢侈品的人完全不是在追求实用价值，而是在追求全人类"最好"的感觉。"奔驰"汽车如此，"夏奈尔"时装也如此。

(3)个性化

奢侈品牌往往以己为荣，它们不断树立起个性化大旗，创造着自己的最高境界。"奔驰"追求着顶级质量，"劳斯莱斯"追求着手工打造，"法拉利"追求着运动速度，而"卡迪拉克"追求着豪华舒适。他们独具匠心，各显其能。正是因为商品的个性化，才为人们的购买创造了理由。也正因为奢侈品的个性化很不像大众品，才更显示出其尊贵的价值。

(4)专一性

奢侈品牌是十分专一的，它绝不可以随意扩张使用。所谓品牌的专一性，指的是品牌只服务于某一个产品或某一类产品。我们很难看到一个奢侈品牌分跨两个行业使用，而且还取得了成功。品牌多元化经营本身就是品牌管理的大忌，更何况是一个奢侈品牌呢？“皮尔·卡丹”曾经延伸到酒业上，生产了一个“皮尔·卡丹”葡萄酒，结果失败了。如“耐克”敢这样做，也一定好运不长。“人头马”要是成功地推出一款洗发水来，“宝洁”一定会七窍生烟。

(5) 距离感

作为奢侈品牌必须制造望洋兴叹的感觉。让大多数人产生可望不可即的感觉是奢侈品牌营销的使命。在市场定位上，奢侈品牌就是为少数“富贵人”服务的。距离产生美。因此，要维护目标顾客的优越感，就该使大众与他们产生距离感。奢侈品牌要不断地设置消费壁垒，拒大众消费者于千里之外。要使认识品牌的人与实际拥有品牌的人在数量上形成巨大反差，这正是奢侈品牌的魅力所在。所以，可以这么说，奢侈品牌就是“梦寐以求，少数拥有”。

借贷资本

贷出取息的资本属于出借人的资本，出借人通常会与借债人立下契约，借债期满时在资本归还给他的同时借债人还要付给他一定的利息。借债人可把借来资本用于以下两个方面：

其一，用作资本。如果借债人把它用作资本，用来雇用生产性劳动者或维持他们的生活，依靠他们生产出更多的价值、赢得更多的利润。如此一来，借债人就能够如期偿还借债资本并支付利息，无需割让收入的其他来源或动用蚕食其他资本；

其二，用于目前的消费。如果借债人把借来资本用作目前的消费，把这些原本可用来雇用生产性劳动者和维持勤劳人们生活的资本都用来豢养游手好闲的人，那他就成了一个实实在在的挥霍者，因为他的花费没有产生任何价值和赢得任何利润。借债期满时，他若不花费其他收入、不蚕食其他资本，或另寻出借，是无力偿还资本和支付利息的。

当然，贷出取息的资本也会偶然地同时用于这两个方面，不过用于第一种要多于第二种。一个为了消费而借债的人，他的结局不外乎破产。我想，一个拥有正常思维的出借人在正常情况下是不会做这种无利于他人又无利于自己的事情的。当然，特殊情况除外，如有重利盘剥的驱使等。

就算有人这样做，也是出于常理和利益的考虑。我想，那样的人肯定少之又少。一个富有且谨慎的人，只会把他的钱财借给他认为将用于有利可图的人。不相信的话，可以随便找一个谨慎的有钱人问问，问他会不会把钱借给他认为会把资本挥霍掉的人。他绝对会认为这个问题很可笑。因此，即使世界上有这种游手好闲和挥霍的借债人，但与节俭和勤劳的人相比，他们的数目肯定也是微小的。

这些借钱用来消费的、不谋取任何利益的人，或是只能通过抵押贷款的乡绅们，如果他们借钱不是为了消费的话，这个问题就更值得考虑了。他们极有可能在借这笔钱之前就已把它们花掉了。也许是向商店老板和其他商人那里赊购了货物，限期已到，必须偿还货款；也极有可能是为了偿还其他债期已满的债务。即使是作为乡绅的他们现有的地租或其他收入都不足以偿还所欠下的货款或债务。如此一来，这时他借钱的目的当然就不是专为了消费，而更多的是为了偿还已经花掉了的资金或债务。

通常，绝大部分的付息贷款都是以货币的方式进行的，不是金银，就是纸币。但这并不代表借债人需要的就是金银或纸币。实质上，他们是需要货币里面所蕴含的价值，或是能购买到的货物。因此，对于借钱消费的人来说，他需要的只不过是用借来的钱所能购买到的货物；而对于借钱用于雇用生产性劳动者或维持劳动者生活的人，他们所需要的是装备劳动者进行工作所必需的工具、材料和生活资料。如此看来，债权人仿佛把一国劳动的年产物的一定份额分配给了借债人任其使用。

无论是什么币种，在将它借贷给借债人时，它都只不过是那个国家用来作为贷款的工具。因此说，货币价值是无法支配一个国家有多少货币被借出的。货币的数量并不是越多越好，而是依靠一国的部分年产物的价值来掌控的——这特定的部分年产物一旦被生产出来，就意味着它将代替货币资本来使用。而且，这些资本的所有者因多种因素不愿意亲自运用它们，于是选择了借贷的方式，让这些资本为其创造经济效益。由于这些资本通常都是以货币的方式出借和归还，从而就构成了所谓的货币利息。

由此看来，货币利息的来源领域是不受局限的，可来自不动产业，也可来自商业和制造业。但是由于考虑到利息收益问题，绝大多数资本的所有者都会选择把资本投在商业和制造业上。由于所有者无心亲自运用，那些资本就从一个人手上转让到另一个人手上，转让次数一增多，同一笔货币可以连续不断地用作多次不同的贷款和进行多次不同的购买。在这样的过程中，转让的资本量与作为工具的货币数量相比，就要大出无数倍。且转让次数越多，其数量就越大。在这其中，货币又似乎成了一种契约。

比如，A 借给 W1000 镑，W 用这笔钱马上购买了 B 价值 1000 镑的货物。B 自己没有需要用钱的事，又把相等数目的钱借个了 X, X 用那笔钱向 C 购进了 1000 镑的货物。C 以同样的方式和同样的原因又把钱借给了 Y, Y 又用那笔钱买进了 D 的货物。

这 1000 镑的钱，在这个过程中可以三次购买不同的货物。当然都是价值相等的货物。A、B、C 三个有钱人作为债权人各自借给 W、X、Y 三个人 1000 镑贷款，实则是把这 1000 镑的贷款作为货物的购买能力进行转让。正是这种能力决定了贷款的价值和效用，那三个有钱的人借出的资本等于该资本所能购买的货物的价值，而且具有借贷资本 3 倍其价值的能力。

不过，一定要确保这些贷款的安全性，且债务人所购买的货物只有产生一定的经济效益，才能保证期满后本金与利息一起回归。同时，这些资本既然有作为贷款 3 倍其价值的能力，如果在相同的情况下，或是因为相同的原因，也同样具有借贷 30 倍甚至是更多倍的能力。因为，这些资本可以连续用作偿还手段。

根据以上情形可以看出，取息贷出的资本其实质是债权人把年产物的一定数额转让给债务人；债务人为了回报债权人为自己带来的便利，而定期把较小一部分资本转让给他。这较小部分资本则被称之为利息；在贷款期满时，与预先转让给他的相等的那一部分则称作偿还。

有什么因素能引起货币利息的增加呢？一般来说，只有当从土地或从生产性劳动者那里生产出即被指定用于归还资本的那一部分年产物增加时，货币利息才会随之增加。因此，所有者因各种原因不愿亲自使用而又想从中获得收入的部分资本如果增加了，便会带动资本总量的增加。总而言之，只有资本增加，取息贷款的资本量才会增大。相反，为了使用借贷资本所必须支付的价格，即利息，却会随着取息借贷的资本量的增加而相应地减少。

在各国资本不断增加的过程中，运用资本而产生的利润会越来越少，想要在国内找出使用任何新的资本有利可图的途径也会变得越来越困难，从而导致了在不同资本间产生竞争的结果。

为了增加运用资本的利润，一个资本的所有者会想尽一切办法进入已被另外一个资本所有者占领的投资领域，甚至是把先前的占领者挤出这个领域。要做到这一切，就必须采取一系列方法和手段使自己的买卖条件更加合理。比如：降低出售的价格、为了保证销售的质量用高价买进货物。

这种情况虽然加剧了资本所有者的竞争和压力，但是却给劳动者创造了有利的时机。由于指定用于维持生产性劳动的基金增加，对生产性劳动的需求也就一天天增大。从而加大了资本所有者找到他所需的劳动力的难度。重赏之下必有勇夫，因此，资本所有者不得不靠提高劳动者工资来赢得他们所需的劳动能力。同时，由于资本所有者把大部分资金都用于雇用生产性劳动者方面，资本的利润自然会随之减少。资本利润的减少自然会导致为利用它而要支付的价格——利息率的降低。

很多西方经济学者，如孟德斯鸠、洛克等，都一致认为西班牙发现了西印度群岛是导致金银数量的增加和欧洲大部分地区利息率降低的真实原因。在他们看来，如果金银本身价值降低了，使其中任何一特定部分的用途的价值相应减少，从而为它可能支付的价格也会减少价值。这个观点初看起来 似乎很有道理，但是通过经验的论证，它又是无法立足的。

当我们用白银作为货物流通的手段时，在财物数量保持不变的情况下来增加白银的数量，各种货物自然会因为白银的增多，而提升它的价格，从而保持白银与货物关系的平衡。在这里我们且把这个增加以后的价格称为“名义价值”。货物名义价值的增大肯定会促使白银价值的降低，但货物的实际价值是不会随着名义价值的增大而得以增加的，虽然它可以交换到更多的白银，但是它所能支配的劳动和他所能供养的人数却没有因此而增多，仍然与以前完全相同。就算是把同量的资本进行异地转移，在这一过程中，所花费的白银数量可能会增加，但国家的资本不会因此而受到改变。

在此，我们又一起回到生产性劳动者提高工资的话题上来，如果他们的工资是在白银数量增大的情形下得以提高的，那么从表面上看，他们得到的白银或是货币数量与以往相比要多些，但是由于货物价格的提升，他们的购买能力并没有因为工资的提高得以增加。因为，资本的利润在名义上和实质上是完全相同的。资本转让的过程虽然冗长复杂，但转让的东西的价值却依然原封不动，而且产生的结果也只能与原来相同。维持生产性劳动者生活的资本尚未得到改变，那么对生产性劳动的需求亦将与原来相同。

总的来说，资本的利润并不是由它们所获得的白银的数量来计算的，而是由白银的数量与投入的整个资本的比例来计算的。

一个国家，只要其全部资本与从前相同，那么，国内享有这个全部资本的人，他们所持有的不同的资本间的竞争和他们在做买卖时遇到的利与弊都会和从前一样。同时，资本与利润间的普通比例、货币的普通利息也将与以前一样。因为利用货币而支付的利息必然受到利用货币一般所能获得的利润的支配。

反之，如果一国货币数量保持不变，国内商品年流量的任何增加，都必然会使货币的价值得到提高。同时，如果政府不采取相关的有效措施而任其发展，那么，还会产生许多其他的严重的后果。

此时，商品流通量增大，同样数量的货币，其购买能力、能支配的劳动量、能够维持和雇用的生产性劳动量将增加。从表面上看来，这时国家的资本没有什么改变，实质上是得到增长的。如果继续用相同数量的货币来表示不断增长的国家资本，那些货币的支配能力自然要比增长以前大些。因而劳动的需求也会因此而增加。在这种情形之下，劳动工资似乎不变或显然已经下降，因为其支付的货币数量会保持不变甚至已经减少。但是，凡事都要看其内在实质，在这种时期，不要小看那些小量的货币，它可以购买比以往更多的东西。

虽然此时货币的价值有所增加，但国家全部资本的扩张加剧了构成全部资本中的不同资本之间的竞争，而资本的利润也会在此时，无论在实质上还是在表面上都会减少。所以，资本的所有者也只能满足于取得他们各自所雇佣劳动的产品中较小的比例。总是与资本利润保持同步的货币利息，则也可能在这种形势下大大减少。

从形式上来看，货币利息好像是一种不劳而获的收入，为了维持劳动者的心理平衡，一些国家采取了法律手段，对它明文禁止。法律的禁止不但没有阻止这种利息的频频产生，反而为高利贷广开大门，造成诸多恶果。原因在于人们在任何场合使用货币都会获得一些好处，当然，得了好处自然要回报为他提供货币的人。反过来，如果没有任何回报，有谁会无缘无故地为他人提供为其获得好处的货币呢？如果这种互利的行为遭到禁止，人们自然会想其他办法来取得自己想要的东西。因此，债权人就要冒着违犯法律而遭到惩罚的风险。为了确保债权人不至于遭受到被放高利贷的惩罚，债务人不仅要支付借贷货币的报酬，而且要对债权人冒风险接受这种报酬支付一笔费用。

借贷并付给货币利息，既然是作为一种使债权人和债务人双方受益的行为，有些国家不仅允许它的发生，并且对其进行保护。为考虑债权人与债务人双方的利益——防止重利盘剥与类似全然禁止利息带来的恶果，法律通常规定一个不受处罚可以收取的最高利率。这个利率就是那些能够提供绝对可靠担保的债务人借用货币时所付的最普通的价格。

如大不列颠，货币贷给政府的最低利息是3%，贷给有可靠担保的私人的最低利息为4%或4.5%。那么，法定利率为5%，可能就是最恰当的了。

法定利息率应该高于市场最低利率，但不应高得太多。打个比方说，如果大不列颠的法定利息率规定高达8%或10%，我想，殷实的人由于担心使用货币所得的利润不够或是大部分都要用于支付使用货币的报酬，从而不敢进行借贷。只有挥霍者和投机商两种人愿意出这么高的利息来借这种贷款。把货币借贷给他们，无疑是扔给他们浪费和毁灭。为了货币的安全起见，我想，有钱借出且谨慎的人肯定不会把钱借给这类人。如此一来，这种能够促进货币流通的互利行为，就会慢慢地减少或是停止。

相反，法定利息率如果略高于市场最低价格，那么国家大部分的资本就可能被掌握在能用在有利可图的事业上的人手中。因为，此时殷实的人只需用借贷货币所得的一小部分利润来支付使用货币的报酬。有利润可图，他们自然乐意进行借贷。而且，与投机和挥霍的人相比，债权人更愿意把货币借给殷实的人，虽说，借给谁的利息都是一样的，但是，把货币放在殷实的人手中要比放在投机和挥霍的人手中安全得多。

没有哪个国家的法律能把普通利息率定在法律制定时的市场通用的最低利息率之下。因为这对于债权人和债务人，乃至整个国家都是不利的。

在此，还要注意的一个问题就是土地。土地属于固定资产，它的可靠性和安全性都要比货币高得多。在土地的普通市场价格取决于普通市场利息率的情况下，那些拥有资本但又因各种因素不愿意亲自使用而又想以它获得收入的人们，我想，其中的大多数首先考虑的应该是购买土地。就算是土地的收入较小，他们也可能从其特有的其他优点上来弥补这部分收入的空缺。同样道理，当土地的租金或是市场价格比货币的利息明显要低得多的情况下，由于差额过大，那些拥有资本因各种因素不愿意亲自使用而又想以它获得收入的人们，可能又把他们的资本用在借贷取息上了。比如：当利息为10%时，土地的售价通常为年租的10至12倍。当利息降到6%、5%或4%时，土地的价格就会涨到年租的20、25或30倍。

链接

利息

利息概述

(1) 利息是资金所有者由于向国家借出资金而取得的报酬，它来自于生产者使用该笔资金发挥营运职能而形成的利润的一部分。是指货币资金在向实体经济部门注入并回流时所带来的增值额。

(2) 马克思主义认为，利息实质是利润的一部分，是剩余价值的转化形式。货币本身并不能创造货币，不会自行增值，只有当资本家用货币购买到生产资料和劳动力，才能在生产过程中通过雇佣工人的劳动，创造出剩余价值。而货币资本家凭借对资本的所有权，与职能资本家共同瓜分剩余价值。因此，资本所有权与使用权的分离是利息产生的内在前提。而由于再生产过程的特点，导致资金盈余和资金短缺者的共同存在，是利息产生的外在条件。当货币被资本家占有，用来充当剥削雇佣工人剩余价值的手段时，它就成为资本。货币执行资本的职能，获得一种追加的使用价值，即生产平均利润的能力。所有资本家追求剩余价值的利益驱使，利润又转化为平均利润。平均利润分割成利息和企业主收入，分别归不同的资本家所占有。因此，利息在本质上与利润一样，是剩余价值的转化形式，反映了借贷资本家和职能资本家共同剥削工人的关系。

(3) 西方经济学家关于利息的理论。实质利息理论是实际节制的报酬和实际资本的收益，实际利息率最终取决于起初的生产力因素，如技术、资源的可用性和资本存量等。从 17 世纪古典经济学家对利息开始进行系统研究起，直到 20 世纪 30 年代，实质利息理论在利息研究领域一直居于主导地位。

货币利息理论认为，利息是借钱和出售证券的成本，同时又是贷款和购买证券的收益。作为一种货币现象，利息率的高低完全由货币的供求决定。

(4）今天中国学者的看法。中国学者认为，在以公有制为主体的社会主义社会中，利息来源于国民收入或社会财富的增值部分。在现实生活中，利息被人们看作收益的一般形态，导致了收益的资本化。

利息出现的原因

(1) 延迟消费：当放款人把金钱借出，就等于延迟了对消费品的消费。根据时间偏好原则，消费者会偏好现时的商品多于未来的商品，因此在自由市场会出现正利率。

(2) 预期的通胀：大部分经济会出现通货膨胀，代表一个数量的金钱，在未来可购买的商品会比现在较少。因此，借款人需向放款人补偿此段期间的损失。

(3) 代替性投资：放款人有选择地把金钱放在其他投资上。由于机会成本，放款人把金钱借出，等于放弃了其他投资的可能回报。借款人需与其他投资者竞争这笔资金。

(4) 投资风险：借款人随时有破产、潜逃或欠债不还的风险，放款人需收取额外的金钱，以保证在出现这些情况时，仍可获得补偿。

(5）流动性偏好：人会偏好其资金或资源可随时提供立即交易，而不是需要时间或金钱时才可取回。利率亦是对此的一种补偿。

利息在市场经济运行中的作用

利息作为资金的使用价格，在市场经济运行中起着十分重要的作用，主要表现为以下几个方面：

(1) 影响企业行为的功能。

利息作为企业的资金占用成本，已直接影响企业经济效益水平的高低。企业为降低成本、增进效益，就要千方百计地减少资金占压量，同时在筹资过程中对各种资金筹集方式进行成本比较。全社会的企业若将利息支出的节约作为一种普遍的行为模式，那么，经济成长的效率也肯定会提高。

(2) 影响居民资产选择行为的功能。

在中国居民实际收入水平不断提高、储蓄比率日益加大的条件下，出现了资产选择行为，金融工具的增多为居民的资产选择行为提供了客观基础，而利息收入则是居民资产选择行为的主要诱因。居民重视利息收入并自发地产生资产选择行为，无论对宏观经济调控还是对微观基础的重新构造都产生了不容忽视的影响。从中国目前的情况看，高储蓄率已成为中国经济的一大特征，这为经济高速增长提供了坚实的资金基础，而居民在利息收入诱因下做出的种种资产选择行为又为实现各项宏观调控做出了贡献。

(3) 影响政府行为的功能。

利息收入与全社会的赤字部门和盈余部门的经济利益息息相关，因此，政府也能将其作为重要的经济杠杆对经济运行实施调节。例如：中央银行若采取降低利率的措施，货币就会更多地流向资本市场，当提高利率时，货币就会从资本市场流出。如果政府用信用手段筹集资金，可以用高于银行同期限存款利率来发行国债，将民间的货币资金吸收到政府手中，用于各项财政支出。

资本的用途

一切生产性劳动，都有赖于资本的维持，但等量资本所能推动的生产性劳动量，随用途的不同而极不相同，从而对一国土地和劳动的年产物所能增加的价值，亦极不相同。

概括而言资本有四种不同用途：

第一，用以获取社会上每年所需消费的原生产物；

第二，用以制造原生产物，使其适于眼前的使用和消费；

第三，用以运输原生产物或制造品，从有余的地方运往缺乏的地方；

第四，用以分散一定部分的原生产物或制造品，使其成为较小的部分，适于需要者的临时需要。

第一种用法适用于农场主、矿业家、渔业家；第二种用法适用于制造者；第三种用法适用于批发商人；第四种用法适用于零售商人。我认为，这四种用法，已经包括了一切投资的方法。

这四种投资方法，相互之间有着密切的关系，少了一种，其他的都不能独存，即使独存，亦不能发展。从社会财富角度而言，这四种投资方法也是缺一不可的。

(1) 假设没有资本用来提供相当丰饶的原生产物，制造业和商业恐怕都不能存在。

(2) 原生产物有一部分往往要加工制造后才适于使用或消费。假设没有资本投在制造业中，则这种原生产物将永远不会被生产出来，因为没有对它的需求；或如果它是天然生长的，它就没有交换价值，不能增加社会财富。

(3) 原生产物及制造品富饶的地方，必从富饶的地方运往缺乏的地方，假设没有资本投在运输业中，这种运输便不可能。于是它们的生产量便不能超过本地消费所需要的。批发商人的资本，可通有无，使这个地方的剩余生产物交换其他地方的剩余生产物，所以，既可以奖励产业，又可以增进这两个地方的享用。

(4) 假设没有资本投在零售商业中，把大批原生产物和制造品分成小的部分，来适应需求者的临时需要，那么，所有人对于所需的货品都得大批买进来，超过目前的必需。

把资本投在这四种用途上的人，都是生产性劳动者，他们的劳动，如果使用得当，就可固定而且实现在劳动对象或可卖物品上，至少，也可把维持他们自身以及消费掉的价值，加在劳动对象或可卖物品的价格上。农场主、制造者、批发商人、零售商人的利润，都来自前两者所生产及后两者所售卖的货品的价格。但是，各自投在这四种用途上的资本虽相等，却因用途不同，等量资本所直接推动的生产性劳动量也不相同，从而，对于所属社会土地和劳动的年产物所增加的价值的比例，亦不相同。

向批发商人购买货物的零售商人的资本，补偿并提供批发商人的资本及其利润，使其营业得以继续。零售商人的资本，只直接雇用了他自己，他就是受雇的唯一生产性劳动者。这种资本的使用，对社会的土地和劳动的年产物所增加的价值，只是他自己的利润。

向农场主购买原生产物、向制造者购买制造品的批发商人的资本，补偿并提供农场主和制造者的资本及其利润，使营业得以继续。这就是批发商间接维持社会上生产性劳动、增加社会年产物价值的主要方法。他的资本，也雇用了运输货物的水手脚夫。所以，它对于这种货物的价格所增加的，不仅等于批发商自己利润的价值，而且还包括水手脚夫工资的价值。从其雇用的生产性劳动者，以及其对年产物所直接增加的价值来看，批发商人的资本在这两方面所起的作用，无疑比零售商人要大得多。

制造者的资本，有一部分用作固定资本，投在他生意所用的工具上，补偿出卖这些工具的其他制造者的资本并给他们提供利润。其余就是流动资本。在流动资本中，有一部分是用来购买材料，这部分补偿供给这些材料的农场主和矿商的资本并给他们提供利润。但其大部分，是一年一次地或在比一年短得多的时间内分配给他所雇用的工人的。所以，他的资本对于他所加工的材料以及所增加的价值来说，包括雇工的工资，和雇主投资支付工资和购买材料工具应得的利润。所以，与批发商人的等量资本相比，他的资本所直接推动的生产性劳动量要大得多，对于社会的土地和劳动的年产物所增加的价值也要大得多。

农场主资本所能推动的生产性劳动量最大。他的工人是生产性劳动者，他的牲畜也是生产性劳动者。在农业上，牲畜自然也和人一起劳动。耕耘与其说是增益自然的产出力，不如说是支配自然的产出力。人工以外，尚有许多工作，非依赖自然力不可。所以，农业上雇用的工人与牲畜，不仅像制造业工人一样，再生产他们消费掉的价值及资本家的利润，而且生产更大的价值。他们除了再生产农场主的资本及利润外，通常还要再生产地主的地租。这种地租，可以说是地主借给农场主使用的自然力的产物。地租的大小取决于想象上的自然力的大小，换言之，取决于想象上的土地的自然产出力或土地的改进产出力的大小。减除了一切人的劳作之后，所余的便是自然的劳作。它在全部生产物中，很少占 1/4 以下，通常占 1/3 以上。用在制造业上的任何同量的生产性劳动，都不能引出这样大的再生产。在制造业上，自然力没做什么，人做了一切；再生产的大小，总是和导致再生产的生产因素的力量的大小成比例。所以，和投在制造业上的等量资本比较，投在农业上的资本，不仅推动较大的生产性劳动量，而且，按照它所雇用的生产性劳动的量来说，它对一国土地和劳动的年产物所增加的价值，比对国内居民的真实财富与收入所增加的价值，都大得多。在各种资本用途中，农业投资最有利于社会。

投在农业和零售业上的资本，总是留在本国内。它们的使用，有一定的地点：在农业，是农场；在零售业，是商店。而且，它们的所有者，大都是本国内的居民。当然，有时也有例外。

批发商人的资本，似乎不固定或停留在什么地方，而且也没有这种必要。因为要贱买贵卖，他们的资本往往用于周游各地。

制造者的资本，当然要停留在制造的场所。但在什么地方制造，似乎也没有必要固定。有时，制造的场所，不仅离材料出产地点很远，且离制成品销售地点也很远。

投资于国内剩余生产物输出事业的人，无论是我们本国人或是外国人，无关紧要。如果是外国人，我国受雇的生产性劳动者人数，当然比较少，但只少一个；我国的年产物价值，当然也比较少，但只少这一个人的利润。至于所雇用的水手脚夫是不是本国人，那与他是否是本国人无关，他是本国人，也可以雇用外国的水手脚夫。输出人虽有国籍上的差别，但以资本输出国内剩余生产物来交换国内需要的物品，无论是外国人或是本国人的资本，对这剩余生产物所给予的价值，总是一样的。批发商人是本国人也好，不是本国人也好，他的资本，同样有效地使生产这剩余生产物的人的资本得以偿还，同样有效地使生产这剩余生产物的人的营业得以继续下去。这就是批发商人的资本对维持本国生产性劳动和增加本国年产物价值所提供的主要帮助。

必须指出的是，制造者的资本应留在国内，因为它有这种资格。本国所能推动的生产性劳动量较大，本国土地和劳动的年产物所能增加的价值也必然较大。不在本国境内的制造者的资本对本国也很有利。

像个人一样，一个国家往往没有足够的资本，既把一切土地改良和耕种起来，又把全部原生产物加工起来，以适于直接的消费及使用，还把剩余的原生产物及制造品运往远方的市场换取国内需要的物品。

一国资本，要是不够同时兼营这三种事业，那么，投在农业上的部分越大，推动国内的生产性劳动量也越大，同时，对社会土地和劳动的年产物所增加的价值也越大。除了农业，当推制造业。投在出口贸易上的资本，在这三者中，效果最小。

所有资本还不足兼营这三项事业的国家，就其富裕程度来说，实未达到自然所允许达到的最高点。无论就个人或社会来说，企图以有限的资本，在时机未成熟时兼营这三项事业，都不是取得充足资本的最捷途径。正像一个人的资本有一定的限度一样，国内全体人民的资本亦有一定的限度，只够用于某几方面。要增加个人资本，须从收入里节省并不断蓄积；要增加国民资本也是如此。因此，资本的用途，若能给国内全体居民提供最大的收入，从而使全体居民都能有最大的积蓄，则国民资本就会极迅速地增加起来。但国内全体居民收入的大小，必定以国民土地和劳动的年产物大小为转移。

人类繁荣的过程，似乎从未延续这么久，使得任何一个大的国家，可以拥有足够的资本来兼营这三种事业，除非我们认为关于中国、古埃及、古印度的富裕和农业情况的那些奇异记载，是可以相信的。然而，就连一切记载中认为世界上最富的这三个国家，也只是主要擅长农工业，他们的国外贸易，并不繁盛。古埃及人古印度人对于海洋，有一种迷信的畏惧心；中国的对外通商，向来就不发达。这三个国家的剩余生产物，似乎大部分都是由外国人运去，换回它们所需要的其他东西——金银。

这样，同一资本在国内所推动的劳动量有多有少，所增加的土地和劳动的年产物价值有大有小，这要看它投在农业、工业、批发商业上的比例的不同而不同。而且，同是批发商业，投资结果，亦将因所营批发商业的种类不同而极不相同。

一切批发贸易，或一切大批买进来再大批卖出去的贸易，可分作三类：国内贸易、消费品的国外贸易和运送贸易。国内贸易是从国内某个地方买国产货物进来，再在国内另一个地方把它卖出去，包括内陆贸易和沿海贸易。消费品的国外贸易是购买外国货物，供本国消费。贩运贸易，是从事各外国间的贸易，即将甲国的剩余产物运往乙国。

投资在国内贸易上，购买国内甲地产物运往乙地售卖，往返一次，一般可以偿还投在本国农业或工业上的资本，使本国的农业或制造业不致中断。运用资本，从商人店里把一定价值的商品运出去，结果，大都至少可以换回一个等价值的其他种类的商品。所以，假若交换的两方，全是本国产业的产物，结果当然可以偿还本国两个用来维持生产性劳动的资本，使其能继续用来维持生产性劳动。国内消费的外国货物如果是用本国产业的产物来换购，那么，每往返一次，投在这种贸易上的资本，也能换回两个不同的资本，不过其中只有一个是用来维持本国产业的。

但是，此种贸易很少能像国内贸易那么快地赚回本利。国内贸易的本利，大都每年能赚回一次甚至三四次。此种贸易的本利，每年赚回一次，已很难得，两三年赚回一次，亦很常见。往往投在国内贸易上的资本，已经运用了12次，即付出而又收回了12次，而投在此种贸易上的资本，仅运用了1次。所以，两个资本要是相同，投在国内贸易上的资本，与投在对外贸易上的资本比较，前者对于本国产业，往往可提供24倍的鼓励与扶持。

国内消费的外国货物，有时是不用本国产物换购的，而用第二外国货品换购。但这第二外国货品，非直接由本国产品换购，而是间接由本国产品换购，即以本国产物，购买第三外国货品，再用以购买第二外国货品，因为除了战争和征服的场合，外国货品，只有用本国产品直接换购而得，或用本国产品经过两三次不同交易间接换购而得，此外别无他法可以获得。所以，使用于这样迂回的消费品国外贸易的资本，和使用于最直接的消费品国外贸易的资本比较，除了它最后的收回，由于必须依靠两三次不同对外贸易资本的收回，所需时间较长这一点外，无论就哪一点来说，都有相同的效果。所以，和比较直接的消费品国外贸易比较，投在迂回的消费品国外贸易上的资本，虽数量相等，但它对于本国生产性劳动所提供的鼓励与扶持却往往要少些。

用以购买国内消费的外国货品，无论是什么样的外国商品，都不能改变贸易的性质，不能增减它对本国生产性劳动所能提供的鼓励与扶持。如果用的是巴西的金、秘鲁的银，这金银的购买，就像弗吉尼亚烟草的购买一样，当然少不了要用某种本国产业的产物，或由本国产物换购的某种物品。所以，就本国的生产性劳动来说，无论是利的方面，还是害的方面，在偿还直接用来维持该生产性劳动的资本的迟速方面，以金银为手段的消费品的国外贸易，都和任何其他同样迂回的消费品国外贸易一样，毫无区别。比较起来，以金银为手段的消费品的国外贸易，似乎还有一个好处。金银为物，可在小容积中包含大价值，故与同等价值的其他货品比较，运输费是比较小的，保险费却未必较大。此外，金银在运输过程中，不容易遭受破损。所以，如用金银作媒介，而不用其他外国货物作媒介，我们往往可用较小量本国货物购得等量的外国货品，国内的需求可以得到更充分的供给，而所费又比较少。至于不断输出金银以购买本国需要的外国货物，能否陷国家于贫困，这问题我们以后将重点讨论。

投在运送贸易上的资本，全是从本国抽调出来，不用维持本国的生产性劳动，而用来维持外国的生产性劳动。这种贸易经营一次，虽可偿还两个资本，但全非本国所有。固然，如果运送贸易所用的船舶与水手是本国人，那么，为支付运费而使用的那一部分资本，就是用来推动本国的生产性劳动的。事实上，运送贸易旺盛的国家，几乎都是这样做的。运送贸易的名词，也许就是由此而来，因为这种国家的人民，对外国人来说常常是运送者。但运输所需要的船舶与水手，不一定为本国所有。那么，一定数量的资本，究竟能雇用多少船舶与水手呢？事实上，这不取决于贸易的性质，而是一部分取决于货物容积与货物价值的比例，一部分取决于运输海港间的距离。在这两个条件中，前者尤为重要。

毋庸置疑，与投在国内贸易上的资本比较而言，投在消费品国外贸易上的等量资本，所维持和鼓励的本国生产性劳动量较小，所增加的本国年生产物价值亦较小。但投在消费品国外贸易上的资本，与投在运送贸易上的等量资本比较，在这两方面，却提供更大的利益。如今，一国的富强，一定和其年产物价值，即和其一切赋税最终所得的基金相称。政治经济学的大目标，即是增进本国的富强，所以，为本国着想，与其奖励消费品国外贸易，不如奖励国内贸易；与其奖励运送贸易，不如奖励消费品国外贸易或国内贸易。为本国着想，不应强制亦不应诱使大部分资本违反自然趋势，流到消费品国外贸易或运送贸易中去。

但是，如果这三种贸易是顺应趋势自然发展起来的，并没有受到约束或压制，那么，无论这三种贸易中的哪一种，都是非常有利而且必要的，都是不可避免的。在特定工业部门的产品超过本国需要的情况下，其剩余部分，就必然被送往国外以交换国内需要的物品。没有这种输出，国内生产性劳动一定有一部分会停顿，因而会减少国内年产物的价值。英国出产的谷物、呢绒、金属制品，常超过国内市场的需要。因此，剩余部分，必须送往国外，以交换英国需要的物品。没有这种输出，这个剩余部分，将不能获得充足的价格，来补偿生产它时所费的劳动与费用。沿海江一带之所以适宜创办产业，就是因为这些地方剩余物品易于输出，而本地所需要的物品易于输入。

用本国剩余产物购得的外国货品，若多过国内市场所需要的，则其剩余部分必须运往国外，以交换国内需要的其他货品。所以，最迂回的消费品国外贸易，有时和最直接的消费品国外贸易一样，也是扶持本国生产劳动、维持本国年产物价值的必要手段。

如果一国累积的资本，不能全数用来供给本国消费、全数用来维持本国的生产性劳动，则其剩余部分自然会流入运送贸易渠道，供给他国消费、维持他国的生产性劳动。运送贸易，是国民大财富的自然结果与征象，但不是自然原因。赞成这种贸易而特别给予奖励的政治家，似乎把结果与征象误认为原因。就土地面积和居民数目来衡量，荷兰是欧洲最富有的国家，所以，荷兰占有了欧洲运送贸易的最大部分。英格兰是仅次于荷兰的欧洲最富国家，亦有不少运送贸易。不过，在多数情况下，英格兰的运送贸易不如间接的消费品国外贸易。我们运东方、西印度、亚美利加的货物到欧洲各市场去的贸易，大半就是这种性质。购买这种货物的手段，一般情况下，即使不是英国的产物，亦是用英国产物购来的物品，而且这些贸易最后带回的物品，又大都在英国消费或使用。只有由英国轮船装运的地中海各港间的贸易以及由英国商人经营的和印度沿海各港间的贸易，才是英国的真正运送贸易。

国内各地因有相互交换剩余生产物的必要，故有国内贸易；所以，国内贸易的范围，只涉及投在国内贸易上的资本量，必受国内各地剩余生产物价值的限制。消费品的国外贸易范围，必受本国全部剩余生产物价值以及能由此购得的物品价值的限制。运送贸易所交换的，是全世界各国的剩余生产物。所以，其范围必受全世界各国剩余生产物价值的限制。与以上两种贸易比较而言，运送贸易的范围几乎没有止境，它所能吸引的资本亦最大。

私人对利润的打算，是决定资本用途的唯一动机。资本是投在农业上、工业上，还是投在商业上，要看什么用途的利润最大。至于什么用途所能推动的生产性劳动量最大，什么用途所能增加的社会的土地和劳动的年产物的价值最多，投资者从来不会想到。一个世纪以来，用少量资本经营农业而发财的事例，在欧洲简直没有一个。欧洲各大国，仍有许多无人耕作的优良土地；已有人耕作的土地，亦尚未充分改良。所以，现今随便什么地方的农业，都还可以容纳许多资本。欧洲各国的政策，使得在都市经营产业的利益，远高于在农村经营产业，从而，往往使私人宁愿投资于远方（如亚洲、美洲）的运送贸易，而不愿投资耕垦靠近自己的最丰沃的土地，关于这一点，我在下一篇再详细讨论。

链接

国际贸易

国际贸易（International Trade）是指不同国家之间的商品和劳务的交换活动。国际贸易是商品和劳务的国际转移。国际贸易也叫世界贸易。

国际贸易由进口贸易（Import Trade）和出口贸易（Export Trade）两部分组成，故有时也称为进出口贸易。

从一个国家的角度看，国际贸易就是对外贸易（Foreign Trade)。

国际贸易是在一定的历史条件下产生和发展起来的。形成国际贸易的两个基本条件是社会生产力的发展和国家的形成。

社会生产力的发展产生出用于交换的剩余商品，这些剩余商品在国与国之间交换，就产生了国际贸易。

国际货物贸易属商品交换范围，与国内贸易在性质上并无不同，但由于它是在不同国家或地区间进行的，所以与国内贸易相比具有以下特点：

(1) 国际货物贸易要涉及不同国家或地区在政策措施、法律体系方面可能存在的差异和冲突，以及语言文化、社会习俗等方面带来的差异，所涉及的问题远比国内贸易复杂。

(2）国际货物贸易的交易数量和金额一般较大，运输距离较远，履行时间较长，因此交易双方承担的风险远比国内贸易大。

(3) 国际货物贸易容易受到交易双方所在国家的政治、经济变动、双边关系及国际局势变化等条件的影响。

(4) 国际货物贸易除了交易双方外，还需涉及到运输、保险、银行、商检、海关等部门的协作、配合，过程较国内贸易要复杂得多。

国际贸易有以下几种结算方式：

信用证结算方式

信用证 (Lettcr of Credit) 方式是银行信用介入国际货物买卖价款结算的产物。它的出现不仅在一定程度上解决了买卖双方之间互不信任的矛盾，而且还能使双方在使用信用证结算货款的过程中获得银行资金融通的便利，从而促进了国际贸易的发展。因此，被广泛应用于国际贸易之中，以致成为当今国际贸易中的一种主要的结算方式。

信用证是银行作出的有条件的付款承诺，即银行根据开证申请人的请求和指示，向受益人开具的有一定金额并在一定期限内凭规定的单据承诺付款的书面文件；或者是银行在规定金额、日期和单据的条件下，愿代开证申请人承购受益人汇票的保证书。属于银行信用，采用的是逆汇法。

汇付和托收结算方式

汇付和托收是国际贸易中常用的货款结算方式。

(1) 汇付 (Remit Tance Remittance)

汇付，又称汇款，是付款人通过银行，使用各种结算工具将货款汇交收款人的一种结算方式。属于商业信用，采用顺汇法。汇付业务涉及的当事人有四个：付款人 (汇款人 Remitter)、收款人 (Benefi-Ciary)、汇出行 (Remitting Bank) 和汇入行 (Paying Bank)。其中付款人 (通常为进口人) 与汇出行 (委托汇出汇款的银行) 之间订有合约关系，汇出行与汇入行 (汇出行的代理行) 之间订有代理合约关系。

在办理汇付业务时，需要由汇款人向汇出行填交汇款申请书，汇出行有义务根据汇款申请书的指示向汇入行发出付款书；汇入行收到会计示委托书后，有义务向收款人 (通常为出口人) 解付货款。但汇出行和汇入行对不属于自身过失而造成的损失 (如付款委托书在邮递途中遗失或延误等致使收款人无法或迟期收到货款) 不承担责任，而且汇出行对汇入行工作上的过失也不承担责任。

(2) 托收(Collection)

托收是出口人在货物装运后,开具以进口方为付款人的汇款人汇票(随附或不随付货运单据),委托出口地银行通过它在进口地的分行或代理行代进口人收取货款的一种结算方式。属于商业信用,采用的是逆汇法。

托收方式的当事人有委托人、托收行、代收行和付款人。委托人,即开出汇票委托银行向国外付款人代收货款的人,也称为出票人,通常为出口人;托收行即接受出口人的委托代为收款的出口地银行;代收行,即接受托收行的委托代付款人收取货款的进口地银行;付款人,汇票上的付款人即托收的付款人,通常为进口人。

上述当事人中,委托人与托收行之间、托收行与代收行之间都是委托代理关系,付款人与代收行之间则不存在任何法律关系,付款人是根据买卖合同付款的。所以,委托人能否收到货款,完全视进口人的信誉好坏,代收行与托收行均不承担责任。

在办理托收业务时,委托人要向托收行递交一份托收委托书,在该委托书中提出各种指示,托收行以至代收行均按照委托的指示向付款人代收货款。

(3) 银行保证函(Banker's Letter of Guarantee)

银行保证函(Banker' Sletter of Guarantee),又称银行保证书、银行保函或简称保函,它是指银行应委托人的申请向受益人开立的一种书面凭证,保证申请人按规定履行合同,否则由银行负责偿付债款。

(4) 各种结算方式的结合使用

在国际贸易业务中,一笔交易的货款结算,可以只使用一种结算方式(通常如此),也可根据需要,例如不同的交易商品,不同的交易对象,不同的交易做法,将两种以上的结算方式结合使用,或有利于促成交易,或有利于安全及时收汇,或有利于妥善处理付汇。常见的不同结算使用的形式有:信用证与汇付结合、信用证与托收结合、汇付与银行保函或信用证结合。

第三章
论各国财富增长的方式

从封建社会向资本主义社会的过渡，不仅给欧洲各国带来了社会结构的巨大变革，而且其财富的增长方式也发生了重大变化。亚当·斯密通过详尽的记述和理性的分析，将这一切栩栩如生地展现在我们面前。

财富的自然增长过程

在现代社会，市民与农民需要大量交换物品。农村把诸如粮食等生活资料、制造材料卖给城市，城市则把一部分制成品卖给农村。城市一般不能生产生活资料，需要从农村获取并由此创造财富；农村可以生产制造品，但不如拿自产物与城市交换来得划算，因为农民种粮食更加专业，更加有效率。所以，交换对双方都有好处，因为专业化分工能使双方都更加富裕。对一个农民来说，与其亲自动手，还不如拿粮食等自家产的东西跟城里人交换，比自己生产制造品更加划算。

同时，城市也是农村剩余产物的市场，农民消费不掉的资料，被拿到都市交换他们所需的物品。城市的居民越多，收入越多，农村剩余产物的市场就越广阔。同样的东西，例如离城1英里的地方出产的谷物与离城20英里的地方出产的谷物，其市价完全一样，但后者的售价不但要补偿生产花费和进城的开销，还要有利润。因此，在价格相近的情况下，前者比后者有较多盈利，即郊区的农户赚得更多。

根据人的本性，首先要满足基本生存需要，然后才考虑提高生活质量。因此，生产基本生活资料的农业会较早产生，同时农村的发展直接推动着城市的发展。农村耕种方式的改良必然促使城市数量逐渐增加；农村剩余产品的增多必然有益于城市的扩展。

通常来说，由于受制于农村耕作、改良情况的影响，一个国家的城市数量无法在土地未完全开垦改良之前大规模增加。在获利相近的前提下，与投资工业、贸易相比，多数人更愿意选择投资土地。因为投资土地比较省心，地主的资本是固定在土地上的，可以更直接地监督资本运作，最大限度地减少财产发生意外，保障资产安全。而商人资本则恰好与之相反，商人经常漂洋过海，要冒狂风巨浪的危险，不仅要把货物交给相隔很远的人，而且要考虑抢劫、诈骗等因素，风险相当大。

农耕需要各种工匠的帮助，如锻工、木匠、轮匠、犁匠、泥水匠、砖瓦匠、皮革匠、鞋匠和缝纫匠等。这类工匠由于需要互相支持，同时又有一定的人身自由，自然要聚居在一起，从而形成了小城镇或小村落。渐渐地，随着提供其他服务的人比如屠夫、酿酒师、面包师的汇聚加入，小镇的规模扩大了。

农民和市民互相服务。农民用生活资料交换制造品，从而使城市居民获得生活资料以及制造业所需的原材料。他们出售给城市居民的原材料及食物数量，决定了需要购买制成品的数量。换言之，城市居民的原材料及食品的增加，只能根据农民对产品需要增加的比例而增加。所以，只要人类的制度不扰乱事物的自然倾向，无论在什么样的政治社会里，城市财富的增长与规模的扩大，都是农村耕作及改良发展的结果，而且按照农村发展的比例而增长扩大。

当土地很容易买到时，专门为向远方销售而兴办的制造业是很少的。比如在北美洲，当一个工匠发了小财之后，他会购买或改良未开垦的土地，由技工成为农场主，而不愿再做工资较高的技工，因为他更愿为自己工作。他也不会办一家工厂来做行销各地的生意，他觉得种自己的地，靠自己的劳力生活比较独立。

相反，当土地全已开垦或不容易买到时，技工得到资本后，就会办一家工厂来做行销各地的生意。锻工建铁厂，织工建麻织厂、毛织厂。慢慢地，随着时间的推移，这些制造业将进行精密的分工，并进行各种改进。

诚如我在前文所述，人们更倾向于选择投资农业而不是制造业。在制造业与国外贸易两者中，人们宁愿选择制造业而不是国外贸易。在盈利均等的前提下，与制造商的资本比较，地主或农场主的资本更为稳当。同样地，与国外贸易的资本比较，制造商的资本更为稳当，随时都在自己的控制之下。

当一个国家原材料及产品较多时，剩余产品将会被输送到外国，以交换国内需要的其他物品。至于输出所用资本是本国的还是外国的并不重要。如果本国的资本在保证耕作土地用过后没有余力再输出产品，那么，由外国资本将本国产品运到外国去，也对本国大有裨益。中国、印度、古埃及的富裕就是很好的例子。而北美殖民地、西印度殖民地，如果没有外国资本替他们输出剩余产物，进步就会慢许多。

按照事物的自然趋势，一个社会的资本，首先是大部分投在农业上，其次投在工业上，最后投在国外贸易上。在某种程度上，一个国家的资本总是按照这种顺序投放，即先开垦一些土地，然后才能建立城市；在城市里先有了一些简单的制造业，然后才会有人愿意从事国外贸易。

但在今天，一些欧洲国家似乎与此相反，即由国外贸易引发制造业，由制造业和国外贸易推进农业的大规模改良。这种反自然的退化顺序，是欧洲一些国家的风俗习惯造成的。而这种风俗习惯，又是由他们原来的统治性质造成的。后来，这种统治虽然大为改变，但他们的风俗习惯却没有什么改变。

链接

恩格尔系数

1857年，德国统计学家恩格尔在研究了当时西欧某些居民家庭收入和食物消费支出的关系后，提出了这样一个观点：一个家庭收入越少，总支出中用来购买食物的费用所占比例越大。这一观点被称为“恩格尔定律”，即恩格尔系数。用公式表示为：

恩格尔系数（%）=（食物支出额 ÷ 消费支出总额）×100%

恩格尔定律主要表述的是食品支出占总消费支出随收入变化而变化的一定趋势。揭示了居民收入和食品支出之间的定量关系和相关关系，用食品支出占消费总支出的比例来说明生产发展、收入增加对生活消费的影响程度。众所周知，吃是人类生存的第一需求，在收入水平较低时，其在消费支出中必然占有重要地位。随着收入的增加，在食物需求基本满足的情况下，消费的重心才会开始向穿、用等方面转移。因此，一个国家或家庭生活越贫困，恩格尔系数就越大；反之，生活越富裕，恩格尔系数就越小。

恩格尔定律和恩格尔系数一经提出，就得到西方经济学界的广泛接受和确认，认为它具有普遍的适用性。恩格尔定律和恩格尔系数是较早引入我国的西方经济学和统计学的概念。

国际上常常用恩格尔系数来衡量一个国家和地区人民生活水平的状况。根据联合国粮农组织提出的标准，恩格尔系数在59%以上为贫困，50%~59%为温饱，40%~50%为小康，低于40%为富裕，30%以下为最富裕。在西方，个人消费包括了住房、医疗、卫生、交通等全部支出。而在我国，特别是城市实行公费医疗、低房租和食品、燃料、水等多种补贴，这些政策性因素对消费结构产生了一定的影响。因此，在比较分析尤其是进行国际对比和城乡对比时，要剔除不可比因素。我国运用这一标准进行国际和城乡对比时，要考虑到那些不可比因素，如消费品价格比价不同、居民生活习惯的差异，要注意政策性影响的计算和分析及由社会经济制度不同所产生的特殊因素。对于这些不可比问题，在分析和比较时应做相应的剔除。另外，在观察历史情况的变化时要注意，恩格尔系数反映的是一种长期的趋势，而不是逐年下降的绝对倾向。它是在熨平短期的波动中求得长期的趋势。

农业的抑制与改良

日耳曼民族和塞西亚民族对罗马帝国西部的侵扰，引起了欧洲的一场大变革，随着这场大变革而来的是欧洲数百年的纷乱。野蛮民族肆意掠夺和迫害土著居民，使得城乡间的贸易中断，城市变成一片废墟，乡村田野荒芜、无人耕作。罗马帝国统治时期富裕繁荣的西欧，一夜之间沦为极度贫乏野蛮的荒园。在烽火连天，战事扰攘中，这些国家的大部分土地被那些民族的头子豪夺侵吞了。虽然土地无人耕种，但是却不可能找到一块没有所有者的土地。侵略者吞并了一切土地；其中少数大地主吞并了绝大部分土地。

土地吞并之初的危害虽然很大，但是尚且具有暂时性。这些土地，原本可通过继承或分割的方式，被拆分缩小。但是根据长男承继法规定，大土地不能因为继承而被拆小；限嗣继承法也规定，大土地不能因为分割而被拆小。

当我们把土地仅仅当作谋生求食的手段时，按照自然承继法，人们当然会把土地当作动产一样分给家里所有的子女，因为作为父亲，自然同样关心每一个儿女的生计，从而在财产分割上一视同仁。罗马人就是采用这种不分长幼、不分男女的自然承继法。只要是自己亲生，就可以承继本人的土地。他们处分土地，在方法上，与我们现在处分动产的方法是一致的。

不过，当土地不仅被看作是谋生手段，而且是权力强弱象征的时候，土地的完整性与专属性就占有相当重要的地位。在那些乱世之中，大地主本身就是小贵族；而他的佃户，同时就是他的奴隶。他对他们的一切作裁判，在和平时期对他们立法，在战争时期领导他们作战。他可任意发动战争，或对邻国，或对国王。在这种情况下，某处地产的安全与否，其中居民有保障与否，都与土地的大小息息相关。分拆地产，无异于破坏拆散它，使其各部分都暴露在强邻的侵吞威胁之下。于是，在这种情况之下，与地产承继有关的长男承继法出现了，并逐渐盛行起来。

与地产继承同理，君主国往往也是由长男一人承继。尽管立法之初并不总是这样。为了君主国的安全与权力，国土不再进行分裂，而是在诸儿女中选择一人来单独承继，在选择谁这样重要的事情上，当然要郑重。必须制定一个适用的规则，它不以个人资质好坏来区分，这太不可靠；而应按某种显而易见的、无可辩驳的标准。在同一家庭的各子女中，除了性别与年龄之外，再没有其他无可争论的差别了。按照一般看法，男性优先于女性，在同等条件下，年长的优先于年幼的。这就是长男承继权的产生。而人所共知的"直系继承"，也就由此出现了。

众所周知，一定的环境产生一定的法律。事实上，唯有处于产生某种法律的大环境下，这种法律才具有合理性。而实际情况则是，往往人们所处的环境已变，而之前制定的法律仍然持续有效。正如今日欧洲，仅拥有一亩地的小地主，与拥有千万亩地的大地主在安全性上是没有差别的。产生长男承继权的环境已经不同了，长男承继权却依然如故。因为在各种制度中，这一法律对于保持贵族尊严是最适宜的，所以，也许今后还会盛行多年。实际上除此之外，长男承继权已经违反大家庭的真实利益了。因为它导致的结果是：一个儿子富裕，其他儿子贫困。

长男继承法的实施直接导致限嗣继承法的产生。施行限嗣继承法的目的在于维护一种直系继承，这种直系继承是由长男继承法引导出来的。如果子孙不孝或遭遇不幸，一部分遗产有可能被赠与、遗让或割让，从而面临旁落他人的危险，而限嗣继承法可以回避这种危险。现代有几个法国的法学家，曾将古代罗马人所谓预备继承人预定法和嘱托遗赠法与上文提到的限嗣继承法相提并论，认为二者有相似之处，实际上迥然不同。

同长男继承法一样，当领主占有大量土地及财产作为领地时，限嗣继承法的存在有其合理性，即它可以有效阻止领主一人轻举妄动的行为，从而保护多数百姓不遭受灾殃。然而在今日的欧洲，这种法律的存在却是相当荒谬的，这种荒谬性基于一种完全错误的假定，即人类后裔对一切土地及财物的权利是不平等的，它取决于500年前老祖宗的规定。

尽管如此，在今天的欧洲，不少地方仍然实行限嗣继承法，尤其是将贵族血统作为享受民事或军事荣誉的必要资格的时候。贵族们在充任大官爵时，利用限嗣继承法这一特权作为排外的手段。他们虽然借由此法已经夺取了超越其同胞的并不正当的利益，但仍不知足，自认为还应当再享有另一种不正当的利益。在英国，尽管习惯上很排斥世业世禄的制度因而限制它，但此制度还是未被完全废除。据称，现在苏格兰仍有超过1/5的土地受到严格的限嗣继承法的支配。

基于上述原因，大片荒地就不可避免地被少数豪族兼并，并且不可能再分散。大片土地是非常不利于改良的，因为大地主们通常不是大改良家。在这种制度产生的初期，正处于诸侯割据的混乱时节，大地主们将精力完全投注于如何保护自己已有的领地不受外人侵犯，如何向邻国扩张新的领土从而获得对它的管辖权、支配权。如此耗时耗力，他们实在没有余暇来开垦土地，更不用说改良土地了。

及至和平时期，法制秩序的确立，生活的安定，虽然有了大量空闲时间，但是他们仍没有心思耕种开垦土地，即使有也常常是心有余而力不足。如果他全家一年一度的开支，超过或正好等于他全年的收入（这种现象极为常见），他就没有多余的资本投资在开垦改良土地上。如果他有经济头脑，是一个经济家，那么，他的思维又通常会倾向于置新而不是改旧，他会想，与其将省吃俭用一年而来的用度去改良旧的地产，不如去购买新的地产比较合算。

改良土地与各种商业活动相同，要获取利润，一定要斤斤计较，要注意小节省小盈利，聚沙成塔，集腋成裘。然而对于这些生于富贵之家的人而言，就算他天生节俭，要做到这一点也颇为不易。贵族的家庭背景及经历，自然更重视赏心悦目的装饰，而不重视投资与利润，后者对他而言，并不十分需要。他从小生活在锦衣玉食、车水马龙、富丽堂皇之中，养成了奢侈的习惯。

这种习惯在他想改良土地时，仍会支配着他。他也许会将自家住宅附近的四五百亩土地统统装饰一新，比如种上花草，铺上地毯，装上灯饰，插上彩旗，这些花费加在一起，足足是该土地改良后产值的十倍。那他终会发现，照此将他全部地产都改良下去，那就算他再无其他嗜好，恐怕也会早在改良十分之一以前，他的财产就会被全数消耗殆尽。

如今在英国，自从封建的无政府状态以来，有些大地产仍然集中在少数人手里，至今没有变动。将这些大地产与邻近的小地产比较一下，无需论证，你就会知道大地产是如此不利于改良。

如前所述，对于这样的大地主尚无一点改良土地的希望，那么对于那些租用土地的人就更无希望可言了。

在欧洲旧时代，耕种者全是佃农，可以随意退租。他们基本上全是奴隶，但是比之古希腊、古罗马和西印度殖民地的奴隶来，他们被奴役的程度要小一些。与其说他们隶属于主人，不如说隶属于土地，因为他们可以和土地一起被出卖。一般而言，他们不能单独被出卖，如果征得主人的同意，他们还可以结婚，而且没有人可以拆散他们的姻缘，主人也不可以，因为他没有权力将他们夫妇卖给不同的人。奴隶主残害或杀害了奴隶，是要受处分的，但也不过是小小惩罚。

尽管如此，奴隶仍是不能蓄积财产的。他们所拥有的一切，都属于主人，主人可以随时夺去。因此，奴隶从事的垦殖及对土地的改良，实质上都是由主人负担费用进行的，例如种子、牲畜、农具，全是主人提供的。自然，改良的收益也归主人所有。这些奴隶，除了生存必需之外，一无所有。所以，在这种情况下，应当说，土地被地主占有、由农奴耕作。这样的奴隶制度，如今在俄罗斯、波兰、匈牙利、波希米亚、摩拉维亚、德意志等国，仍然存在。只有欧洲西部及西南部完全废除了这种制度。

对土地的大改良，既然无法寄希望于大地主，那么，就更不用说寄希望于耕作的奴隶了。

我有理由相信，依据历史及个人的经验可以得出如下结论，即：表面上看来，奴隶劳动只需要维持他们基本生存的费用就够了，似乎不需要付出更多；但通彻地合算起来，他所付出的代价是所有劳动中最高的。一个人，当他劳而无获时，他还会关心什么呢？除了吃饭时希望食物多一些，工作时希望事情少一些外，他对生活还有什么祈求呢？他工作，只要能够维持生活就行了，要想从他身上多榨出一些来，除了强迫，别无他法，因为他本身是绝对不会自愿的。

普林尼和科拉麦拉都著书说，在奴隶制度下，古意大利的谷物耕种事业非常衰弱，非常不利于奴隶主。同样，在亚里士多德时代的古希腊，耕种事业也没有多大进步。因此，当他论及柏拉图理想国时说：要养活护卫那理想国所必要的5000个战士及其妻仆，需要有极大一片像巴比伦平原那样丰美肥沃的土地才行。

人类大都有好胜之心，常以统治下等人为荣，而以俯就下等人为耻。因此，在法律及工作性质所允许的范围之内，他一定愿意选用奴隶而不是自由人。

栽种蔗糖与烟草，能够提供一定的费用，这些用于奴隶耕作。耕种谷物目前好像还不能做到这一点，比如英国殖民地的主要产物为谷物，耕种者大部分都是自由人。

最近，本雪文尼亚人决议释放黑奴，但我推测他们所占有的黑奴数量一定不多，否则，他们绝不会赞成释放，因为奴隶是他们的大部分财产。

英国殖民地有些地方的主要产物是蔗糖，由奴隶担任全部工作；有些地方的主要产物是烟草，亦由奴隶担任大部分工作。在欧美两洲，西印度殖民地栽种甘蔗的利润特别大，根本没有什么耕种事业可以与之相比。就利润进行比较，栽种烟草大于栽种谷物，小于栽种甘蔗。烟草与甘蔗的耕种都能提供奴隶耕作的费用，但栽种甘蔗比栽种烟草能够提供更多的这种费用。因此，与白种人数目相比，甘蔗区域的黑奴数目要远远大于烟草区域的黑奴数。

继古代耕作奴隶之后，逐渐出现了一种农民，这种农民在今天的法兰西被称作对分佃农，也叫作分益隶农。但在英格兰，因为这种制度早已废止，我不知道相应的英文叫作什么。在这制度下，地主供给耕作所需的全部资本，包括种子、牲畜、农具。农民离开或被驱逐时，这资本必须归还地主。出产物在除去耕作成本之后，其余就由地主与佃农均分。

在对分佃耕制下，耕作土地的费用，仍由地主提供，这一点与奴隶耕作制没有太大的差别。它们的本质差别在于：对分佃耕制下的农民具有分享财物的自由，他们可以占有财产，可以部分享有土地生产物。他所能占有的部分随生产总额的增大而增加。显而易见，他们的利益取决于自身的生产量。而奴隶则相反，除了维持生活，他们没有占有财产的权利，没有分享成果的希望，自然只图自己舒服，根据自己的需要而劳作，没有土地生产物多多益善的观念。

欧洲大部分的奴隶耕作制度得以逐渐消灭，一方面可能是由于对分佃耕制对地主有利，另一方面可能是由于君主嫉恨大地主，从而鼓动农奴造反，去争取他们应该占有财产的权利。这些掌权者，包括君主和大地主，终于看清奴隶耕作制的种种不利因素，最后决定废除它。

这样一次巨大的变革，发生在何时，如何发生，持续多久，由谁发起，从何地开始，在近代历史上已无从稽考。我们能够知道的是，早在12世纪亚历山大三世时代，罗马教皇就发出了释放奴隶的训谕。罗马教会因此常自夸其废除奴隶制的功绩。但是这训谕看上去似乎更像是个形式而没有起到实际的作用。不遵守此训谕者，并不会受到相应的处罚。在此训谕公布之后几百年，奴隶制依然存在。

最后，因为上述那两种地主与君主的利害关系的共同作用，才逐渐把奴隶制废除。一个已被释放的奴隶，又允许他继续保用土地，但他自己却没有任何资本，只好向地主借贷，才能实现耕作土地的愿望。所以，他不可避免地注定要成为今天法兰西所谓的对分佃农。

与奴隶耕作制相似，在对分佃耕制下，土地仍不大可能获得很大的改良。教会抽取的什一税，只不过占去生产物的1/10，尚且对改良土地造成大的障碍。地主抽取生产物的一半，则一定会极大阻碍土地的改良。

地主不劳而获，轻轻松松就可享受土地生产物的一半，所剩可以留给对分佃农享有的，自然就相当有限。要在这有限的部分中再有所节省，更是难上加难的事。对分佃农决然不会拿这极有限的节余来作改良土地之用。如果说，尽可能地利用地主提供的资本，从土地尽量获取最大量的生产物，是对分佃农所愿意的，那么，要是将自有资本与地主资本混合去改良土地，则绝对不是对分佃农的意愿。

据说，法兰西有5/6的土地，仍是由对分佃农耕作的。但是农民常常用主人的牲畜来拖车而不用来耕田，因此遭到地主的指责。因为拖车的利润是完全属于农民的，而耕田的利润却要与地主平分。在苏格兰，有的地方仍然残留着这种被称作“由地主借给种子农具”的佃户。这种佃农，大概与下文提到的两位人物所指的佃农是一类的。大贵族吉尔伯特和布勒克斯登博士曾说过，英格兰古代的佃农，与其说是农户，不如说是地主的属役。

真正的农民是继对分佃农后兴起的。他们用自己的资本耕田，但要缴纳一定数额的地租给地主。这种农民租田的租期是有一定期限的，因此他们有时会想到，投入一定资本用于改良土地，对自己应该是有益的。他们期望，在租期来临之前，可以收回投入的资本，而剩余的利润就完全属于自己了。

不过，同欧洲许多地方的情况一样，这种农民的借地权，也在相当长的时期里是极不可靠的。土地更换了新的地主，他们要驱赶农民，就算租期未满，也不算非法。地主违法，使用暴力手段驱逐农民，农民提起诉讼要求获取赔偿，最后的结果往往是农民并不一定能获得原来的土地，他们通常只能获得损失的赔偿，而且所得的赔偿与所受的损失一般是不相等的。所以说这诉讼章程，是极不完善的。

在英格兰，最晚于亨利七世十四年（1498年），才制定改佃诉讼法。改佃诉讼法规定，佃农可以要求赔偿损失并恢复借地权。这种要求，可以分几次审问而审结。改佃诉讼法是非常有利于执行的。例如有地主要起诉对土地的占有，他通常不用地主或是自身的名义，按权利令状起诉，而常常改用他的佃农名义，按退佃合状起诉。因此，在英格兰，佃户的安全与地主的安全是相等的。与欧洲其他国家相比而言，英格兰算是很尊重耕农的一个国家。

另外，英格兰规定，每年纳租40先令以上，即可拥有终身租地权，并可作为终身保有的不动产，还有选举国会议员的权利。耕农大部分都有这种终身不动产，从而政治上的势力也不小，所以地主都不敢轻视他们。我认为，除了英格兰，在欧洲没有一个地方的佃农，会在未订立租地权约之前，就出资建筑仓库，而不担心被地主抢夺去。这种十分有利于农民的法律，促进了现代英格兰的发展，比起所有为商业而定立的夸大条例，它所起的作用要伟大光荣得多。

据我所知，保障最长租期，使其不被各种继承人所妨碍，这种法律是英国所特有的，并在 1449 年，由詹姆士二世传到了苏格兰。但在当时，限嗣继承财产的承继人，往往不允许出租田地达 1 年以上，因此这法律未能尽量广布润泽。最近国会立了新法补救，但这种束缚仍然太过严厉。另外在苏格兰，租地人没有选举议员的权利，从而不像英格兰佃农那样，受到地主极大的重视。

当然，在欧洲的其他地方，也有相应的措施，用以保障佃农的权利，使其不受土地承继人和购买人的侵害，但遗憾的是，这种权利的保障期限太短促了，不足以鼓励佃农进行各种最重要的改良。比如，法兰西最初规定的租期为 9 年，后来才延长至 27 年，仍嫌太短。大家知道，古代欧洲各地的地主，原本都是立法家，所以土地法都是为他们地主的利益所设想打算的。他们的看法是，为了地主的利益，不应长期出租土地，以至于不能充分享受土地的价值。贪心而不公道，必定鼠目寸光。他们一定不会想到，这种规定会妨碍改良，结果必然妨碍他们自己的长远利益。

古代农民除了向地主缴租，还要提供各种劳役。这种劳役，既不在租约内明确提出，又没有任何确切的规定，完全取决于地主的个人需要，他一开口，就必须随叫随到。这样毫无节制的劳役，带给佃农无穷的痛苦。苏格兰最近废止了一切全无规定的劳役，不久之后，国内农民的生活状况就得到了改善。

除了遭受地主的私役之外，农民还要遭受政府的公役，而且同样横暴。例如建筑修补公路（我推测，各处尚未废除这种劳役，只不过横暴的程度不同），就是一个典型的例子。另外，当地农民还有为过境的军队或官员提供车马粮食的义务，虽然有代价，但完全取决于食物征发官。在欧洲各君主国中，我想，只有英国一国，完全解除了食物征发对农民的压迫。在法国和德国仍尚未消除。

此外，农民还要负担纳税义务，和劳役义务一样，这也是不规则和横暴的。君主可以随心所欲地对佃农征收贡税，法国今天的贡税就是古代君王苛税的实例。而那些贵族对此则采取视而不见的态度，尽管他们并不愿意用金钱帮助君主，可是他们没有看出，这种苛税最终必将大幅地减少他们自身的收益。

贡税是基于假设的农民利润的一种税，它是依据农民投入在土地上的资本估算的。自然，农民出于自身利益考虑，只好尽可能地装穷，其结果是，他投入耕作的资本必然减至最低限度。更不要说改良土地的资本，那当然以减少到零为宜。就算农民手中积蓄了一点资本，但因为要缴贡税，而不愿投入到土地上来。事实上，贡税基本上等同于禁止农民将积蓄投资于土地。

还有就是，缴纳这种赋税的人，人们会认为他的身份是比较低的。他不但不能与乡绅平起平坐，也不能与市民相提并论。而租借别人土地者，必须缴纳这种贡税。不管是绅士还是有产的市民，没有人甘愿忍受这样的耻辱。因此，施行这种贡税的结果，就是使一切资本，包括土地方面蓄积起来的资本，都不会投资于土地改良。英格兰以前的1/10税和1/15税，就其对土地的影响来说，与贡税基本上性质相同。

所有这些政策，如果要求耕者来改良土地，简直不可能。他们虽然受法律保障，并且有自由和安全，但是却没有处于改良土地的有利地位。农民与地主，正如借资经商与自有资经商者，诚然，不管是哪种资本，如果他们慎重行事，就可增进他们的财富。但是请注意，借资经商者要抽取一大部分利润偿还借款的利息，所以其财富的增进，要比自有资经商者迟缓许多。另外，即使行为一样慎重，农民耕地的改良也要比地主来得迟缓。原因在于，农民须将生产物的大部分缴作地租，而地主却可将这部分用来改良土地。

不仅如此，农民的地位远远低于地主。例如欧洲大部分地方，认为农民是下等公民，其地位甚至不如有些小商人和技师。还有比此更甚的是，在全欧洲各地，普遍将农民看得低于大商人和大制造商。世上没有几个大富豪，甘愿舍弃优越的地位，而与下等阶层人民一起。因此，即使是今天，欧洲其他行业的资本，仍很少会转到农业上来，做土地改良之用。

与欧洲其他国家比较，英国有较多资本转到农业上来改良土地，但即使如此，英国许多用于农业上的大资本，都是从农业中积累的（农业在所有职业中，财富的蓄积是最缓慢的）。尽管这样，大家知道，在所有国家里，最能改良土地的，首先是小地主，其次是富农，最后是大农。在欧洲君主国中，英格兰更是如此。另外，荷兰共和国及瑞士伯尔尼共和国的农民地位亦不亚于英格兰农民。

除了上述原因之外，还有其他古代欧洲的政策，不利于改良与开垦土地，不论进行此活动者是地主还是农民。例如，欧洲各地都规定，未经特许，一律禁止谷物输出；内地限制各种农产物包括谷物的贸易，并且禁止垄断、禁止零售、禁止囤积等。这些荒谬的做法，是为了确立集市市场的特权。我之前提到，古意大利土地非常肥沃，且又处于世界最大帝国的中心，然而由于禁止谷物输出和奖励外国谷物输入，其农耕的进展，亦不免受到诸多阻碍。至于其他国家，土地没有那样肥沃，位置没有那样有利，很难想象，由于限制谷物的内地贸易和禁止谷物输出，其耕作事业会受到何种程度的阻碍。

链接

消费者价格指数

消费者物价指数（Consumer Price Index）简称CPI，是反映与居民生活有关的产品及劳务价格统计出来的物价变动指标，通常作为观察通货膨胀水平的重要指标。如果消费者物价指数升幅过大，表明通胀已经成为经济不稳定因素，央行会有紧缩货币政策和财政政策的风险，从而造成经济前景不明朗。因此，该指数过高的升幅往往不被市场欢迎。

例如，在过去12个月，消费者物价指数上升2.3%，那表示，生活成本比12个月前平均上升2.3%。当生活成本提高时，你的金钱价值便随之下降。也就是说，一年前收到的一张100元纸币，今天只可以买到价值97.75元的货品及服务。一般来说，当CPI > 3%的增幅时我们称为 Inflation，就是通货膨胀；而当 CPI > 5％的增幅时，我们称为 Serious Inflation，就是严重的通货膨胀。

消费者价格指数，是对一个固定的消费品价格的衡量，主要反映消费者支付商品和劳务的价格变化情况，也是一种度量通货膨胀水平的工具，以百分比变化为表达形式。在美国构成该指标的主要商品共分七大类，其中包括：食品、酒和饮品住宅；衣着；交通；医药健康；娱乐；其他商品及服务。在美国，消费物价指数由劳工统计局每月公布，有两种不同的消费物价指数。一是工人和职员的消费价格指数，简称 CPW。二是城市消费者的消费价格指数，简称 CPIU。

CPI 价格指数指标十分重要，而且具有启示性，必须慎重把握。因为消费价价格指数水平表明消费者的购买能力，也反映经济的景气状况，如果该指数下跌，反映经济衰退，必然对货币汇率走势不利。但如果消费价格指数上升，汇率是否一定有利呢？不一定，须看消费价格指数升幅如何。倘若该指数升幅温和，则表示经济稳定向上，当然对该国货币有利，但如果该指数升幅过大却有不良影响，因为价格指数与购买能力成反比，物价越贵，货币的购买能力越低，必然对该国货币不利。如果考虑对利率的影响，则该指标对外汇汇率的影响作用更加复杂。当一国的消费价格指数上升时，表明该国的通货膨胀率上升，亦即是货币的购买力减弱，按照购买力平价理论，该国的货币应走弱。相反，当一国的消费价格指数下降时，表明该国的通货膨胀率下降，亦即货币的购买力上升，按照购买力平价理论，该国的货币应走强。但是由于各个国家均以控制通货膨胀为首要任务，通货膨胀上升同时亦带来利率上升的机会，因此，反而利好该货币。假如通货膨胀率受到控制而下跌，利率亦同时趋于回落，反而会利淡该地区的货币了。降低通货膨胀率的政策会导致金融危机，这是拉美国家常见的现象。

城市的兴起与发展

城市居民的情况，当初也是相当卑贱的，但较之乡村耕作者，他们取得自由与独立的时间，还是要早很多。

古代希腊共和国、意大利共和国时期，这些国家的居民绝大多数为地主，他们分占公地，并让房屋毗连，在外环围墙，以便于外敌入侵时共同防御。这与罗马帝国崩溃后的居民状况大不相同。罗马帝国崩溃后，地主大都散居于各自领地的城寨内，住在各自的佃农及属民中间。市镇上的居民，大都是商人和技工。他们的境况，并不比农村居民好，其处境无异于或近似于隶役。例如，不经领主许可不可以自由嫁女；居民死后，他的财物不可由儿孙继承，而由领主领取；居民自身的遗产，不可自由处分（这些，可从此后各宪章赋予欧洲各都市居民的权利中得到反证）。总而言之，他们和农村耕作者几乎甚至全然一样，处于贱奴状态。

这些人，贫困而低贱，像今天拉车荷担的小贩一样，他们肩挑背扛，过市赶墟，从这里跑到那里，夙兴夜寐，奔波劳碌。当他们经过某些采邑，路过某些城门，穿过某些桥梁，踏上某些道路，准备设摊售货的时候，那些欧洲各国的政府官吏，就会把赋税强加在他们的人身与货物上，像现在亚洲的鞑靼政府一样。这些税，在英格兰分别被叫做过界税、过桥税、落地税以及摊税。

有时，国王以及在某些场合可行使类似国王权力的大领主，会格外开恩，从而特许某些商人，尤其是住在他们领地内的商人，免缴各种赋税。这些商人被称为自由商人，尽管在其他方面，他们的地位与隶役一样或者极为相似。为报答保护者的保护，这些所谓的自由商人通常每年会缴纳若干人头税，否则保护者们就不会提供相应的保护。换言之，这所谓的人头税是他们提供给保护者的补偿，因为保护者舍弃了其他税收。这样的交换，当初只限于个人，其期限要么取决于被保护者自身，要么取决于保护者的好恶。上述事实在英国土地清丈册中有不完全的记载。这些册子中常常提及，某某市民上缴给国王或大领主人头税若干，以寻求保护。有时，它又只记录这些人缴纳税赋的总和。

国王收入的一部分来自于都市居民的人头税，这一部分收入，一般由国王制定比例额度，在一定期限内承包给该市长官或其他人集中征收。除此之外，市民自己也可以争取并获得这样的许可，来征收他们本市的人头税，从而联合负责这全部税额，这就是所谓的包税。这种收税方法，应当是适合欧洲各国国王的一般经济的，因为他们在此之前就已经把庄园全部的税收，交由庄园全体佃农包办，并对这税收负连带责任。当然，这种办法对佃农也有利。同样，包税的办法对市民也有利。他们可按自己的喜好从事稽征，并通过自聘人员之手将税款缴纳于国库，不必再受国王派出的吏役的横暴了。这在当时是一件极重大的事。

包税之初，和农民包办庄园的税相同，市民包办城市的税，是有一定年限的。后来，随着时代的推进，逐渐变成永久的。而且税额一旦固定，以后永远都不能再增加。税额既然已具永久性，则以纳此税为条件的其他各种赋税的豁免，便也成了永久的。依次类推，则其他各税的豁免，便不限于个别的人，而属于特殊城市内的一切市民了。这个城市，因此成为所谓自由市；同理，市民成为所谓自由市民或自由商人。

自由市民或自由商人同时拥有以下重要特权，即嫁女自由权、儿女承继权与遗嘱权。至于贸易自由权是否常伴随这些特权，赐予作为个人的个别市民，我不得而知，可能真是这样，但我没有直接的证据。但是不管怎么说，贱奴制度及奴隶制度的主要属性，就这样从他们身上消除了。至少，从这个时候起，他们在我们现在所说的自由这个词的意义上，是自由了。

获得自由以后，市民们还设立自治机关，这种机关有权推举市长，设立市议会，设立市政府，颁布市法规，建筑城堡以自卫，召集居民训练，以备战事、任防守。一旦遇到敌人进攻或其他意外事情，凡是居民，都必须不分昼夜，尽防卫责任。在英格兰，他们一般可不受郡裁判所和州裁判所的管辖；除公诉外，所有诉讼都可由市长判决。在其他各国，市长拥有的裁判权更大。

在某个城市，如果市税由市民包办，那么，就会赋予它们某种裁判权，用以强迫市民纳税。倘若不赋予它们这种裁判权，而让法庭进行裁决，就必然造成混乱和遇到极大的困难。

然而，令人奇怪的是，欧洲大多数君主却喜欢用那种固定的、不得增加的租税来代替这部分税收。这样，他们就不必劳神费财，而租税也能够及时收取并不断地增长。

除此之外，还有一点更加奇怪，欧洲的君主们竟然自动地在他们领土的中心，建立一种独立的民主国。

为阐释其中原因，就要从当时的时代背景说起。

当时的欧洲各国，局势混乱，没有一个君主有能力保护国内的弱小人民，使其不被大领主压迫。这些弱小人民，在内没有国法保护，对外又无力自卫，可以选择的只有两条路：或者投身某大领主为奴，乞求保护；或者联合起来，共同守卫，彼此相互保护。诚然，单个的城市居民不能自卫，但一旦建立攻守同盟，则力量不可小视。

领主看不起市民，一方面因为市民的身份与己不同，另一方面因为市民前身是奴隶，后来得以释放，其族类更与己不同。所以，领主对于市民的富裕，常常怀有嫉妒愤怒之心。只要有机会就横加欺凌与压迫，这些必然导致市民对领主的畏惧和嫉恨。

同样，国王也对领主充满畏惧和嫉恨，但同时他也鄙视市民，不过不会嫉恨他们、畏惧他们。为了共同的利益，国王与市民互结同盟，共抗领主。

国王的敌人是领主，领主的敌人是市民，因此，出于自身利益考虑，国王会尽力帮助市民，稳固市民的地位。他给予市民种种权力，比如推举市长，制订市法规，建筑城堡自卫，进行军事训练等。市民有了独立安全的手段，最终不必再去依靠领主——这个国王的敌人。

二者结成的自由同盟如果要维系永久的安全，并且能较大地援助国王，必须成立正常的政府组织，以强制居民服从。这就是君主国中心存在独立民主国的原因。至于前文提到的，国王把市税永久包给市民，是为了拉拢市民与其结盟，打消他们的疑惧，同时向他们表明，将来不会再压迫他们，也不会把税额提高或把税包给别人。

国王常常因为憎恨领主而宽待市民，比如英格兰国王约翰，对市民就相当宽容。法兰西腓力普一世，完全无法统率领主，所以其子路易与国内各主教商议，如何用最适当的方法推翻领主的残暴统治。

有关取缔领主权力的办法，主教们的提议可从两方面出发：其一是政治方面，建议在国王领土范围内的各大城市，全部设立市长和市议会，从而创新管理体系；其二是军事方面，召集城市居民组成新的民军，听任市长调遣并在必要时援助国王。

据历史学家考证，就是在这时，法兰西创立了市长制度和市议会制度；在德意志，正是在苏阿比亚王统治衰弱时期，大部分自由市才获得这种特权；著名的汉萨同盟，也是借此才得以崭露头角。

在市民与领主的斗争中，都市民军常常处于优势地位，因为其力量已经与领主领导的乡村民军不相上下，而且一旦有事比他们更容易集合。与此不同的是，意大利、瑞士、伯尔尼等地的都市，要么离首府所在地太远，要么本身天然具备对抗力量，要么还有其他缘故，君主已无权力或无能力统治，它们大都逐渐发展为独立的民主社会。它们迫使当地贵族拆毁乡间城堡，与平民一样居住在都市内，贵族就这样被征服了。12 世纪末至 16 世纪初，意大利除威尼斯之外的无数大民主国屡起屡灭，其都市的历史大部分与此类似。

但是都市还是没能完全独立，这是因为英国与法国的国王权力没能全部消灭，最多不过稍有衰落。尽管如此，市民势力还是日渐扩张，比如国王要征税，除了上游的市税以外，其他一切赋税，必须市民同意，才可以征收。如果国王遇到急事，就通诏全国各市派遣代表，出席国会。这些代表与牧师贵族一起商议，是否给予国王特别的经济援助。市民代表一般是袒护国王的，因此有时会被国王利用，以此抵抗议会内大领主的权力。市民代表出席欧洲各大君主国的国会的起因，便由此而来。

在都市，秩序良好的政府以及个人自由安全，就这样得以确立。与此不同的是，在乡村，农民依然处于贵族的迫害之下，根本无力自卫，而且不敢拥有更多财富，生怕招惹压迫者更苛刻的剥夺。这种情况下，自然满足于仅够生存的生活资料。

相反，如果人们能够亲自享受自己的劳动果实，同时可以自由把握它时，他们就会努力来改善自身的境遇。除了获取生活必需品，还要取得生活上的便利品和娱乐品。以生产生活必需品以外的东西为目的的产业，就这样在都市产生了，在时间上要比农村早。

在领主统治范围内生存的贫穷农民，必须小心掩藏仅有的积蓄，生怕被领主看见占为己有。他们一有机会，就逃往都市。当时法律对市民相当宽纵，同时热切期望削减领主对农民的权力，所以规定，只要农民逃往都市一年内不为领主所擒获，就可永享自由。这法律大大鼓励了乡村勤劳居民，他们一有蓄积，自然逃往都市，寻求他们唯一安全的避难所。

从根本上说，农村是城市居民的食品、材料和产业手段的出产地。不过，居住在近海岸沿河边的城市居民，除了从邻村获取这些物品外，还有更广阔的范围。他们不但可以用自身工业的制造品就近交换，而且可以通过经营遥远国家间的运送业，以甲国产物交换乙国产物，从远地取得他们所需要的种种物品。

这样一来，这个城市就可以发达起来并日臻富强，不管其邻近各农村如何贫乏，也不管与之通商的各个农村如何衰落。这个原因在于，单独而言，每个农村为它提供的食料与雇佣机会也许有限，但综合起来，却极为可观。

正是出于上述原因，虽然那时的商业范围极为狭隘，但是有些国家仍然很富裕、产业很发达。相关的例子有，未被土耳其人征服的埃及，未曾灭亡时的希腊帝国，巴伯里海岸某地，摩尔人统治下的西班牙各省，亚巴西德统治下的撒拉逊人的帝国等

意大利各城市是欧洲地区最早通过商业致富的国家。当时，意大利处于世界的文明与进步的中心。在远征时期，是十字军的必经之地。为了争

取从圣地各地出发的大军，在威尼斯、热那亚和比萨各城市，政府对航海业给予极大的鼓励。十字军有时从这里乘船渡过，粮食常常都交由这些城市供给。它们相当于十字军大军的辎重队。

十字军所到之处，破坏了许多财富，伤害了许多居民，妨碍了欧洲大部分地方的进步，但对于意大利若干城市而言，却正好相反，这些城市借由十字军而大力发展起来。可以说，十字军是欧洲其他各国的祸首，却是这些民主国富裕的源泉。

一般来说，富国的大富翁都有不满足的虚荣心，利用这一点，商业城市的居民将本国的制造品和奢侈品与富国的大量土地生产物交换。所以，当时欧洲大部分商业，主要是以本国土地生产物交换文明国的制造品。比如，波兰的谷物常与法兰西的葡萄酒、白兰地酒交换，还与法兰西、意大利的丝绒交换；英格兰的羊毛常与法兰西的葡萄酒、弗兰德的精制呢绒交换。

通过国外贸易，奢侈品被逐渐普及到未有精制造业的国家。这种嗜好一经普及，便引起国内很大的需要。商人出于降低成本的考虑，要减掉运输费，必然会想到在本国建立同种制造业。这就是罗马帝国崩溃后，西欧各地制造业建立的由来。这些制造业一般都是为远地销售而建立的。

但是请注意，完全没有制造业的大国，在这世界上从未存在过，也决不可能存在。我所说的制造业，是指精良进步或适于远地销售的制造业。在无精良进步制造业的贫国，大部分居民穿的衣服、用的家具，都是本国产的；而在有精良进步制造业的富国，其下等阶级人民日用的衣服家具，反而有大部分是国外的产物。

各国适于远地销售的制造业，有两种情况。

其中一种是由国内商人和企业家仿效外国某种制造业，全力以赴投资经营的。这是国外通商的结果。13 世纪盛行于路卡地方的绸制造业、绒制造业、缎制造业，就是这种情况。

这种制造业，后被卡斯特拉卡尼的暴令所驱逐。1310 年，有 900 家制造业被逐出路卡，其中有 31 家制造业经当地官吏准许，给以多种特权，被建议退往威尼斯开办绸业。创设绸业之初，即雇有工人 300 名。在古代兴起于弗兰德，在伊丽莎白时代传入英格兰，现在盛行于里昂、斯皮塔菲尔的呢绒业，其发生与发展大概也是这样的。

因为是仿效外国，这种制造业大部分使用外国材料。例如威尼斯制造业建立之初，一切材料都从西西里及利文运来。更久以前的路卡制造业，其所用的材料亦从外国运来。

16世纪以前的意大利北部人，几乎不知道桑树的培植、蚕虫的饲养。在查理九世时代，种桑养蚕的技术才传入法国。现在里昂制造业所用的丝，亦大半是外国产的。而在创业之初，它全部的丝织材料几乎都产自外国。

西班牙和英格兰羊毛，是弗兰德制造业所用的原料。适于远地销售的毛织业，最初所采用的材料是西班牙羊毛，尽管它不是英格兰毛织物最初采用的材料。斯皮塔菲尔制造业所用的材料，几乎都不是英国产物。

这些制造业大部分是私人创办的，其地址有时在滨海的都市，有时在内陆的都市，全视创办人的利害关系和主意而定。

另外一种适于远地销售的制造业，是由家用品制造业和粗物制造业逐渐改良而成的。我在上文提到，就算是最贫穷落后的国家，也会有家用品制造业和粗物制造业。由它们逐渐改良而来的制造业，一般都使用本国出产的材料。

最初，这些材料往往是在内地加工的，这些内地通常离海岸很远，甚至离可通航运的水路也很远。但是，内地土壤肥沃，耕作容易，物产丰富，土地产物除了维持耕作者生活所需外，还有很多剩余。可惜这种剩余因陆运费太贵，航运不便，不易运往外地。由于出产丰饶，粮食低廉，大大鼓励了工人们选择住在那里。

在内地，工人一样的劳动，却可获得更多的生活必需品和便利品。因为材料是本地出产的，加工后即为制成品，制成品的价格自然比原出产物要高，用它可以换得更多的材料和粮食。

与此同时，内地制成品可以节省由内地到沿河沿海各地或遥远市场的运输费，从而给剩余部分产品增加了新的价值。这样，耕者可以用较低价格买到他们所需要的生活便利品，同时可以用较高价格将剩余部分农产品出售给当地的工人。

这些极大地鼓励了农民，并使他们有能力进一步改良、耕作土地，从而增加更多的剩余农产品。土地肥沃，促使制造业产生，而制造业的发展，又反过来增进土地的出产量。开始，制造业仅供应本地；后来，产品精致改良了，便能供应远地的市场。因为，原生产物以及粗制造品往往很难担负运往远方的费用，而精制造品却不会有这种困难。

精良制造品容积虽小，却往往包含大量原生产物的价格。一匹精制呢绒虽仅重几十磅，但所含价格，却不仅是几十磅羊毛的价格，还包含着几千磅谷物的价格。这些谷物，是各种工人及其直接雇主的生活资料，如果以原生的形态运往海外是相当困难的，但是以精制品的形态运送，则相当容易，就算是天涯海角也可以轻松到达。利斯、赫利法克、设菲尔德、伯明翰、沃弗汉普顿等地的制造业，就是这样自然地发展起来的。

这种制造业是农业促成的。与第一种由对外贸易促成的制造业相比，其推广与改进，在欧洲现代史上要迟一些。典型的例子是，英格兰用西班牙羊毛为原料的精制呢绒业早已闻名于世，而那些由农业发展起来的制造业，在此一百多年后才繁荣起来。

由农业推进的制造业，是随着农业的发展而推广、改进的，而农业的推广与改进，又是国外贸易和直接由此而产生的制造业的最后和最大的结果。关于这一点，我将在下文详述。

链接

GDP 与 GNP

GDP 即英文“Gross Domestic Product”的缩写，也就是国内生产总值。它是对一国（地区）经济在核算期内所有常住单位生产的最终产品总量的度量，常常被看成是显示一个国家（地区）经济状况的重要指标。生产过程中的新增加值，包括劳动者新创造的价值和固定资产的磨损价值，但不包含生产过程中作为中间投入的价值；在实物构成上，是当期生产的最终产品，包含用于消费、积累及净出口的产品，但不包含各种被其他部门消耗的中间产品。GDP 的测算有三种方法：

生产法：GDP =Σ各产业部门的总产出 –Σ各产业部门的中间消耗；收入法：GDP =Σ各产业部门劳动者报酬＋Σ各产业部门固定资产折旧＋Σ各产业部门生产税净额＋Σ各产业部门营业利润；

支出法：GDP ＝总消费＋总投资＋净出口。

国内生产总值（GDP）与国民生产总值（GNP) 是两个既有联系又有区别的指标。它们都是核算社会生产成果和反映宏观经济的总量指标，但因其计算口径不同，二者又有所区别。

国内生产总值是指一个国家或地区范围内反映所有常住单位生产活动成果的指标。所谓常住单位，是指在一国经济领土内具有经济利益中心的经济单位。所谓生产活动包括三次产业在内的所有行业和部门，在价值形态上它等于国民经济各部门生产的增加值之和。

国民生产总值是指一个国家或地区范围内的所有常住单位，在一定时期内实际收到的原始收入（指劳动者报酬、生产税净额、固定资产折旧和营业盈余等）总和价值。本国常住者通过在国外投资或到国外工作所获得的收入（称之为从国外得到的要素收入)，应计入本国国民生产总值。而非本国国民在本国领土范围内的投资或工作所获得的收入（称之为支付给国外的要素收入)，则不应计入本国的国民生产总值中去。因此，国民生产总值可以用国内生产总值加上本国常住单位从国外得到的净要素收入（从国外得到的要素收入 – 支付给国外的要素收入)。更直观地讲，国民生产总值等于国内生产总值加上从国外获得的劳动报酬、投资收益（包括红利、股息和利息等）的净额。即：国民生产总值 = 国内生产总值＋国外净要素收入。国民生产总值是“收入”的概念。

国内生产总值与国民生产总值之间的主要区别，前者强调的是创造的增加值，是“生产”的概念，后者强调的则是获得的原始收入。一般来讲，各国的国民生产总值与国内生产总值二者相差数额不大，但如果某国在国外有大量投资和大批劳工的话，则该国的国民生产总值往往会大于国内生产总值。

都市工商业对农村改良的贡献

概括而言，都市工商业的增加与富裕，对农村的改良与发展有以下三大贡献：

首先，为农村的土地生产物提供一个巨大而便利的市场，从而鼓励了农村土地的开发与进一步的改进。

其次，城市资本转入农村，为土地的改良提供了有利条件。都市居民获得财富后，常会购置土地，而且很大一部分往往是尚未开垦的土地，他们由此而变为乡绅，这一直是他们的渴望。他们大都是商人出身，具有商人的特性，这种特性最有利于改良土地。他们是务实的，常用钱来经营有利的事业。他们投入一分钱，就希望有回报，有利润。他们勇敢、爱秩序、节省、谨慎。这些性情和脾气，更适合进行土地上的任何改良，他们改良土地，一定会成功，会获利。他们不同于乡绅，乡绅奢侈、胆怯，不利于改良土地。

最后，还有一点往往不为世人所注意，却是最重要的：农村居民一向与邻人争斗，对雇主依附。工商业的发达，逐渐使他们获得秩序、组织、个人的安全和自由。

在农村，既无国外贸易又无精制造业，处于一种无物可以交换的状态。对于大部分剩余的土地生产物，一个地主所能做的，就是用它来待客。这是一种无谓的花费。

对于大领主而言，佃耕者无异于奴仆，即使不是贱奴，也是可随意退租的佃农。他们所交纳的地租，无论如何，也无法与地主所提供的生活资料相提并论。自然而然，他们对大领主极其依赖。这必然导致大领主对佃农和家奴的驾驭，并且具有权威性。而这种权威，正是一切古代贵族权力的基础。和平时期，他们是境内居民的裁判者；战争时期，他们是境内居民的统领者，他们统率境内居民抗击入侵者。对境内居民而言，他们是治安的维持人，是法律的执行者。领主具有至高的权力，甚至连国王也没有这样的权力。在古代，国王只不过是领土内最大的领主，其他领主，只为共同防御共同敌人，才给他一定程度的尊敬。

推行封建法律，其初衷并非加强封建领主的权力，而是要削弱他们的权力。与此同时，封建法律还为各阶层制定等级，确定各自的职守和义务，上至国王，下至最下级的领主，莫不如此。

封建法律还规定，未成年领主有其上司，也就是国王，掌握其土地的管理权，并领受其所有土地的地租。同时，国王有保护教育这些未成年领主的义务与责任。在领主成年时，国王要为其选择身份相称的对象，以监护人的资格为之婚娶。

然而，这种法律推行的目的与完善实施的结果仍有很大差距：本意是要扩大国王的权力，减小大领主的权力；而实际情况是，由于领主的权力过大，导致政府的权力过小。乡村居民仍不能获得安宁的秩序和良好的政府，因为这样的法律仍无力彻底变革纷乱的财产制度与风习。

“专门为己，毫不利人”，应该是一切时代大领主可耻的座右铭。之前，这些大领主管辖着大量的佃户，强制其交纳地租或粮食，同时，从中抽取一部分价值提供给他们作为生产生活资料，也由此树立其在佃户中的权威性。当然，这同时也意味着他要和别人共同享受部分地租价值。现在，政府用金钱与他交换，条件是必须放弃对佃户的辖治，给他们以自由。这些领主发现，这样一来，他们就可以由自己来单独消费相当于之前所收地租的全部价值，而无需再向谁提供生产生活资料从而不得不与其分享部分地租价值，也不再对这些人具有权威性，领主们选择了金钱，放弃了权威。

就这样，大领主们卖掉了他们那与生俱来的权力。从此，他们也就变得像城市中的殷实市民或商人一样平庸了。

佃农们独立了，大领主没有理由再干涉法律的正常执行，再扰乱地方的治安了。于是，在城市，在乡村，都设立了正常的政府。没有谁能扰乱都市的政治，也没有谁能扰乱乡村的政治了。

另外，在此插叙一件可能与本文主题无关的事。在商业发达的国家，那种拥有大宗地产，并将其子子孙孙世代相传的富豪世家并不多见；而在商业不发达的国家，却相当多，比如威尔士、苏格兰高地等。其原因在于，商业发达国家富人收入的最大部分全部归个人消费，他的消费往往极无限制，因其个人虚荣心往往是无限制的、永不满足的。即使有极严厉的法规取缔挥霍浪费，长期富裕的家庭仍属罕见；而与此相反，商业不发达国家的富人收入只能用于养活尽量多的人，他们不太可能遍施仁爱，企图养活超过他所能养活的人数而大肆挥霍，因此即使没有法规取缔，亦多长富之家。

大领主的消失，自由市民政府的建立，对于公众幸福而言，是一场极重要的革命。但促使这种革命完成的，却颇令人意外，是两个全然不顾公众幸福的阶级：只为满足个人虚荣心的大领主和一心只为己牟利的商人、工匠。后者虽不像前者那样可笑，但他们也只为一己的利益行事，所求的，只是到一个可赚钱的地方去赚钱。大领主的痴愚，商人、工匠的勤劳，终于促使这次革命完成了，但他们却既不了解，亦未预见这种革命。

所以说，在欧洲大部分地方，城市工商业是农村改良与开发的原因，而不是它的结果。但是因为这种发展与自然趋势相反，所以是迟缓和不确定的。试比较一下，以工商业为国富基础的欧洲各国，与以农业为国富基础的英国北美殖民地相比，前者进步迟缓，后者进步急速。欧洲大部分地方的居民数目，在近五百年中，增加不到一倍；而英国北美殖民地有些地方的居民数目，在不到30年中，就增加了整整一倍。

然而，不管哪个国家，通过工商业获得的资本，如果其中某一部分已在土地耕作与改良事业上得到保障和实现，或者资本已散在地面成为建筑物，成为土地永久改良物，那这资本才算是可靠的，否则就是极不确定的财产。

有人说，商人是无国籍的公民，其资本也不单属于某一国，确是言之有理。因为营业地点固定在何处，于他而言，并无太大意义。一旦他们对甲国感到哪怕极微小的厌恶，就会不辞劳苦地把资本从甲国迁到乙国。这样一来，随着资本的迁移，资本所维持的产业，也会移动。另外，战争与政治上的一般变革，也会极易耗竭以商业为唯一来源的富源。

与此相反，通过比较可靠的农业改良而产生的富源就持久得多。除了比较激烈的大变动，如罗马帝国崩溃前后西欧的大变动外，其他任何事件都不会轻易破坏它。

链接

城乡一体化

城乡一体化的思想早在20世纪就已经产生了。我国在改革开放后，特别是在20世纪80年代末期，由于历史上形成的城乡之间隔离发展，各种经济社会矛盾出现，城乡一体化思想逐渐受到重视。近年来，许多学者对城乡一体化的概念和内涵进行了研究，但由于它涉及社会经济、生态环境、文化生活、空间景观等诸多方面，人们对城乡一体化的理解有所不同。

社会学和人类学界从城乡关系的角度出发，认为城乡一体化是指相对发达的城市和相对落后的农村，打破相互分割的壁垒，逐步实现生产要素的合理流动和优化组合，促使生产力在城乡之间合理分布，城乡经济和社会生活紧密结合与协调发展，逐步缩小直至消灭城乡之间的基本差别，从而使城市和乡村融为一体。经济学界则从经济发展规律和生产力合理布局角度出发，认为城乡一体化是现代经济中农业和工业联系日益增强的客观要求，是指统一布局城乡经济，加强城乡之间的经济交流与协作，使城乡生产力优化分工，合理布局、协调发展，以取得最佳的经济效益。有的学者仅讨论城乡工业的协调发展，可称为“城乡工业一体化”。规划学者是从空间的角度对城乡结合部做出统一的规划，即对具有一定内在关联的城乡物质和精神要素进行系统安排。生态、环境学者是从生态环境的角度，认为城乡一体化是对城乡生态环境的有机结合，保证自然生态过程畅通有序，促进城乡健康、协调发展。

我们认为，城乡一体化是城市化发展的一个新阶段，是随着生产力的发展而促进城乡居民生产生活方式和居住方式变化的过程，是城乡人口、技术、资本、资源等要素相互融合，互为资源，互为市场，互相服务，逐步达到城乡之间在经济、社会、文化、生态上协调发展的过程。城乡一体化就是要把工业与农业、城市与乡村、城镇居民与农村居民作为一个整体，统筹谋划、综合研究，通过体制改革和政策调整，促进城乡在规划建设、产业发展、市场信息、政策措施、生态环境保护、社会事业发展的一体化，改变长期形成的城乡二元经济结构，实现城乡在政策上的平等、产业发展上的互补、国民待遇上的一致，让农民享受到与城镇居民同样的文明和实惠，使整个城乡经济社会全面、协调、可持续发展。城乡一体化，是一项重大而深刻的社会变革。这不仅是思想观念的更新，也是政策措施的变化；不仅是发展思路和增长方式的转变，也是产业布局和利益关系的调整；不仅是体制和机制的创新，也是领导方式和工作方法的改进。对于城乡一体化的根本，应该废除原有的城乡二元体制制度。改革户籍制度，废除现行的人口流动管制。

(1) 稳步推进城市化

我国农民人均占有资源太少是制约农民收入增长的根本原因。农业是耕地密集型和水资源密集型产业，然而我国人均耕地不到世界人均耕地的1/2，人均水资源仅为世界人均的1/4。我国农民人均耕地约为世界农村人均耕地的1/3。由于农户经营规模太小，粮食和许多大宗农产品，如棉花、油料等生产费用高，使得我国大多数农产品的生产成本过高，纯收益率太低。要增加农民的收入就要在推进工业化的过程中稳步推进城市化，减少农民数量，增加农民人均占有资源量，这是增加其收入的根本出路。推进城市化的重要前提条件是，改变我国的二元户籍管理制度，为农村剩余劳动力向城镇转移创造条件。农民向城镇转移主要靠市场的力量，但是也需要政府加强引导。在工业化和城市化过程中，特别需要保护失地农民的合法权益。

(2) 调整国民收入分配结构，加大对农村的支持力度

长期以来，我国固定资产投资比重过高，消费比重太低，经济增长过分依赖固定资产投资的增长，消费对经济增长的拉动力比较小。投资比重过高也是我国居民特别是农村居民消费增长缓慢的一个原因。我国应该调整投资与消费的比例，逐步提高消费比重，降低投资的比重，使投资与消费的比例逐步达到能够使经济长期保持稳定快速增长的水平。与此同时，还需要大力调整国民收入分配结构，中央政府应该逐步增加对于中西部地区和广大农村的转移支付，建立公平合理的农村义务教育体制；积极探索农村医疗和基本社会保障制度的创新问题，为今后从根本上解决农村社会保障问题创造条件。要做到这一点，需要通过不断完善税收制度，强化对高收入人群的税收征管，逐步增加财政收入占 GDP 的比重，提高中央政府对于国民收入再分配的能力。

（3）建立全国统一的劳动力市场

解决城乡收入差距问题，当务之急是应该从体制上解决城乡居民机会不均等和劳动力市场的地区分割问题。我国需要创造尽快取消对农村居民的各种非国民待遇的政策规定的条件，取消现存的城乡分割的劳动力市场，逐步建立全国统一的劳动力市场，使得农民享有与城镇居民均等的就业机会和公平竞争的市场与法律环境。

（4）精简乡镇政府机构

农民负担过重一直是制约农民收入和消费增长的一个重要因素。而乡镇政府机构庞大、人员臃肿则是农民负担过重的主要原因之一。有资料表明，全国乡级供养人员达 800 多万人，每个乡镇平均 200 人左右，大大超出了农民的承受能力。因此，精简乡镇政府机构，缩减政府办事人员数量，改革乡镇财政体制，是减轻农民负担，增加农民收入的途径之一。2004 年，由于积极贯彻中央政府减轻农民负担的各项方针政策，使其取得重大成绩。目前需要积极探索如何建立防止农民负担反弹的长效机制，巩固改革成果。今后随着城市化的发展，农村居民逐步减少，应该相应地及时减少乡镇政府机构编制，缩减办事人员数量。

（5）依靠科技和制度创新繁荣农村经济

改革开放以来，科技进步极大地促进了我国农业增产，农民增收。今后需要继续加强农业科技研究，通过引进良种，推广先进的农业技术等措施促进农业丰收，提高农民收入。与此同时，还需要健全农业社会化的服务体系，逐步建立起比较完善的农产品流通体系；积极支持发展多种形式的农村专业合作组织，鼓励龙头工商企业与农户合作经营；大力发展农产品加工业，促进农村第二、三产业的发展。资金短缺和农村金融服务体系不健全一直是制约农村经济发展的重要因素之一。要繁荣农村经济，首先需要深化农村金融体制改革。在继续深化农村信用社改革的同时，需要探索发展新的农村合作金融组织，以支持农村经济的发展。

第四章

论重商主义与重农主义

被视为政治家或立法家的一门科学——政治经济学，提出两个不同的目标：第一，给人民提供充足的收入或生计，或者更确切地说，使人民能给自己提供这样的收入或生计；第二，给国家或社会提供充分的收入，使公务得以进行。总之，其目的在于富国裕民。

不同时代不同国民的富裕程度不同，曾产生两种不同的关于富国裕民的政治经济学体系，其一可称为重商主义，其二可称为重农主义。关于这两个主义，亚当·斯密将从重商主义开始，尽其所能，做了详细明了的说明。

重商主义的原理

货币既是商品交易的媒介，又是商品价值的尺度，因此，财富是由货币构成就成为了最普遍的观念。

正因为货币是商品交易的媒介，所以，我们使用货币比使用任何其他东西，更容易获得所需要的物品。在我们看来，获取货币是一件非常重要的事情，因为没有货币，我们将很难获得想要的东西；反之，则变得非常容易。

也正因为货币是商品价值的尺度，所以，我们通常用商品所能换得的货币量来估算商品的价值。

生活中，拥有少量货币的人，我们称之为穷人；拥有大量货币的人，我们称之为富人。节俭、朴素、想要发财的人，我们称之为热爱货币的人；不谨慎、不在意、对财富毫不关心的人，我们称之为漠视货币的人。事实上，无论从哪一方面来说，货币与财富几乎是相等的，常常被视为同义词。

如同说什么是富人一样，说一个国家是否富足，往往看其拥有货币（金银）的多少。无论在哪一个国家，贮积金银被视为致富的最佳捷径之一。

美洲大陆被发现以后，在相当长的一段时期内，西班牙人每到一个新的海岸，所要思考和确定的首要问题是附近有没有金银。如果有，那么这个地方就被判断为有价值；反之，则被判断为没有价值，从而使他们失去征服的欲望。

从前，法兰西国王派使臣去见成吉思汗的一位闻名遐迩的王子。据这位使臣说，鞑靼人常常问到的问题是，法兰西国的牛羊多不多。事实上，鞑靼人的问题与西班牙人的问题有同样的目的。鞑靼人是想知道，法兰西国是否富裕，是不是值得他们去征服。在鞑靼人看来，牲畜既是商品交易的媒介，又是商品价值的尺度，在他们的观念里，财富是由牲畜构成，而不是货币。

约翰·洛克先生曾经指出，货币与其他各种动产有着很大的区别：其他各种动产非常容易消耗，而由这些动产构成的财富并不那么牢靠——今天富有这些动产的国家，即使没有输出，只要不懂得节约，来年就可能缺少这些动产。

相反，约翰·洛克先生认为，货币是一个可靠的朋友。货币虽然从一个人转给另一个人，但如果其只在国内流通而不流出国外，它就不容易被消耗浪费。因此，在他看来，金银是一个国家动产中最坚固、最可靠的部分。正因为此，努力增加这种金属，应该被视为一个国家政治经济的重要目标。

还有些人则认为，一个国家如果能脱离全世界而存在，那么，无论其国内有多少流通的货币，都没有任何关系。

他们认为，在这样的国家，借助货币流通的消费品，只会换取或多或少的货币。而这样的国家是贫还是富，不取决于其货币量的多少，而完全取决于其可供消费的消费品的多少。

然而，对于那些与国外发生联系，并且有时不得不对外宣战，因而有必要在遥远的地方维持军队的国家，他们的看法却大为不同。他们指出，这样的国家，要想维持远在外地的军队，就必须输出货币来给予补给，而要想输出足够的货币，在其国内必须有充足的货币。因此，这些国家必须尽量在和平时期多积累金银，一旦需要远征，才有足够的财力维持下去。

正因为上述观念的流行，欧洲各国大都采取严峻的刑罚和繁重的关税来禁止金银的输出，这给跨国经营的商人带来了极大的不便。因为用其他媒介来代替金银购买商品，远没有用金银购买来得方便。于是，出现了反对以上禁令的声音。

其一，因购买外国商品而输出金银，不一定会减少本国的金银量，事实上，很多时候本国的金银量还会因此而增加。这是因为可以将本国消费不了的商品再输送到国外去，以赚取高额利润，这往往可以赚取比原来花费更多的金银。

其二，禁令并不能彻底阻止金银输出，因为金银的体积很小，非常容易向国外走私，因此，真正需要做的是——适当地控制贸易差额。因为，当一个国家输入商品价值大于输出商品价值时，这一国家的金银量就相应减少；反之，当一个国家输出商品价值大于输入商品价值时，这一国家的金银量就相应增加。所以，禁令并不能真正阻止金银输出，只会给金银输出增加风险和费用。

在我看来，在上述理由中，关于金银输出有利于国家贸易的论述是正确的，而关于禁令并不能真正阻止金银输出的论述也是正确的。但关于国家应该将主要精力用于保持或增加金银数量而不是保持或增加本国其他有用商品数量的论述，则有失偏颇。此外，认为汇兑偏高必然加剧贸易逆差的程度从而导致金银大量输出的说法，也是强词夺理。

事实上，高汇兑必然使购买外国汇票的本国商人付给银行更多的货币，但高汇兑会迫使商人通过减少进口来努力平抑贸易差额，而且高汇兑也会使国人减少对国外高价商品的消费。所以，高汇兑不但不会加剧贸易逆差，还会减少贸易差额，从而在一定程度上减少金银的输出。

但是，商人们的议论还是逐渐被国会、王公、贵族采纳了，许多国家开始将对金银输出的监管转移到对贸易差额的监管。事实上，这样的做法同样徒劳无益。

这样做的直接后果是，对外贸易被放在了极高的位置，以至于国内贸易被轻视，甚至被视为对外贸易的附属。其理由是，国内贸易并不能从国外带回金银，也无法向国外输出金银，所以，除非国内贸易可以间接影响对外贸易，否则它就与国家的贫富无关。

毋庸置疑，金银也是一种商品，并具有一定的价格。因此，如果一个国家没有矿山，那么，它就可以从国外进口金银，这就如同没有葡萄园的国家向国外进口葡萄酒一样。

不过，国家没有必要过于关注对金银的进口。事实上，这一行为和葡萄酒的进口没有什么本质的区别。一个国家在需要葡萄酒时，只要有资金就可以购买到葡萄酒。同样，一个国家在需要金银时，只要有资金就同样可以购买到金银。

任何一个国家所拥有的金银超过了其有效需求，这一国家无论如何警惕都不可能阻止其出口。反之，任何一个国家所拥有的金银不能满足其有效需求，这一国家也无需过于关注对金银的进口。

事实上，金银从富足的地方流通到稀缺的地方是如此容易，以至于好像是一种自然的行为。此外，相对于大多数商品而言，金银的价格要稳定得多。当然，金银的价格也不是一成不变的，只是其变化通常是缓慢的、逐渐的和统一的。

此外，就一个国家金银的短缺比其他任何商品的短缺而言，国家可以有更多的应急措施。如果一个国家食品短缺，那么，其国民就必然挨饿。如果一个国家某一工业原料短缺，那么这一产业就必然减产或停产。但如果一个国家金银短缺，就拥有许多弥补的手段，虽然这样做会带来许多不便。

在金银短缺的情况下，商人们可以通过赊账进行买卖，一月一次或一年一次清偿彼此的债务；也可以用一种调节得当的纸币来填补这个短缺，这样做甚至会带来某些好处。

因此，任何一个国家将注意力过于投放在保持或增加国内金银的数量上，是非常没有必要的。

在此，有一点必须指出：一个国家的财富并不仅仅是金银，还应该包括其他一切有用的商品。因此，一个国家并不总是必须积累金银，才能在遥远的地方维持军队或进行战争。军队维持生活真正需要的是消费品，而不是金银。一个国家从其土地的年收入、工业的年产物中拿出一部分，就有财力在遥远的地方维持军队或进行战争。

概括而言，一个国家在遥远的地方购买军队生活的消费品有以下三种不同的方法：

（1）将其所积累金银的一部分运往国外；

（2）将其制造业年产物的一部分运往国外；

（3）将其年原生产物的一部分运往国外。

而在任何一个国家可以被视为正当地积累或贮存金银的方式主要有以下三种：

（1）流通的货币；

（2）私人家庭的金银器皿；

（3）多年积攒于国库的货币。

但是，流通的货币很少能有大量剩余。因为，无论哪一个国家每年对货币的需求量都是一定的，流通渠道能吸引足够的货币量，但绝不可能超过这个量。如果要在国外进行战争，国家一般会发行大量的纸币来代替流通的金银，从而使国家能将国内的一部分货币运往国外，以维持战争的需要。但是，这种需要太巨大了，尤其是对外耗时长久的战争更是如此，靠这一办法是远远不够的。

那么，通过征用私人家庭的金银器皿呢？这更显得微不足道了。事实上，通过这个方法所得到的收益甚至不够补偿铸造的损失。依靠王室多年积攒于国库的货币呢？这种做法如今几乎已经被欧洲王室所抛弃。

综上所述，维持战争所需费用是如此巨大，以至于它几乎不可能靠流通的货币、私人家庭的金银器皿或王室多年积攒的财富来解决。

要想解决这一难题，必须依靠商品贸易。因为，商品贸易不但能填补开支，还能带来可观的利润。

毫无疑问，在大多数商人眼里，利润被放在了第一位。他们作为国家的代理人，会将国家向国外的金银输出以商品的形式运往国外。无论什么时候，总有国家需要这些商品，这样的输出总能带来可观的利润，而如果仅仅输出金银就不会有这样的收益。

非常明显，商人的利润不是来自于商品的购买，而是来自于所购买的商品出售后的所得。如果他们只把金银输出国外，将没有任何利润。因此，他们会想尽办法靠出口商品而不是金银来获得收益。

那么，出口什么样的商品才最适合呢？

聪明的商人往往会出口更精细、更先进的制造品，因为它们体积小、价值大，将它们出口到很远的地方，所需要的费用却很少。

第四章　论重商主义与重农主义

显然，几乎所有的国家都认识到从商品贸易中能够获得巨大的收益。国内土地和劳动的剩余产物，被出口到国外，换回其他有需求的商品或获取利润。商品贸易使不同国家的剩余产物相互交换，对双方都非常有益。

对一些国家而言，其国内市场非常狭小，但这不会阻碍任何工艺或制造业部门的劳动分工发展到极度完善的程度。对外贸易为剩余的劳动产品开拓了更广阔的市场，这极大地鼓励了国内生产，使他们不断提高生产力，尽可能增加年产量，从而增加社会的真实收入和财富。这就是对外贸易对国家的重大作用。

不可否认，金银贸易也是对外贸易的一部分，但它并不是对外贸易中最重要的部分。如果一个国家只进行金银贸易，而不进行任何其他商品的贸易，那么，这个国家将很难获得大的收益。

金银往往象征着财富。英国一些杰出的经济研究者早就认识到，国家的财富不仅仅由金银构成，而且由土地、房屋和各种消费品构成。然而，当他们进行论证推理时，却过于重视金银，把土地、房屋和各种消费品都忽略了。于是，在他们的脑子里出现了“增加金银是国家工商业的重要目标”这一错误的观念。

财富由金银构成，而贸易顺差能带来金银。这两个原则使尽可能减少进口或增加出口成为政治经济学的重要目标，所以国家致富的两大引擎就是限制进口和奖励出口。

对进口的限制有两种，包括：

（1）限制本国能生产的外国货物的进口；

（2）对可能造成贸易逆差的货物加以限制。

实现限制的手段，有时是高关税，有时则是绝对禁止。

鼓励出口的措施有四种，包括：

（1）对已缴纳关税、货物税的用于出口的货物和已经扣税为再出口而进口的外国货物实行退税；

（2）奖励某些新兴产业或特殊产业；

（3）与外国订立有利的通商条约；

(4）在遥远的国家建立殖民地。

以上这六种措施，都使贸易差额有利于本国，从而增加国内的金银数量。

链接

托马斯·孟

托马斯·孟（1571—1641)，英国晚期重商主义的代表人物，英国贸易差额说的主要倡导者。出生于伦敦的一个商人家庭，早年从商，成为英国的大商人。1615年担任东印度公司的董事，后又任政府贸易委员会的常务委员。

托马斯·孟是英国重商主义的集大成者，其重商主义理论及税收思想集中表现在《英国得自对外贸易的财富》一书之中。该书的基本理论不仅成为英国，而且成为一切实行重商主义政策的国家在政治、经济等方面的基本准则。

托马斯·孟重商主义理论的核心，是国际贸易差额论。他认为金银货币是财富的唯一形态，而对外贸易是财富的唯一源泉。外贸要“少买多卖”，使货币流入多于支出。为此，托马斯·孟认为：为了实现国家外贸出超，增加本国货币积累的目的，国家要干预经济生活，以保证上述目标的实现。他建议国家采取有效政策和措施，其中主要是保护关税政策，以奖励输出，限制输入。他主张，当商品输出时，国家全部或部分地退还资本家原先已纳的税款；同时，对输入本国的外国商品收以高额关税或禁止性关税，保护本国工业发展；当进口商品经过加工重新输出时，国家则应退还这些商品在进口时所纳的关税。

托马斯·孟在所著《英国得自对外贸易的财富》一书中，详尽阐述了重商主义关于保护关税政策的基本原则、主张和意义。由于托马斯·孟将国外贸易差额看作是一国财富的标准，就必然导致“财富是战争的命脉”的“国防财政论”和“重税无害论”。他认为：“由于国土的大小、贫富的程度和贸易差额多寡等因素存在差异，政府获得收入的方法也随国家宪法、政府、法律和民俗的不同而大有差别。国王想要改变这些制度是非常困难危险的。即使国王以重税发财致富，国民却会因此而贫穷。不过，由于各国情况特殊，征收重税不仅是不得已的，而且是正当的，还是有利于国家的。因为面积不大的国家，靠经常性收入是不足以蓄积抵御外国侵略所需的财富的。所以，这些国家不得不在平时征收重税，来积存现金和军火充当国防之用。不像一般所想象的那样，有害于人民的幸福。"

托马斯·孟从国防费用赋税负担进一步阐述他的赋税论，认为："虽然关税与货物税导致服装与生活必需品价格上涨，但是劳动力的价格也与之成比例地提高。因此，国防费用赋税的负担最终转嫁到作为雇主的生产者身上……国民靠纳税使自身安全得以保证，所以这种纳税是既公正又有利的。但是，如果税收被国王挥霍于私人享受、属于滥用赋税，则是国家之损失。"他认为国王在临时征收赋税时，必须取得全体人民的认可，征收赋税必须取得议会的同意。

托马斯·孟正是从这种贸易差额理论出发，提出了他的"财富是战争的命脉"的国防财政论和赋税思想。马克思指出，这部书"在100年之内，一直是重商主义的福音书。因此，如果说重商主义具有一部划时代的著作……那么这就是托马斯·孟的著作"。

进口限制

在一个国家，如果某种商品在其国内可以自己独立生产，那么，就可以以高额关税或绝对禁止的办法限制与这一商品有关的进口，保证其国内商户的垄断利益。

毋庸置疑，这种国内市场的垄断，能够给从事这一行业的商人以积极的鼓励，并且使更多的人、更多的财富涌向这一行业。

但需要指出的是，垄断不可能增进社会的总劳动，或者说，不可能引导其走上最有利的方向。

一个国家的社会总劳动，不可能超过社会资本所能维持的限度。换言之，一个国家所能雇佣的工人人数，必定和这一国家的社会总资本成某种比例，绝不会超过这一比例。对此，可以用一个形象的比喻来说明：这就如同任何一个工厂主所能雇佣的工人人数，必定和他的资本成某种比例一样。

无论什么样的商业法规，都不可能使社会劳动数量的增加超过其社会资本所能维持的限度，它只能将原本不属于某一产业的劳力和财富转移到这一产业中来。至于这种结果是否更有利于社会，却不能草率地加以判断。

每一个聪明的人，都努力为他所能支配的资本寻找最有利的用途。当然，他首先思考的是他自身的利益，而不是社会利益。但是，他对自身利益的研究，会自然引导他选择有利于社会的用途。

其一，如果能获得资本的普通利润，那么，每一个商人都愿意将资本投在国内，用来维持国内产业。

因此，如果利润均等或几乎均等，每一个商人都会愿意经营国内贸易而不愿意经营对外贸易，愿意经营对外消费品贸易而不愿意经营运输贸易。

投资经营国内贸易，所投资本在自己的监控之下；投资经营对外贸易，所投资本则往往不在自己的监控之下。

资本在自己的监控之下有很多便利，如可以更好地了解信托者的品性和实力，即使一时不慎上当受骗，也能够较快地找到解决之道，能够很方便地付诸本国相应的法律以获取赔偿。

此外，商人之所以不愿经营运输贸易，是因为运输贸易使其资本分散在其他两国之间，其中没有任何部分必然会回到本国，或处于他的监控之下。

一些国家运输贸易占很大的份额，使其往往成为通商各国货物的中心市场。

商人为了免除再次装卸商品的费用，总是想方设法在本国市场售卖各国的货物，从而在可能范围内尽量使运输贸易变为消费品的对外贸易。

同样，经营消费品对外贸易的商人，当收集货物准备运往国外市场时，总会愿意以均等或几乎均等的利润尽可能在国内出售一部分货物。当他尽可能地使他的消费品对外贸易变为国内贸易时，就可以避免承担出口的风险和麻烦。

前面，我已经指出，投资在消费品对外贸易上的资本与投资在国内贸易上的等量资本相比，后者必能推动更大量的国内产业，使国内有更多的居民能够由此获得收入和就业机会。同样，投资在运输贸易上的资本与投资在消费品对外贸易上的等量资本相比，后者具有同样的优点。

因此，在利润均等或几乎均等的情况下，每一个商人自然都会运用他的资本来给国内产业提供最大的援助，使本国尽量多的居民获得收入和就业机会。

其二，商人将资本投资到国内产业时，必然会尽可能好地指导它，以便商品具有最大的价值。

商人利润的大小，与其产品价值的大小成比例。而商人的投资是为了赚取利润，而且他总是尽可能地使其商品具有最大的价值。换言之，商人投资的目的，就是千方百计使其商品能交换最大数量的货币或其他物品。

因为商人努力将其资本投资到国内产业上，并设法使其价值达到最高，尽管他通常并不打算促进公共利益，但他却像被一双无形的手指导——他在追求自己的利益时，往往使自己能比在真正出于本意的情况下更有效地促进社会利益。

关于在国内投资什么样的产业才能创造最大的价值这一问题，商人显然比政治家、立法家的判断要更加准确。

国家将国外市场的垄断利益，赋予国内任何一种工艺或制造业中的产品，在一定意义上而言，就是指导商人如何运用他们的资本，而这样的做法必定是徒劳和有害的。

采取高额关税和禁止进口的措施，必然会导致利用资本在国内生产从国外廉价购买到的物品。这对国家和个人而言，都是愚蠢的行为。当然，这样的管制有时候可以使某种产业更加迅速地崛起，但却使资本的积累更加缓慢。

虽然没有这样的管制，某种制造业就无法迅速崛起，但在社会发展的任何时期内，并不会因此而变得更加乏味。

在社会发展的不同阶段，其全部资本与劳动，虽会指向不同的目标，但仍可能按当时最有利的用途使用。其收入可能是资本所能提供的最大的收入，而资本与收入均可能按最大的速度增加。

事实上，一个国家如果没有上述那种制造业，同样可以非常富裕。因此说，国家没有必要向巨大的自然优势挑战，即使是向较小的自然优势挑战也是极其荒谬的。

毋庸置疑，从垄断国内市场取得最大利益的是商人与制造业者。

禁止其他国家的牲畜和腌制食品的进口，以及对外国谷物的进口征以高关税（事实上，这在丰收之年等于绝对的禁止），虽然给英国的牧畜者与农民带来利益，但并不像其他同类限制所取得的利益那样明显。

贩卖制造品通常是对外贸易的主要业务。其原因在于制造品，尤其是比较精巧的制造品，它们的运输较之谷物和牲畜更加容易。在这方面，只要能够赢得一点点利益，就算是在国内市场上，外商也会以低于国内工人的产品价格出售。

但在土地原产品（天然产物）方面就有所不同，除非有极大的好处或特殊的原因，否则不会采取这样的经营方式。

在这种情况下，应该禁止外国制造品自由进口，否则会有几种国内制造业受到损害，严重之时，会造成几种国内制造业的完全毁灭。结果是使原来运行正常的大部分资本与劳动被迫寻找其他用途或是流失掉。

本国农业是不受土地原产品（天然产物）的自由进口影响的，因此，乡绅与农场主们基本上属于没有卑劣垄断想法的人。

大型制造厂的企业家，如果发觉附近20里内新建了一个生产同类产品的工厂，可能会惊慌起来，甚至想方设法，把新来的排挤出去，以维护自己的利益。因此，在阿比维尔经营毛织品制造业的荷兰人，禁止在那城市周围60里内建设同类工厂。

反之，如有人在农场附近进行开垦，农场主与乡绅是不会加以阻止的，他们通常愿意促进邻近各田庄的开垦与改良。他们不像大部分制造业者那样保守着经营的秘密，而且，他们也没有什么秘密，一旦发现了有利的新方法，他们一般都会把这方法告诉邻人，尽可能把它推广开来。

为什么两者会有如此大的反差呢？

其原因在于乡绅与农场主，散居国内各地，不易结合；商人与制造业者，却集居于城内，易于结合。

商人与制造业者，都沾染了城市所盛行的同业公会的习气，他们一般取得了违反各城市居民利益的专营特权，自然竭力设法取得违反所有同国人的专营特权。保障国内市场独占，限制外国货物输入的方法，似乎就是他们的发明。

制造业、商业和农业之间息息相关，经营者之间也相互影响，这种影响基本上是商人与制造业者对农场主与乡绅的影响。乡绅和农场主，忘却他们原本所特有的宽容之心，他们要求谷物及家畜肉供给的垄断，就是最好的证明。在此他们有意压迫自己，要和商人与制造业者立于同等的地位。但是，他们没有考虑到，自由贸易对他们利益的影响比对商人和制造业者利益的影响要小得多。用永久性的法律禁止谷物及牲畜的进口，实际上等于规定，本国的人口与产业永远不得超过本国土地原产物所能维持的限度。

但是，在当某种产业为了国防所需而在国内对其产品征税的时候，为了鼓励本国的产业发展，对国外施加某种负担一般来说是有利的。

另外还有其他两种情况，对国外施加某种负担也是有利的：

第一，是继续实行允许某些外国货物的自由输入在很大程度上是适当的。这种情况是受复仇心理的自然驱使，当外国某些用高关税或者禁止进口的办法限制我们某些制造品输入的时候，当有可能使得取消所抱怨的高关税或者禁令时，这种报复行为也可能是好的政策。

第二，是在中断了一段时间以后恢复自由输入，在多大程度上以及采用何种方式是适当的。中断一段时间以后恢复外国货物的自由输入怎样才是适当的。此时某些制造业，由于用高关税或禁止进口的立法限制能和它竞争的外国货物的进口，已经发展到雇用了大量的人手。在这种情况下，只能一步一步地、小心翼翼地恢复自由贸易。如果骤然取消高关税与进口禁令，较低廉的同种类外国货物，会迅速地流入国内市场，使国内成千上万的人失去普通的日常工作和生活资料，造成十分巨大的社会混乱。

但是从以下两点分析看来，这种社会混乱一般来说要比想象的小得多：

第一，所有无奖励金且通常有一部分出口到欧洲其他各国的制造品，都不会受到外国商品自由进口的很大影响；

第二，这样恢复贸易自由，虽将使许多人突然失去他们通常的职业和普通的谋生方法，但不会因此而失业或无生计。

对于外国商品的进口进行合理的征税，是为了筹集政府的收入。那种为了防止输入，甚至为减少输入而设的税，显然都是不合理的，它严重破坏了贸易自由和关税收入，对于增加一国资本丝毫无益。

链接

关税

关税是世界各国普遍征收的一个税种，是指一国海关对出入境的货物或者物品征收的一种税。关税和非关税措施是衡量一个国家市场开放度的主要标志。

关税的特点

(1) 执行统一的对外经济政策；

(2) 对进出国境或关境的货物征税；

(3) 关税由海关负责并同海关的各项工作密切相关。

关税的作用

(1) 筹集国家财政资金。

从世界大多数国家尤其是发达国家的税制结构分析，关税收入在整个财政收入中的比重不大，并呈下降趋势。但是，一些发展中国家，特别是那些对进出口依赖性较强的发展中国家，征收进出口关税仍然是他们取得财政收入的重要途径之一。新中国成立以来，关税收入作为国家财政收入的组成部分，为我国经济建设积累了可观的财政资金。我国已经加入世贸组织以来，根据“入世”承诺，分阶段降低和削减关税，关税数额占财政收入比重将逐步下降，但随着我国综合国力的增强和对外经济贸易的不断扩大，关税在为国家筹集财政资金方面仍将发挥着重要作用。

(2) 调节产业结构和进出口贸易。

关税是国家调节产业结构和进出口贸易的重要经济杠杆，国家通过设置高低不同的税率和减免关税，可以影响国内产业结构和进出口规模。一般对国内生产必需的先进技术和关键设备，以及人民生活必需且国内生产供应不足的产品，可免征关税或实行低税率鼓励进口；对国内生产过剩的长线产品和奢侈品，则采取高税率限制进口。对出口货物，大部分实行出口退税政策鼓励出口，以增强本国出口商品在国际市场上的竞争力，扩大出口。同时，对某些出口货物有选择地征税，以保护本国稀缺资源满足国内需要。

(3) 维护国家权益，促进对外经济贸易的发展。

征税权本身就是一国行政权力的组成部分，对进出口货物征收关税，直接关系到国与国之间的主权和经济利益。在现代社会里，关税已成为各国政府维护本国政治、经济权益，乃至进行国际经济竞争的一个重要武器。我国根据平等互利和对等原则，遵循世界贸易组织规则，通过关税复式税则的运用等方式，维护国家经济权益，促进对外经济贸易的进一步发展。

关税的分类

(1) 按货物的流向不同，关税可分为进口关税、出口关税和过境关税。

进口关税：即对国外转入本国的货物和物品所征收的一种关税。

出口关税：即对从本国输往外国的货物和物品于出境时征收的一种关税。

过境关税：即对进入本国港口停留转运他国的货物征收的一种关税。

(2) 按征收目的不同，关税可分为保护性关税和财政性关税。

保护性关税：即以保护本国经济发展为首要目的而征收的关税。保护性关税主要体现在进口关税方面，一般设置较高的税率。

财政性关税：也称收入关税，即以增加财政收入为主要目的而征收的关税。

(3) 按对进口国的差别待遇不同，关税可分为加重关税和优惠关税。

加重关税是指对从某些输出国、生产国的进口货物，因某种原因（如歧视、报复、保护和经济方面的需要等），在征收一般进口关税之外又加征的一种临时进口附加税。主要有反倾销关税、反补贴关税、报复关税等。

反倾销关税：针对倾销产品征收的进口附加税。倾销是指一国产品以低于正常价值的方式挤入另一国市场竞销，从而使该国已建立的某项工业造成重大损失或产生重大威胁的行为。

反补贴关税：进口国对直接或间接接受出口津贴或补贴的外国货物在进口到本国时所征收的一种进口附加税。

报复关税：一国在认为本国出口商品受到不公正的歧视性待遇时，对实施该歧视待遇的国家向本国进口的商品实施的歧视性关税。

优惠关税：对来自某些特定的受惠国的货物使用比普通税率较低的优惠税率而给予的优惠待遇，包括互惠关税、特惠关税、普惠关税和最惠国待遇。

互惠关税：两国间相互给予对方比其他国家优惠的税率的一种协定关税，其目的在于发展双方之间的贸易关系。

特惠关税：对有特殊关系的国家，单方面或相互间协定采用特别低的进口税率，甚至免税的一种关税。其优惠程度高于互惠关税。

普惠关税：在国际贸易中发达国家给予来自发展中国家出口的货物（制成品和半成品）普遍的、非歧视的、非互惠的一种关税优惠制度。所谓普遍性是指对于包括制成品和半成品在内的源自发展中国家的进口产品实行关税优惠。非歧视则是指所有发展中国家都不受歧视，无例外地享受普惠制的待遇。非互惠是指发达国家在给予发展中国家关税优惠的同时，不能要求发展中国家给予同样的关税优惠，其他发达国家也不能援引最惠国待遇原则要求同样适用优惠关税。

最惠国待遇：缔约国一方将现在和将来给予任何第三国的优惠待遇，无条件地给予其他各成员方。

(4) 按计税标准不同，关税可分为从价关税、从量关税、复合关税和滑动关税。

从价关税：以货物的价格作为计税依据而计算征收的关税。我国对进口商品基本上都实行从价税。

从量关税：以货物的重量、长度、容量、面积等计量单位为计税依据而计算征收的关税。

复合关税：对同一种进口货物同时使用从价和从量计征的一种关税。

滑动关税：或称滑准税，是一种关税税率随进口货物价格由高到低而由低到高设置计征关税的方法，可以使进口货物价格越高，其进口关税税率越低，进口货物价格越低，其进口关税税率越高。

征收关税是一国政府增加其财政收入的方式之一，但随着世界贸易的不断发展，关税占国家财政收入的比重在不断下降。每个国家都会对进出口的商品根据其种类和价值征收一定的税款。其作用在于通过收税抬高进口商品的价格，降低其市场竞争力，减少在市场上对本国产品的不良影响。

关税有着保护本国生产业的作用，但在经济全球化的今天，其不利的影响也正在逐步显现。

特别限制

第一节　论即使根据重商主义的原则看这些限制的不合理

贸易差额假定不利于本国的那些国家，对其几乎所有货物的进口施加特别限制，是重商主义所提倡的增加国家资本的第二个方法。

例如，法国对英国征收进口贸易苛重的关税的做法，采取了以牙还牙的态度，把同样或是更加苛重的税加在英国的货物及制造品上。这种相互限制的做法会造成什么样的后果我们是可想而知的——两国间的一切公平贸易几乎断绝了，各自所需的货物运输主要是靠走私。

所以，在这里我们考察的原则来源于民族的偏见与敌意，比起前面考察源于私人利害关系和垄断精神的原则更不合理，甚至根据重商主义的原则来说，也是不合理的。这种不合理可以从以下三个方面看出来：

第一，即使英法之间自由贸易的结果与贸易差额确实是对法国有利，我们也不能因此推断这种贸易只有利于法国，而不利于英国。亦不能因此说，英国的全部贸易的总差额会因此更不利于自己。

第二，从法国进口的货物大部分可能再出口到其他国家获取利润，这或许会带回与法国全部进口货物所花的原始成本价值相等的收益。

第三，我们找不到明确的标准来判定两国间的贸易差额究竟对何国有利，即何国出口的价值最大。对于这类问题的判断，往往都是根据具体商人的私利所左右的国民偏见与敌意。在这种情况下，人们通常会使用海关册与汇兑情况这两个标准。但是，由于海关册对各种货物的评价大部分是不准确的，所以现在大家都认为那是一种非常不确定的标准。至于汇兑情形，恐怕也是同样不可靠的。

在这里，我们有必要谈一谈存款银行，尤其是像阿姆斯特丹那样较小地方的存款银行。

在一些大的国家，如法国或英国，其通货几乎全由本国铸币构成。如果这种通货因磨损或其他原因，其价值降至标准价值之下，国家可通过改铸有效地恢复通货的旧观。但是，在这些国家，通货很少全由本国铸币构成，一定有大部分是由它的居民常常来往的各邻国的铸币构成，如热那亚、汉堡那样的小国，通过改铸，只能改良其铸币，未必能改良其通货。

因这种通货的本身性质极不确定，一定数额的这种通货，价值也是很不确定的。如在外国，其评价必然会低于其实际价值。这种国家若要以这种通货兑付外国汇票，其汇兑一定对它大为不利，必然使商人吃亏。

面对这种情况，国家自然要采取措施来补救本国商人因此所遭受的损失，这种措施一般是法律规定。这样的国家在注意贸易利益之时，会规定凡有一定价值的外国汇票，不得以通用货币兑付，只许以特定银行的票据兑付或通过它转账。

这种特定的银行，是在国家的信任之上和保护下建立起来的，它完全按照国家的标准，以良好的真正的货币兑付。像威尼斯、热那亚、阿姆斯特丹、汉堡、纽伦堡等地的银行，原来似乎都是为了这个目的而建立的，虽然其中有些可能在后来被迫改变了目的。

此外，设立此种机关的目标，是有必要认识清楚的——在于使商人不至于因不利的汇兑而吃亏，其性质属于公益事业。但出人意料的是由此而产生的收入，简直可以说是一种意外。

第二节　论根据其他原则，这种特别限制的不合理

上一节内容，是着重说明在重商主义的原则下，没有必要去限制那些假定不利于本国贸易差额的国家的进口贸易。

毋庸置疑，这种限制是不合理、错误的。除了这种限制以外，还有许多其他商业条例所根据的整个贸易差额学说，都是极为荒谬的。贸易差

额学说认为，甲乙两地进行贸易时，会出现两种情况：一是如果贸易额平衡，则两地均无得失；二是如果贸易额略有偏倚，就必有一方损失另一方得利的情况出现，其得失程度和偏倚程度相称。这看似很合乎逻辑的两种设想，却偏偏被经验与事实全盘否定了。

从本国的利益出发，可能都会考虑到用奖励与垄断两种手段来强迫进行贸易。但是经验证明，由奖励金及独占权所促成的贸易，可能对本国不利，可能是而且事实上常是对设置奖励和垄断手段的国家不利。

与之相反，在不受限制而自然、正常地进行的没有强迫或限制的那种贸易的两国，尽管双方的得利情况不一定完全相同，但是对双方来说却总是有利的。

如果只是用金银数量的增加来作为得利的标准，是极片面、不合理的，也是错误的。因为对于一个国家来说，得利与好处的标准是一国土地和劳动年产物的交换价值的增加，或是一国居民年收入的增加。

在两国贸易额平衡，而两国间的贸易所交换的商品完全由两国的国产商品构成的情况下，双方不仅都会得利，而且所得利益相等或几乎相等。而在一方出口的全是本国商品，另外一方出口的全是外国商品的情况下，双方也均可得利，但是前者得利往往要比后者得利更大。

任何两国间进行的贸易，除了会出现以上所说的两种情形外，也可能出现其他的情况，如所有的国家都是一部分用国产商品，一部分用外国商品。在这种情况下，在商品运输中大部分是国产商品，只有一小部分是外国商品的国家总会成为主要的利得者。

假若英国用以支付每年从法国进口商品的不是烟草与东印度货物，而是金银，那贸易额便被认为是不平衡的，因为商品不是以商品而是以金银支付的。在这种情况下，就像在前一种情况下一样，确实能给两国人民提供若干收入，不过给法国人民提供的要比给英国人民提供的多得多。

在这种情况下，英国人民必从中取得收入。为生产英国商品以购买金银而投下的资本，即在英国一部分人民间分配，并为他们提供收入的资本，必可因此而得到补偿，使其用途得以继续。

简单来说，商品出口的原因是国外的需求比本国需求更大。所以，凡是被出口到国外的商品，它所带回的价值总会比出口商品的价值更大。

那么，如果英国能用自己的铁器和高级呢绒去购买法国的葡萄酒，自然要比用弗吉尼亚烟草或巴西、秘鲁的金银去购买更加有利。

直接的消费品国外贸易，总比迂回的消费品国外贸易更有利。但是，以金银进行的迂回的消费品国外贸易要比以其他货物进行的迂回的消费品国外贸易要有利得多。正如无矿产国每年输出金银不会使金银干竭、无烟草国每年输出烟草不会使烟草干竭一样，有资本购买金银的国家，也决不会长期缺乏金银。

有人说，制造国和葡萄酒生产国间自然会有的贸易，其性质就如工人和酒馆做生意一样——是一种亏本的买卖。从上面所述的观点来看，这完全是一种错误的观念。工人和酒馆做生意，并不一定是亏本的买卖。

葡萄酒之所以低廉，不是嗜酒的原因，而是节酒的原因。虽然在每个国家，都有许多在酒的消费方面超过他们购买力所允许程度的人，但有更多人，控制所花费的小于他们购买力所允许的程度。

可以看出，那些节酒的人民，往往都是葡萄酒生产国的人民，例如西班牙人、葡萄牙人、法国南部各省人民。烂醉或者酗酒的恶习普遍在过热或过冷不能栽种葡萄树，因而葡萄酒异常稀少昂贵的国家，如北方民族、热带民族。

在英国，如果因酒的负面作用而对葡萄酒贸易进行限制，与其说是为了要防止人民走入酒店，不如说是为了防止人民购买价廉物美的饮料。那种限制，有利于葡萄牙的葡萄酒贸易，而不利于法国的葡萄酒贸易。

葡萄牙人比较喜欢英国制造的酒品，而法国人喜欢的程度要远远低于葡萄牙人，所以，英国人应当优待葡萄牙人，并加以奖励。这种互相的照顾只是小商人的卑鄙策略，据说，后来居然成为一个大帝国政治设施的原则。其实，只有小商人才会把这种策略看作是对待顾客的规则。至于大商人，不问这些小节，总是在价最廉物最美的地方购买他的货物。

如果世界各国都依据这个原则，那么就只能产生与加剧各国人民之间的不和与仇恨。各自都认为他们的利益在于使其所有邻国变穷，并把这些国家的得利，看作是他们的损失。各国都用嫉妒的目光和心态去看待与他们通商的国家的繁荣。

商人和制造商们狂妄的嫉妒心所造成的危害是很严重的，就算是君主和王公大臣们反复无常的野心对欧洲和平所造成的危害也远不及它。因此，统治者的横暴与不公正是一种古老的罪恶，按照人类事务的本性而言，这种罪恶是无法消除与挽救的。

当然，商人和制造商不是也不应该是人类生活的统治者，否则，降临到人民之中的灾难是无法预测的。虽然，如今还无法消除商人和制造商的贪欲和垄断欲望，但不让他们扰乱别人的安宁还是可以做到的。

在任何国家，买最物美价廉的商品均是无需证明的普通常识，任何要证明该命题的想法或者行动都是可笑的。正如发明、传布并倡导垄断精神这种学说的人并不像后来信奉这种学说的人那样愚蠢。因此，商人和制造商从私利出发的诡辩战胜了人类的普通常识。商人和制造商们的利益在于保护自己在国内市场的垄断地位，其性质总是与人民大众的利益截然相反。

在这个一点上，英国以及欧洲大多数国家，都是突出的典型。它们对几乎所有由外国商人进口的商品，都征以重税；对凡是能与本国制造品竞争的所有外国制造品征以重税，或禁止进口；对于贸易差额假定为不利于本国的那些国家，对其几乎所有货物的进口都实行特别限制。

除了邻国的财富可能会在战争或政治上威胁与危害本国以外，富有的邻国对一个国家的好处与个人有个富有的邻居一样，都是有利的。

近代的中国人就极轻视国外贸易，不屑于给它提供像样的法律保护。以使所有邻国陷于贫困境况为目标的对外贸易原则，如果真能产生它所期望的效果，就会使这种商业陷于微不足道和被人鄙视的境地。

如法国和英国这两大国之间的贸易，正是由于这种原则而使两国都受到了很多的阻碍与限制。他们若能抛弃商业的嫉妒和国民的仇恨，客观地考察其真实的利害关系，无论其中哪一国的贸易，都将比与欧洲任何其他国家的贸易更有利。

对于英国而言，若与夸大的对北美殖民地的贸易（那一般要 3 年，乃至 4 年 5 年以上，才能往返一次）比较，法国所能提供的市场，至少大 8

倍；加以往返更为频繁，利益要大24倍。英国的贸易，亦同样有利于法国。英国贸易对于法国的利益，要按照两国财富、人口与邻近的程度，大于法国殖民地贸易对法国的利益。这就是两国智者认为应当加以阻挠的贸易与他们认为应当加以特别照顾的贸易之间的重大差别。

利与弊通常是同时存在的，只是存在的方式不同。因为是邻国的缘故，它们也最容易成为敌国。一方的富强，总会增加另一方的恐惧。本来对两国均有利的自由贸易的环境，却成为产生这种贸易的主要障碍的原因。本来可增进国民友谊的有利因素，却成为助长激烈的民族仇恨的原因。因此，对于英法两国的商人彼此妒忌我们不难理解。于是，他们就这样彼此妒忌、彼此都热烈地确信他们自私自利的谬说，且宣称不受限制的国外贸易，必然会产生出不利的贸易差额；而不利的贸易差额，又一定会导致国家的灭亡。

这种学说，在欧洲的商业国家常被许多学者当作预言："由于这种不利的对外贸易差额，某国马上就要破产或者灭亡。"但是，除了激起各国忧虑引起改变贸易差额的企图外，历史上似乎没有哪个国家，因上述原因而变得贫困。相反，那些实行开放门户并允许自由贸易的城市与国家，不但没有因自由贸易而灭亡，还因此而致富。

在前面已经说明过的每年生产和消费的差额，和贸易差额极不相同。这个差额的利与弊决定着一国的盛衰。

如果年生产的交换价值超过了年消费的交换价值，社会资本就必然会按照这种超过额的比例而增长。在这种情况下，社会在其收入限度内维持其生存，每年从其收入中节省下来的部分自然会加到它的资本上去，并用以进一步增加年产品。

反之，如果年生产的交换价值，小于年消费的交换价值，社会的资本就必然会按照短少的比例而减少下去。在这种情况下，社会的支出超过了社会的收入，那必然会侵蚀社会的资本。资本遭到侵蚀必然会减退，随着资本的减退，其产业年产物的交换价值亦减退。

生产和消费的差额与贸易差额相比，有一个明显的特点：在没有对外贸易、不与世界往来的国家内，它可以发生；在财富、人口与改良都在逐渐增进或在逐渐减退的土地上，也可以发生。由此可以看出，生产和消费的差额与贸易差额是完全不相同的。

即使在所谓的贸易差额一般不利于一个国家时，生产与消费的差额仍可不断地有利于这个国家。即使半个世纪以来，这个国家进口的价值都大于出口的价值；在这期间内，流入的金银，全部立即输出。

所以，当一个国家在流通铸币逐渐减少而以各种纸币替代，甚至它对各主要通商国家所负的债务也在逐渐增加的情况下，它的真实财富与土地劳动年产物的交换价值也不会受到任何影响，且仍可按照比以前大得多的比例持续增长。

链接

关税壁垒

关税壁垒是指高额进口税。通过征收各种高额进口税，形成对外国商品进入本国市场的阻碍，可以提高进口商品的成本，从而削弱其竞争力，起到保护国内生产和国内市场的作用。它还是在贸易谈判中迫使对方妥协让步的重要手段。世界贸易组织对其极力反对，并通过谈判将其大幅削减。

常见的关税壁垒有以下几种形式：关税高峰、关税升级、关税配额、从量关税、从价关税。

（1）关税高峰

关税高峰是指在总体关税水平较低的情况下少数产品维持的高关税。经过 GATT 八个回合的谈判，WTO 各成员的平均关税水平已大幅下降，但一些成员仍在不少领域维持着关税高峰。

（2）关税升级

一些发达国家十分重视关税的有效保护率，并采取关税升级的做法保护国内特定产业。关税升级是设定关税的一种方式，即随着进口产品加工深度的提高而增加其关税税率。关税升级通常对某一特定产业使用的进口原材料设置较低的关税，甚至是零税率，而随着加工深度的提高，相应地提高半成品、制成品的关税税率。关税升级能够较为有效地达到限制附加值较高的半成品和制成品进口的效果，是一种较为常见的贸易壁垒。

（3）关税配额

关税配额是指对一定数量（配额量）内的进口产品适用较低的税率，对超过该配额量的进口产品则适用较高的税率。

（4）从量关税

从量关税是指以货物的计量单位作为征税标准，以每一计量单位应纳的关税金额作为税率的关税。从量关税对单位数量的同类产品征收同值的关税，因此对单位价格较低的低档产品的影响较大，能较为有效地削弱这类产品在国内市场上的竞争力，阻碍其进口，进而对国内同类产品起到保护作用。

（5）从价关税

从价关税是指以货物的价格作为征税标准的关税。由于加工程度高的产品和奢侈品价格昂贵、税率较高，因此，从价关税可能对加工程度高的产品或奢侈品的进口构成障碍。

关税是国际贸易中的重要壁垒的原因在于：

（1）关税较低的平均水平掩盖了某些商品的高关税

比如美国，工业品的平均关税虽然只有3%，但有些工业品的关税却高达30%～40%。

（2）名义关税的较低税率掩盖了关税的有效保护率

在对最终产品和中间产品都征收关税的现实情况下，关税的有效保护率和对最终产品的名义保护率是不同的。日本关税的有效税率约为名义关税率的2~2.5倍。20世纪60年代初，美国进口生铁的名义税率为2%，关税的有效保护率却为9%；服装的名义税率为25%，有效保护率却为36%。

（3）较低的正常进口税率掩盖了较高的进口附加税

当一个国家进口商品时，除了按照正常公布的税率征收进口税外，在需要时还按照临时公布的税率额，另外加征一部分进口税。目的或者是为了应付国际收支危机，或者是为了防止外国实行商品倾销，或者是对某个国家实行歧视政策。如1971年8月15日，美国为了减少进口，解决国际收支危机，实行“新经济政策”，宣布征收10%的进口附加税，使许多国家的出口受到重大影响。后来，美国政府在其他国家的强烈反对下，不得不取消了这一税率。

（4）实行反倾销税是目前国际上，特别是发达国家通常使用的限制进口的手段

反倾销是WTO允许成员国采取的保护本国产品和市场的一种手段，但它正被发达国家滥用。20世纪90年代以来，我国成为国际反倾销的最大受害者，有的对我国实行的反倾销税率超过100%。

（5）随着区域集团化趋势的发展，关税成为参加关税同盟的国家对非成员国商品实行进口限制的手段

参加关税同盟的国家，比如欧洲经济货币联盟成员国，对内实行自由贸易，对外征收关税时实行统一税率。

通商条约

常常有一些国家，在与外国通商的过程中，有这样一些条约规定：对于同种商品，只允许从一个国家输入，而对其他国家则完全禁止，或对某一国家的这种商品进行征税，对其他国家则完全免税。

这些允许进入或是被予以免税的国家，在商业上是受惠的。这些国家的商人和制造业者，也都会从中大大得利。并且在如此优待他们的国家内，享有着一种独占权。这个国家不仅会成为他们商品的一个更广阔、更有利的市场，又由于免税的优惠，往往能以比自由竞争情况下更好的价格售出他们的商品。

其他各国的同类商品，却是受到排斥或被征以重税。所以，他们的商品在这个国家无论是在输入量上，还是价格上，都无法与受优惠国家竞争。

虽然说这种条约有利于受惠国的商人及制造业者，可对于施惠国的商人及制造业者来说，就相当于把一种有害于他们自己的独占权给予了某一外国商人与制造业者，这样就必须用比在平常自由竞争之下更为昂贵的价格来购买他们所需的外国商品。

而这个国家用以购买外国商品的那一部分本国产物，必须以更低廉的价格出售，因为在两个物品互相交换时，一个物品的低廉乃是另一个物品昂贵的必然结果，更准确地说，两者是一而二、二而一的。所以，它的年产物的交换价值，就会因此种条约而减少。

如果从另一个角度来说，这种条约对于施惠国也并非完全不利，只是其有利程度不会像在自由竞争之下那么大而已。

其原因在于，施惠国年产物的交换价值的减少，只是本来可得到的利益的减少，却非绝对的损失。它出售货物的价格，虽低于无此条约时所可售得的价格，但售价总不会不及成本，而且，决不会像一些商品那样，不靠奖励金就不足以补偿运输货物上市所投的资本并提供其普通利润。否则，这种贸易，就不能长久继续。

还有一些关于优惠外国的通商条约，不根据与此相同的原理，也认为是有利的。1703 年英葡通商条约就是一个很典型的例子。他们的依据是：商业国给某一外国某种商品以有害本国的独占权，只因为希望在两国间的全部贸易上，本国每年所售，能多于每年所购，以致金银的差额每年都对自己有利。

以下仅有的三条，便是这个条约的直译文：

第一条，葡萄牙国王陛下，以他自己及其承继人名义，约定在未受法律禁止以前，以后永远准许英国呢绒及其他毛制品照常输入葡萄牙，但以以下条所述为条件；

第二条，英国国王陛下，以他自己及其承继人名义，必须以后永远准许葡萄牙产的葡萄酒输入英国，无论何时，亦无论英法二王国是和是战，并无论输入葡萄酒时所用的桶是 105 加仑桶、52.5 加仑桶或其他，都不得在关税的名义下，亦不得在任何其他名义下，对于此种葡萄酒，直接或间接要求比同量法国葡萄酒所纳更多的关税，并须减除 1/3。如果将来任何时候，上述关税的减除，在任何形式上被侵害，则葡萄牙国王陛下，再禁止英国呢绒及其他毛制品输入，亦是正当而合法的；

第三条，两国全权大使相约负责取得各自国王批准条约，并约定在两个月内交换批准文件。

在这个条约规定里，葡萄牙国王有义务要按和英国毛织物禁止输入以前相同的条件，准许英国毛织物输入，即不得把禁止以前的税额提高。但他没有义务要以比任何其他国家如法国或荷兰毛织物输入条件更好的条件，准许英国毛织物输入；英国国王，则有义务要以比法国葡萄酒即最能与葡萄牙竞争的葡萄酒输入条件更好的条件，准许葡萄牙的葡萄酒输入，就是说比法国葡萄酒少纳 1/3 的关税。

毋庸置疑，就这一点而言，条约显然对葡萄牙有利，对英国不利。但令人费解的是，将此条约称赞为一种杰出的商业政策的居然是英国。这是为什么呢?

从葡萄牙的情形来看，它每年从巴西所得的黄金，远远超过其以铸币及器皿形式用于国内贸易的数量，放着巨额的黄金不用，可算得上是一种很大的损失。

但在本国境内，又找不到利用这笔巨额的黄金的有利市场，所以，尽管禁止输出，也必须运出以交换在国内有更有利市场的物品。所以，就把这其中的大部分，每年输往英国，以交换到葡萄牙所需的英国商品，或间接从英国交换其他欧洲各国商品。

对此，巴勒特曾做了一个统计，说从里斯本到达的周期邮船，每周给英国带来的黄金，平均在 5 万镑以上。如果这个情况属实，那么，英国在这项贸易上的黄金收入每年将高达 260 万镑以上。这个数额已明显超过人们认为巴西每年所能提供的数额。

这种预算所包括的通常只是最好情况下的最好收益，排除了客观自然因素和人为因素的影响所带来的损失。也许实际有利情况并不像人们想象的那样乐观。

例如，几年前，英国商人曾失去了葡萄牙国王的好感。有些非经条约规定而由葡萄牙国王特赐的特权（也许是请求得来的，但结果葡萄牙人却取得了英国国王重大的恩惠、防卫与保护)，或被侵犯，或被撤回了。

于是，那些在此之前称赞对葡萄牙贸易是一种杰出的商业政策的英国商人，也开始认为，这种贸易并没有像巴勒特和人们所说的那样有利。他们说，每年输入的黄金的大部分，甚至几乎全部，不是为着英国利益，而是为着欧洲其他各国利益；每年从葡萄牙输入英国的水果与葡萄酒，几乎抵消了输往葡萄牙的英国商品的价值。

假使这全部利益都属于英国，而其总额又比巴勒特和人们所想象的那样大，也仍不能断定，这种贸易比输出品价值和输入品价值的其他贸易更有利。

因为，在这全部输入额中，必须有大部分输出国外，用来交换所需的消费品。只有其中极小部分是每年用来增加国内器皿或铸币的。除非是在那些所需的消费品是可以直接用英国的产品去交换的情况下，这种贸易才能有利于英国。

在前面，我已经说过，直接的消费品国外贸易总比迂回的消费品国外贸易有利。而且，要从外国运一定价值的外国货物到本国市场，直接的消费品国外贸易所需的资本，也比迂回的消费品国外贸易要少得多。

因此，在这种情况下，想要对英国有利，英国国内产业就必须减少生产适合葡萄牙市场需要的商品，以便以较大部分生产适合其他市场需要的货物。因为，只有如此，英国要获得它需用的黄金及可消费物品，所使用的资本就会比现今少得多。英国因而也便有一笔节省下来的资本，可用于其他方面，即用来推动更多产业和生产更多年产物。

由此可以看出，英国在器皿、铸币或国外贸易上，每年所需的全部黄金跟是否与葡萄牙通商，无多大关系。从其他外国贸易中仍不难获得。就像一切其他商品一样，凡能对黄金支付价值的人，总可在一些地方取得所需要的黄金。

但是，葡萄牙每年剩余的黄金，仍需要输出，就算英国不再购买，也必由某一其他国家买去，而这一国家又必像今天英国那样，愿以相应价格，把这部分黄金再卖出去。

但有一点必须承认，由于英国在购买葡萄牙黄金时是直接购买，因而与间接购买其他各国的黄金相比，价格也能略为低些。但是，这个差额太过微小，根本不值得政府注意。

在任何一个国家，对于黄金的有效需求，就如同对其他各种商品的有效需求一样，都是有限量的。

如果我国从某一国输入的黄金是这个限量的9/10，则从其他各国输入的黄金仅是这个限量的1/10。而且，每年从某些国家输入的黄金，越是超过英国在器皿、铸币上所必要的分量，则向其他各国输出的黄金，亦必越是增多。

在迂回的消费品国外贸易中，以金银作媒介，比以其他任何货物作媒介更为有利。因此，更要明确金银大量输入的目的——是为了进行国外贸易，而不是为了器皿，也不是为了铸币。

在一切商品中，惟有金银是最便于在某一外国购买而再在其他外国脱售以交换其他商品的。所以，以金银作为普遍的商业手段，比任何其他商品，更容易为人们接受和换得商品。再者，由于金银价值大而体积小，在运输过程中减损的价值也比较小，易于运输，且运输所费也几乎比任何其他商品都少。

葡萄牙贸易的主要利益，在于使英国各种迂回的消费品国外贸易更为便易。这虽不能说是最大的利益，但无疑是一个相当大的利益。

实际上，除了进行国外贸易所需的大量金银外，英国每年所需的用于器皿及铸币上的小量资金，就算不与葡萄牙直接通商，也很容易从其他地方获得。

在器皿上每年所需金银也只是极小的一部分。看似很可观的金匠这一行业，其实，每年售出的大部分新器皿，都是由旧器皿熔解制成的。而铸币情况，大致也是如此。

可能没有人会想象得到，在最近金币改铸以前，那十年间每年 80 万镑以上的铸造，其中的大部分，都是每年用来增加国内一向流通着的货币。

在铸币费用由政府支付的国家，就连铸币内含金银，也有充分的标准重量，其价值也决不能比等量未铸金属的价值大出许多。因为要以一定数量未铸金银交换等量金银铸币，只需到造币厂去，最多等待几个星期就可以做到。

一般来说，在任何地方，政府都享有专有的造币特权。因为，持金银到造币厂铸造的私人都必须支付造币费用，如此一来，其造币就如同加工器皿，加工所费可能会增加它的价值。换言之，已铸的金属，将比未铸的金属更有价值。

造币税若非过高，则将以税的全价值加入金银条块之内。当然，除了政府以外，没有什么铸币能以比此低的价值供给市场所需。

毋庸置疑，对于铸币，是不可以征收重税的。所征的税，若比铸造所需劳动的真实价值大，就会造成金银条块与金银铸币间价值巨大的差额。

这种巨大的差额极容易成为利润的诱饵，引诱那些国内外私造货币者，把大量伪币注入市场，从而减低官造货币的价值。

熔化新铸币的利润是如何发生的呢?

通用货币应含纯金银量与实含纯金银量二者之差，是熔化新铸币产生利润的主要原因。一般来说，这差额若小于造币税，则熔解新铸币，不但无得利，而且有损失；若大于造币税，则虽有利可图，但所得利润必少于无造币税的情况；若与造币税相等，则无利亦无失。

总的来说，熔化新铸币的利润，在某些时候，都会由于造币税而完全丧失；而在绝大多数时候，都会由于造币税而减少。

例如，在最近金币改铸以前，铸造货币，倘若须纳税5%，则熔解金币，要受损3%；倘若造币税为2%，则无利亦无损；倘若造币税为1%，则虽可获得利润，但只是1%，不是2%。在货币以个数接受，不以重量接受的地方，造币税乃是防止熔解铸币及输出铸币的最有效方法。被熔解或被输出的铸币，大都是最好最重的铸币，因为只有这样才可获取最大的利润。

早在查理二世时，曾制订了以免税方法奖励铸造货币的法律，但其时效有限。以后随着需要迭次延长限期，直至1769年，才改订为永恒的法律。政府对这一永恒法律的改订，主要是因为如英格兰银行那样的大银行的恳求。通常情况下，银行要以货币补充其金柜，就不得不持金银条块到造币厂铸币，但他们认为造币费是一个很重的负担，如果能由政府来承担，必然会对自己更加有利。

如果英国金币以个数来流通，像最近改铸以前那样，或是秤金的习惯极有可能由于不便，而被废除。在这些情况下，大银行们也许会发觉，自己大大估错了它的利害关系。

在最近改铸以前，英国通用金币比其标准重量低2%，因为没有造币税，所以其价值也比应含标准金量的价值低2%。因此，在此大银行购买金块以备铸造时，所出价格，必比铸成后所值多2%。假设造币须征税2%，则通用金币虽比其标准重量低2%，仍必与应含的标准金量有相等的价值。铸造的价值，也就因此抵消了重量的减少。银行虽然必须支付2%

的造币税，但他们在这全部事务上，所蒙受的损失，也只是 2%，和现实的损失完全一样，不会更多。

如果造币税为 5%，而通用金币仅比其标准重量低 2%，则在这种情况下，银行将在金块价格上，得利 3%；但由于它须支付造币税 5%，所以在这全部事务上，它的损失依然恰好是 2%。

如果造币税仅为 1%，而通用金币比其标准重量低 2%，则在这种情况下，银行在金块价格上，只损失 1%；但由于它须支付造币税 1%，所以它在这全部事务上的损失，仍像其他一切情况下一样，恰好是 2%。

由上例可以看出，银行在这全部事务上，既无所失，也无所得。征不征税，银行都处于相同的境地。

如果造币税适当，而铸币同时又达到了十足的标准重量，那么，英格兰银行从造币税上而言是有所损失的，但从金块价格上来讲，是有所得益的；在金块价格上虽有所得，但在造币税上必有所失。

看似商人支付的商品税，其实真正的纳税人是商品的最后购买者，也就是消费者。因为，以运输商品为业的商人，他所运输的商品的适中且合理的税，虽然必须由他垫付，但他可以通过提高商品价格来取回。

但货币有别于商品，对它而言，一切人都是商人。人们购买它都是为了再行销售，因此，它不会像商品那样有最后的购买者与消费者。由此，可以想象一下，在造币税适中，且不至于奖励伪造时，看似所有人都得支付的造币税，实际上，是没有最后一个人支付的。因为，所有的人都可通过提高铸币价值的手段，来抵消各自先前支付的那些数额。

因此，适中合理的造币税，是不可能给银行或任何持金银条块往造币厂铸造的私人增加费用的；即使取消了这适中的造币税，也不会减少他们的费用。

换而言之，无论有无造币税，只要通用货币达到了十足的标准重量，铸造就不会增加任何人的费用；反之，如果通用货币达到这个重量标准，则铸造所费，必等于铸币应含纯金量及其实含纯金量之差。

由此看来，关于银行要求政府制订免税方法奖励铸造货币的法律的做法，实际上，是不能使银行或任何私人得到丝毫利益的。铸造费由政府支付，政府不仅要负担小额费用，而且须损失应得的小额收入，这简直可以说是一种无益的慷慨。

当然，银行理事是不可能因这个缘故而同意征收造币税的，也许他们根本就不相信“造币税的征收，虽不能给他们以任何利益，却可保证他们没有任何损失”的说法。在金币状况下，只要继续以重量授受，他们就不可能因这种改制而得到利益。

倘若秤衡金币的习惯被废除，而金币的质量又回落到最近改铸以前那样，那么征收造币税的结果，银行的利益，或银行的节省，也许会极为可观。

假设只有英格兰银行把大量金银条块送到造币厂去，那么，每年造币费的负担，也就必然全部或几乎全部落在它身上；如果每年的造币行为，仅只局限于弥补铸币不可避免的损失与必要的磨损，那就不会常超过 5 万镑，最多也不过 10 万镑。

但是，如果铸币所包含的价值低于标准重量，除了弥补铸币不可避免的损失与必要的磨损之外，还必须年年加大造币量，以补充铸币由不断熔化及输出而产生的巨大缺损数额。正因为这个原因，金币改铸前那 10 年或 12 年间，每年造币平均都在 85 万镑以上。

试想一下，若在当时征收 4%或 5%的金币铸造税，也许可以有效地阻止铸币的输出与熔解。银行每年就不会为了铸 85 万镑以上金币而至少在金块上损失 2.5%镑以上，而且，损失量也许还不到此数额的 1/10。

每年，政府拨作铸币的费用不过 1.4 万镑，而在通常情况下，每年发给造币厂职员的工钱也不过这个数额的一半。在大多数人看来，节省这样小的数额，或者想取得比这大不了多少的另一数额，对于一国来说，没有什么意义。政府本身更是如此，显然不会把它当作大问题来重视。

对于国家政府来说是这样，但对于银行或个人而言，这笔数额还是值得节省的。且据往昔和今例证明，似乎每一年都可以节省 1.8 万镑或 2 万镑。试想一下，对于银行或个人，尤其是个人，1.8 万镑或 2 万镑的数额难道不值得重视吗？

也许你会觉得，上述议论中，有一些应放在第一篇论货币起源及其效用和论商品真实价格与名义价格的区别那几章里。但由于奖励铸造的法律，溯源于重商主义的流俗偏见，我觉得把它们放在这里更为适宜。

重商主义把货币生产奖励金作为富国富民的妙策之一，在他们看来，一切国家的财富都是由货币构成的。增加货币的数量就等于增加国家的财富，而增加货币数量的最快捷、最有效的方法就是奖励货币的生产了。

链接

铸币税

铸币税，也称为“货币税”，指发行货币的组织或国家，在发行货币并吸纳等值黄金等财富后，货币贬值，使持币方财富减少，发行方财富增加的经济现象。

简单来说，就是发行货币的收益。一张100美元的钞票印刷成本也许只有一美元，但是却能购买100美元的商品，其中的99美元差价就是铸币税，是政府财政的重要来源。使用其他国家的货币，就是主动放弃了大量的财富。

金币之类的足值货币，包含着价值上同硬币面值大致相当的金属。在金本位制下，黄金可以随意送到造币厂铸成金币，只需为这一特权支付少量铸币税。相比之下，辅币和纸币的成本则比它们的面值要小得多。通货的币面价值超出生产成本的部分也被称作铸币税，因为它在早先时候属于发行的封建领主或统治者。

现代政府使用纸币以取代足值硬币，产生资源使用方面的巨大节约，否则将大大增加金属的开采与熔炼。这种铸币税的价值可通过把货币的总需求量曲线当作利息率的函数来衡量。在此需求曲线以下的范围代表在某些假设下因拥有通货而获得的总的社会利益。持有通货的社会成本则用该通货所含资产的机会成本来衡量。如果黄金被用为通货，把它们移作其他用途时，其机会成本则将用他们所可以获得的利率来计算。因此，在需求曲线以下介于市场利率和供给纸币的成本之间的范围，可表示铸币税或用纸币代替黄金所增加的社会节约。

在国际货币体系中，黄金仍然在国际储备中占有很大部分，目前约占总储备的1/3。使用国际货币基金组织（IMF）建立的特别提款权或美元之间的信用资产来取代黄金，将会产生以铸币税形式出现的大量社会利益，其数量等于资产的机会成本减去为提供该信用资产所花费成本的部分，包括向储备财产持有者支付的利息。

正是这些巨额铸币税收益的存在，导致了金汇兑本位制的发展，在这种本位制下，第二次世界大战前是英镑，战后是美元和其他货币在国际储备中取代了黄金。假如向美元的财产持有者支付低于市场利率的利息，铸币税将被发行者和持有者瓜分。

人们经常建议在国际货币体系中进一步以信用储备资产取代黄金。1978年通过的国际货币基金组织章程第二修正本就提出了这样的目标。但是，在这方面至今少有进展，根本问题在于人们对发行者的财政殷实程度和持续的政治稳定性是否信任，以及他们是否始终愿意长期将储备资产兑换成可使用的通货。在国家货币体系中，名义货币的使用给中央货币局带来了铸币收益税，可被中央政府挪用作为收入来源。如凯恩斯所说："在别无他法时，一个政府可以通过这种方式生存下去。"

论殖民地

第一节　论建立新殖民地的动机

殖民地来源于古希腊，古希腊虽有许多城邦，但是那些城邦领土的面积通常都是很小的，由于小面积的领土无法维持日益增长的人口，只好把一些人遣送到世界的其他地方。因此，那些地方也就成了殖民地。

殖民地并没有因此而与希腊城邦分离，相反，城邦深得殖民地的爱戴。在城邦的恩惠与帮助之下，殖民地可以自主决定政体、自主制定法律、自主选用官员，并享有独立的外交权。

这是一种显而易见的建立新殖民地的动机。而古罗马建立新殖民的动机则与古希腊完全不同。

土地不均衡在很多殖民地国家里是普遍的现象，究其原因，都是由于婚姻、继承、割让等因素导致了原本是许多家族赖以生存的土地集中到了一些人手中。古罗马就是一个很好的典型，它在建国之初，已按土地分配法，将所有公有领土按一定比例分配给所有市民，但是也由于上述的种种因素造成了土地大量地流入个人手中，使得限制个人拥有土地的最大数量的措施，也无法控制这种土地集中的现象，且土地不平均的程度越来越大。

大量土地的拥有者，即富豪。他们的土地都是由奴隶来耕种，一切商业、制造业甚至零售业也都由奴隶来经营。市民也因此几乎失去一切生计来源，在这种趋势下，无业的市民不得不起来反抗富豪，要求获得土地。于是，罗马国内冲突四起，处于一片混乱的局势之中。

为缓解国内矛盾，罗马政府便把这些无业市民送到征服意大利得到的土地上。但是，只允许他们成立自治组织，制定地方法律。不允许建立独立的共和国，他们要接受罗马的统治、服从罗马的法律。除此以外，罗马政府还在殖民地内驻扎一支常规军，来防范当地居民的反抗。

虽说古罗马与古希腊建立新殖民地的动机不同，但有一点是相同的——都是迫于形势，且都得到了实在的利益。

当然，并不能因此就一概而论，有些殖民地的建立并非迫于形势，且也实实在在地得到了很大的利益。欧洲人在美洲及西印度建立的殖民地就是如此。时至今日，这种利益的性质、范围与界限却仍然鲜为人知。

14 世纪开始，欧洲人着力于推动海上贸易的发展，而不断地实施航海计划。1492 年 8 月，伟大的航海家哥伦布受西班牙王室的资助，从帕罗斯港出发向西航行，踏上了寻找中国和印度的征程。

三个月后，哥伦布没有找到中国和印度，却阴差阳错地登上了美洲的土地。美洲各地的动植物并没有引起他的兴趣，而是把目光投向矿产方面。通过考察，他认为该地富产黄金。这一消息一被带回西班牙，便成为一个巨大的诱惑，不但使西班牙决定占领这些国家，也使欧洲其他国家走上了远涉美洲的淘金之路。因此，美洲各国便相继沦为欧洲人一个又一个殖民地。

西班牙人是最早进入美洲的，他们在当地对土著人进行疯狂的掠夺，轻而易举地得到了大量的黄金。在他们掠夺完之后，后来的其他欧洲国家的人要想得到黄金就不得不从矿山中开采。尽管黄金勘探和开采的费用很高，风险巨大，仍然无法阻断欧洲人的淘金梦。

结果可想而知，获得大量黄金的只有西班牙等少数国家，而多数国家的发财之梦都在美洲破灭。

第二节　论新殖民地繁荣的缘由

不管欧洲人在美洲做了什么或是能不能发财，但有一点是十分值得肯定的——欧洲的文明随着欧洲人一起进入了美洲，并为美洲带来了极大的繁荣。这种繁荣主要表现在以下三个方面：

第一，欧洲的农业生产知识和科学技术极大地提高了美洲的生产技术水平；

第二，欧洲成熟的政治制度和司法制度稳定了美洲的社会秩序；

第三，欧洲的殖民者在美洲获得了大量的土地，这些土地肥沃而且价廉。殖民者无需缴纳地租，也不用纳税。这使得殖民者有能力从各地用高价雇佣劳动者来耕种土地。

高工资可使劳动者拥有积蓄，在较短时间内就拥有了购买廉价且肥沃的土地的能力，并雇佣新的劳动者来耕种。这样的故事几经重复和繁衍，使得耕地面积和人口不断增加。与此同时，在高收入的鼓励下，高生育也使得人口大量增加。这些新增的人口也因高收入而得到良好的照顾，在成年之后，劳动的高价格和土地的低价格，又能使他们像祖先一样独立地生活。

新殖民地就这样逐步地繁荣起来，尤其是英国属下的北美殖民地繁荣得最快。

一般来说，促使新殖民地繁荣的原因是——有大量肥沃的土地和可以按自己的方式处理自己的事务的自由。

英国的北美殖民地能够以最快的速度繁荣起来，并不是因为其土地的良好，而是因为英国殖民地的政治制度有利于土地的改良与耕作。总的来说，其原因主要有以下几点：

首先，严格限制对未开垦土地的占有。英国殖民法规定：殖民地内所有地主在规定期限内必须改良并耕作其拥有土地的一部分，且把此规定视为殖民地内所有地主应尽的义务。若不履行此义务，政府有权把未经开垦的土地交与他人。

其次，修改了土地的继承权：取消长男全部继承权，把土地分配给家中所有的儿女。根据上一条的规定，长男继承权极易使土地遭受损失。一个人若因继承而占有了大量的土地，却因个人能力有限，而导致大量的土地无法耕种，只得将大部分土地割让出去。在继承时平均分配，就能从根源上限制土地的独占，不但可以使土地保持低廉的价格，而且能使英国移民都得到土地，这些土地也得以改良和耕种，极大丰富了社会生产物。

再次，对劳动生产物适度征税。通过征税，可使剩余的劳动生产物成为政府积蓄，用于推动更大的劳动量，创造和增加更大的财富。因为英国移民不用支付在殖民地的军费开支，又无需缴纳什一税，且殖民地的教会也非常节俭。

第四，对于剩余生产物的处理，相对欧洲其他国家的移民而言，英国移民拥有有利的地位和更广阔的市场。由于其他欧洲国家，禁止外国船舶与其殖民地通商，也禁止他们的殖民地从其他国家输入货物，垄断所属殖民地的贸易。正是这种通过牺牲殖民地的利益来扩大自己的市场的方法压抑了殖民地的繁荣。英国政府的做法恰好与他们相反，所以，英国移民常常把美洲生产的谷物、木材、腌制食品、鱼类、砂糖和甜酒等物品以适宜的价格销往许多地方，并换回生产和生活所需的大量物品，用来改善他们的生产和生活条件，加大了英国殖民地的繁荣程度。

另外，为了使殖民地的人民更加平等，为把民主共和的精神深入殖民地人民心中，英国在殖民地内推行他们已经成熟的政治制度，使殖民地人民完 全拥有自行处理事务方面的自由。

第三节　论殖民地带给欧洲的利益

一般利益可分为两个方面：

其一，欧洲各国人民享用到了更多的物品。美洲的发现和开拓，使种类丰富的商品大量输入欧洲，如便利品、有用物品和装饰品等，因此，欧洲人所享用的物品得到了增加和丰富。

其二，欧洲各国的产业得到了发展。美洲为那些在当地建立殖民地的国家的国内剩余产品提供了广阔的市场，带动了相关产业的发展；有些国家虽没能在美洲建立殖民地，但是，美洲产品进入欧洲大市场后，必定在各国之间流转，与各国生产的商品进行交换，为他们的产业发展提供了有力的市场支撑。而且，各国之间相互为对方提供市场，又可以进一步促进各国产业的发展。

特殊利益也可分为两个方面：

其一，殖民地可能会成为各强国兵力的来源，虽然这种可能性很小。

其二，殖民地会成为各强国收入的来源。很显然，这是欧洲各国垄断所属殖民地贸易的结果。就英国而言，垄断贸易使英国无论是在产业上还是外国贸易上都得到了巨大的利益。从产业上讲，它使英属殖民地的剩余产品只能输往英国，并与英国的国内产品进行交换，从而促进了英国产业的发展；从外国贸易上讲，英国对所购买的殖民地产品实行垄断低价，对外出售的国内产品实行垄断高价，通过这个交换过程，可获得巨大的利益。

我们常说，有利必有弊。这种垄断贸易在给英国带来利益的同时，也为英国带来负面的影响，这种不利的影响具体表现在以下四个方面：

第一，殖民地贸易大量不断地吸引其他贸易的资本，会导致其他贸易部门的资本流失，打破产业间的自然平衡。因为英国政府若想维持对殖民地的垄断地位，唯一的做法就是全部购买这些殖民地的商品。但是随着英国殖民地内的贸易品数越来越多，政府不得不从其他贸易部门抽调越来越多的资本，如此一来，肯定会造成这些部门的凋敝。

第二，垄断贸易必定会提高英国所有贸易部门的利润率，由此抑制国内产业的发展。由于垄断贸易排除国外资本进入殖民地，从而减少了竞争程度，提高了殖民地贸易部门的利润率。从另一个角度来说，垄断殖民地贸易吸引大量其他贸易部门的资本，势必会造成其他贸易部门资本量的减少，剩余资本的竞争程度也会随之降低，而其他贸易部门的利润率就会得到提高，但这种人为的贸易利润率的普遍提高，必然会使输出商品的价格提高，导致这些商品会被价格较低的同类外国商品挤出国际市场，反过来抑制国内产业的发展。

第三，垄断贸易会使英国把对周边国家的商品贸易，转入对远方殖民地的商品贸易，迫使英国部分资本舍近求远，得不到充分的利用。距离的远近，不但决定着周转所费时间的长短，还决定着所费周折的多少。距离越遥远，所花费的时间就越长，所费周折就越多。

因此说，垄断贸易会降低资本的周转效率。本书第二篇曾指出，一国投在商品对外贸易上的资本所能推动的本国生产性劳动数量，同该资本的周转次数成正比。因此，垄断贸易也在一定程度上抑制了国内产业的发展，抑制了国民收入的提高。

第四，垄断贸易阻碍了农业的发展。商业部门利润率的普遍提高，会造成两种结果：一是吸引大量资本；二是使市场利息率提高。如此一来，不但用于改良土地、发展农业的资本自然会相应减少，而且，还会阻碍地租的增加。由于土地价格是地租与市场利息率之比，所以说上述两个原因都抑制了土地价格的上涨，从而也抑制了投资农业的积极性。

综上所述，殖民地既不能为英国带来任何收入，也不能为英国提供兵力，但是却要支付维持殖民地的大量军费，并为争夺殖民地承担战争的消耗。其不利的影响比所得利益还要大，且大得多。在此，我建议英国放弃殖民地。欧洲其他强国也应如此。

链接

当今殖民地概况

殖民地是指由宗主国统治，没有政治、经济、军事和外交方面的独立权力，完全受宗主国控制的地区。广义的殖民地还包括虽然拥有行政机关、军队等国家机器，但经济、军事、外交等一方面或多方面被别国控制的半殖民地国家和保护国。

现在大多数殖民地都已获得独立，世界殖民系统不复存在，但是到目前为止仍有一些地区，如新喀里多尼亚、格陵兰、波多黎各、关岛等，仍未获得独立，不过这些地区都拥有一定的自治权。

现代通用的“殖民地”一词来自古罗马的“Colonia”，原指由罗马公民及其家属组成的守卫亚平宁半岛海岸的村社。随着罗马统治地域的扩大，这一制度逐渐推及到新征服地区，演变成殖民制度。殖民者仍然享受罗马公民的一切权利，被征服地区的人口则无法享受罗马公民权（至罗马共和国后期和罗马帝国时期，随着被征服地区的罗马化，公民权方赋予殖民地人民）。

与本国原有领地相连，但是具有不同的种族和文化的新征服地区是否可以被算作殖民地，一直是一个具有争议的问题。历史上俄国对中亚、西伯利亚和北美洲的殖民，美国的西进运动，条顿骑士团对东欧的殖民等，都具有征服殖民地的性质。一些历史学家也将这些对新领地的征服算作殖民运动。但也有一些历史学家认为，这些地区被征服后经过一定时间的演变，成为与宗主国其他行政区划地位相等的新省份（或州），并采纳了宗主国的语言、文化、意识形态，因此不应该算作殖民地。

一种折中的看法是，将征服行动本身看作是殖民行为，但被征服地区作为与宗主国其他政治实体（如省、州）地位相同的实体加入宗主国、其居民享有与宗主国公民完全平等的政治权利后，该地区作为殖民地的时期即告结束。以美国历史为例，从西部新领土归美国统治时开始，到该领土作为州加入合众国的那段时期为止，可以算是该地区的殖民地时期（例如1867—1959年的阿拉斯加）。历史上中国周边国家对中国的藩属关系也不同于殖民地与宗主国的关系，因为这些国家政治上实行内部自主，经济和军事也完全独立。事实上，这种关系有些类似神圣罗马帝国早期的德意志诸邦与帝国皇帝以及宗教改革之前欧洲各国对罗马梵蒂冈的臣服关系。

第二个具有争议的问题是海外领地与殖民地的区别。一些面积很小、原为荒凉无人地区的殖民地（大多是海岛），其居民为宗主国移民，享有完全、充分的政治权利，与宗主国具有相同的文化，对宗主国有认同感，或者由于太过荒凉而无常住人口，这样的地区不能算作殖民地。具体来说，比如英国的福克兰群岛、圣赫勒拿岛，以及挪威的布韦岛。法国的一些海外省虽然人种与法国本土不同，但对法兰西文化也有很强的认同感，并且不愿独立。

与之相反，如果一个殖民地被列为“海外领地”或“海外省”，但其居民因肤色、种族、信仰等原因不能享有与宗主国公民完全平等的政治权利，则该地区仍被作为殖民地看待。这方面最著名的例子就是1950年葡萄牙宣布安哥拉、莫桑比克等非洲殖民地为“海外省”后，由于当地的黑人无法享有完全的公民权利，世界上大多数国家均不承认这些地区为非殖民地地区。同样的例子是，1965年11月11日伊恩·史密斯宣布罗得西亚（今津巴布韦）独立后，由于国内的黑人政治地位仍与独立之前相同，除南非和葡萄牙等少数国家之外，包括英国在内的世界各国均不承认罗得西亚为独立国家，英国还提出了被称为“NIBMAR”的原则，即“非洲人的多数统治之前没有真正的独立”。

现存的殖民地和海外领地有：

英国：百慕大、福克兰群岛、开曼群岛、特克斯和凯科斯群岛、英属维尔京群岛、安圭拉、蒙特塞拉特、圣赫勒拿、直布罗陀、皮特凯恩岛、迪戈加西亚群岛；

法国：马提尼克、瓜德罗普、法属圭亚那、留尼汪、新喀里多尼亚、瓦利斯和富图纳、圣皮埃尔和密克隆、社会群岛、马约特、法属南方和南极领地；

荷兰：阿鲁巴、荷属安的列斯；

丹麦：格陵兰、法罗群岛；

挪威：布韦岛；

美国：关岛、美属萨摩亚、波多黎各、美属维尔京群岛；

西班牙：加那利群岛、休达、梅利利亚；

葡萄牙：马德拉群岛、亚速尔群岛；

新西兰：托克劳群岛；

澳大利亚：圣诞岛、诺福克岛、麦夸里岛、赫德岛。

关于重商主义的结论

奖励输出和抑制输入是重商主义提出的两大富国政策，其目的是通过有利的贸易差额，使国家致富。但是，对于某些特定的商品，重商主义者采取的政策则是奖励输入和抑制输出，这看似与奖励输出和抑制输入的富国政策相反，但其目标却相同。

首先，为保证数量多和价值大的商品的输出，重商主义提出限制那些价值不大的商品的输出，它们主要是工业原料和职业用具。这样做的目的是使英国商人处于有利地位，让他们在外国市场上能以比其他各国货物价格更低的价格出售他们的货物。为防止制造品数量过大和价格过高的输入，重商主义又提出奖励工业原料的输入，让英国人民以较低廉的价格把这些原料制成成品，从而为国家节约和积累财富。

英国的法律不奖励，也不允许职业用具输入。因为，在奖励的政策之下，就会有大量工业原料输入，当制造业发展到相当大的规模时，对于职业用具的需求也将越来越大，职业用具的制作在国内市场势必有着广阔的前景，因此，会成为许多重要制造业的生产对象。

若在此时对这种工具的输入给予任何的奖励，都会给国内制造业者的利益造成极大的影响。所以，重商主义对于这样的输入，肯定不会给予奖励，不但不会奖励，而且予以禁止。

奖励输入的手段往往是免税，有的时候甚至是发放奖励金，制造业原料的进口也是如此。但是，在某些情况下，这种免税办法的推广，会因为大制造商的贪欲而大大超过可正当地看作加工原料的范围，这种情况在英国体现得最为突出的就是麻纱。麻纱虽然是制造品，但是却免征关税。不过，从中得利的只有那些织工头目，至于制作麻纱的工人，奖励政策并没有使他们从中得到什么，他们始终是无人保护的穷人。

制造商都是以极低的价格进口原料，又以低廉的价格雇佣工人加工成完全制品，所以他们能以尽可能高的价格出售完全制品，从中获得最大的利益。

那些大制造商，为了达到高价出售他们货物的目的，可谓是不择手段、费尽心机。他们不但态度强硬地要求立法当局对他们自己的麻布的出口发给奖励金，对一切外国麻布的进口征以高关税，还要以尽可能低的价格购入纺工的制品，且要求奖励外国麻织纱的进口，以便与本国形成竞争。

在雇佣工人方面，他们则利用一切手段来压低自己所雇织工的工资，恨不得把工人身体里的最后一滴血都榨干。

所以，依上所述，他们企图提高完全制造品价格或减低原料价格，都是为了自己能牟取更大的利益，与劳动者的利益丝毫无关。

总的来说，重商主义所要奖励的产业，都是与那些大的有钱有势的制造商的利益有关，至于为贫苦人民的利益而经营的产业，不是被忽视就是被压制。

不过，这种关于免税和针对麻布出口发放的奖励金的规定并不具备长久的法律效力，发给奖金鼓励进口的也只是针对从美洲殖民地进口的制造原料。

从所属的美洲殖民地进口商品，重商主义认为这是一个明智的选择。因为若从其他国家进口同类商品，必须缴纳很高的关税，这会使货币大量流向其他国家。在通常情况下，美洲殖民地的利益和宗主国的利益被看作是一致的。两者之间的财富，可以不分彼此，共同享用。从宗主国流向殖民地的货币，会由于贸易差额，全部回流到宗主国来，换言之，无论英国在所属殖民地上花多少钱，也不会减少一个铜板。

但事实并非如此，惨痛的经历已经将这种制度的愚蠢性暴露无遗，在此无须多言。如果美洲殖民地真是大不列颠的一部分，此种奖励金便可认为是对生产的奖励金，但依然要遭受这类奖励金所要遭受的一切非难。

重商主义在对原料出口的抑制政策上，也是根据情形而定，但基本上都是使用绝对禁止和征高关税这两种方法。

现在我们就来具体谈谈英国的呢绒制造者们是如何维护自己的利益的。

与英国其他种类制造业者相比，呢绒制造者们最大的成功就在于他们说服了国会，使国会成员相信国家的繁荣依存于他们这种业务的成功与推广。因此，他们不仅轻而易举地获得了对抗消费者的垄断权，即绝对禁止从其他国家进口呢绒，而且取得了对抗牧羊人和羊毛生产者的垄断权，即同样禁止活羊和羊毛的出口。

甚至，他们还极力说服立法机关以法律的形式对这些权益加以巩固。于是，英国又多了一部令很多人抱怨不已的苛刻法律。

这样做的后果是什么呢?

禁止活羊和羊毛的出口，受到直接影响的当然要数内地羊毛商，其他诸如沿海贸易等产业亦会因羊毛产业而受到间接影响。

英国政府听信呢绒制造者的言辞，为防止输出，对境内的羊毛贸易采取了极为苛刻繁琐的限制手段：

第一，规定羊毛不得装在箱内、桶内、匣内，只可用布或皮革包装，外面写着三寸长的大字“羊毛”或“毛线”，否则没收货物及其盛器，每磅罚 3 先令，由所有者或包装者交纳；

第二，除了在日出及日落之间的时候，羊毛不可由马或马车搬运，也不可在离海 5 里以内由陆路搬运，否则没收货物及车马；

第三，邻近海岸的小邑，在一年内，对由小邑或经过小邑而运出或输出羊毛的人，提出控诉，如羊毛价不及 10 镑，则处以罚金 20 镑，如在 10 镑以上，则处以 3 倍原价及 3 倍诉讼费的罚金；

第四，倘有人私通小邑官吏，以求减免罚金，则处以徒刑 5 年；任何人都可告发。

这些法规颁布后，即在全国通行。对于这些不合常理的限制，呢绒制造者们也找出了种种借口和理由企图来证明它的正当性。

如英国羊毛具有特殊品质，比任何其他国家的羊毛都好；其他国家的羊毛，不掺入若干英国羊毛，就不能造出有相当质量的制造品，尤其是精良呢绒，非英国羊毛不能织成；英国若能完全防止本国羊毛输出，就能垄断几乎全世界的呢绒业，没有谁能与之竞争，英国就可随意抬高价格，售卖呢绒，并在短期内凭借最有利的贸易差额，取得最大的利润，等等。

实际上，英国羊毛根本就不是制造精良呢绒所必需的原料，更不适合制造精良呢绒。真正能织出精良呢绒的是西班牙羊毛。如果把英国羊毛搀到西班牙羊毛中去织造，只会在一定程度上降低呢绒的质量。

但是具有权威的国会没有着手调查这些说辞是否真实，就信以为真。普通民众就更容易像相信其他学说一样，信从甚至是盲从于它了。至于那些不懂得呢绒业或未曾研究呢绒业的人，几乎也是全体相信的。

在这种限制之下，羊毛的价格明显降低，尤其是英格兰与苏格兰合并的时期，由于这种法规的通行，苏格兰羊毛价格下跌了一半。

价格遭到如此打压，人们肯定会担心羊毛的生产受到阻碍。的确，在这种形势下，羊毛的年产量受到影响是必然的，但影响也不至于太大。

因为，牧羊者使用其劳动及资本的主要目的并不是羊毛的生产，羊毛给牧羊者带来的利润远远比不上羊肉为他带来的利润。在许多情况下，羊肉的平均或普通价格足以补偿羊毛平均或普通价格上的损失。

所以，在进步及耕作发达的国家里，羊毛价格的降低，不大可能引起该商品年产量的减少。但是，由于它使羊肉价格上涨，极有可能会稍稍减少这种家畜肉的需要，并随之降低此种家畜肉的生产。

羊毛价格的降低虽然对羊毛年产量影响不大，但对其质量的影响却是极大的。从现今情况来看，英国羊毛的质量与从前相比没有多大差别，但比现今农耕状态下所应有的质量低。也许有人会认为，羊毛价格的降低是由于羊毛质量降低造成的，它们之间是成正比的。

实际上，大家可以想象得到，羊毛的质量取决于羊种、牧草及羊毛生产全过程中羊的管理与清洁，而且有一点必须承认，牧羊者对于此等事件的注意程度与羊毛价格对所需要的劳动和费用能提供怎样的赔偿有关。

除此之外，羊毛质量的优劣，在很大程度上取决于羊的健康、发育与体格，因此，只要在改良羊肉时对这几个方面加以注意，也可同时使羊毛得到足够的改良。

在这种情形下，英国羊毛尽管价格低贱，其产量还是随着羊肉的改良得到了相当大的提高。若是价格得以提高，其改良也会得以加大。虽然低贱的价格阻碍了这种改良，却不会完全阻止这种改良。

所以说，这种并不合理的规定，虽然使羊毛生产者的利益在一定程度上受到损害，但对羊毛的年产量和质量不会造成太大的影响，对羊毛生产者的损害也不会太大。

以上所言，能够充分证明对羊毛出口征以重税是合理的，但决不能证明绝对禁止羊毛出口是合理的。

一个英明的君主，会对其所有子民一视同仁，竭尽全力地给予他们公平的待遇，倘若总是顾此失彼，甚至得不偿失，那么给国家带来的危害是可想而知的。仅仅为了促进一个阶层的利益，而去伤害另一阶层的利益，正如仅仅为了促进制造业者的利益而伤害了羊毛生产者的利益这种做法一样，是不可取的。

作为国家的公民，无论身处哪个阶层，都有纳税以支持君主或国家的义务。如果在羊毛出口上征税，不但可以为君主或者国家提供很大的税收，而且，由于它不像禁止出口那样能产生很大的减低羊毛价格的作用，对羊毛生产者利益的损害程度也要小得多。

这种征税，又能够为制造业者提供多大的利益呢?

与禁止出口相比，制造业者虽然必须以高价格购买羊毛，但与外国制造业者比较，他至少能够少付钱，而且还可免除外国制造业者所必须支付的运费及保险费。这其中所获得的利益也是相当大的。

中国有句话说，鱼和熊掌不可兼得。既对君主或者国家提供更多收入，同时又不会导致任何人陷入困境的赋税，几乎是不存在的。

羊毛出口禁令上的各种处罚条款，真的能防止羊毛的出口吗?我看未必，外国市场与本国市场羊毛价格存在着巨大的差额，这种差额就是利润，也是为私运提供巨大诱惑，再严酷的法律也不能阻止其秘密进行。这种不合法的秘密输出，除了能给秘密输出者带来收益之外，对任何人尤其是国家一点好处都没有。只有通过征收赋税的合法的出口才能给国家和个人同时带来收益。

在英国还有一样东西，和羊毛一样被禁止出口，它就是漂白土，因为它被认为是呢绒制造及漂白所必需。此外，其他各种制造原料，也被征收很重的出口税。那些正式被称作生产工具的商品的出口，通常也是受到限制的，不是被征收高关税就是绝对禁止。

在乔治一世时就认为引诱技工出国是严重的罪行。在当时看来，当对死的生产工具的出口受到重罚时，活的生产工具即技工的出口是不能期望进出自由的。

这种规定与英帝国时常以爱护自由来进行的自夸是多么的矛盾，在重商主义的原则之下，这种自由是名存实亡的，是为了商人和制造商们的蝇头小利而被牺牲掉的。

若单独就这些规定的动机而言，也许还值得赞美。他们的目的在于扩张自己的制造业。但是其方法不是通过它们自己的改进，而是通过抑制所有邻国的制造业，来终止这种竞争；通过限制某些行业在某段时间内所能雇佣的人数和在该行业中必须有的长久的学徒年限，来控制这些职业技能和知识掌握在少数人的手中，而且他们极不愿意这些职业技能和知识流入外国，从而加剧同类商品与他们商品的竞争。

重商主义学说把生产者的利益凌驾在消费者的利益之上，不重视消费而只把生产看作是一切。其实，生产的唯一目的就是消费。没有消费生产者就没有利益可图。重商主义学说却反其道而行之，为生产者的利益牺牲了消费者的利益。

不仅如此，重商主义学说为了维护国内生产者的垄断地位，对于凡能与本国产物和制造品竞争的一切外国商品，在输入时一律加以限制。为了保证自己的利益，生产者通常是把此种垄断所增加的费用加在商品上，让国内消费者来承担。

总的来说，出口奖励金有两大来源：一是针对奖励金的开支向国内消费者征收赋税；二是国内市场上价格抬高所必然产生的更大的赋税。无论哪一种，都完全只对生产者产生利益。

由此可以看出，消费者决不是重商主义学说的设计者，因为在这种情形之下，他们没有丝毫利益可言；不是消费者就是生产者，因为这一整套设计是那么周到地考虑和维护了生产者的利益。

当然，这里所指的生产者并不是指所有产业的生产者，而是指在这一整个重商主义学说的设计中受益的产业生产者，尤其是商人与制造业者，一直都是主要的设计者。因为从前文的论述中可以看出，利益被牺牲掉的除了消费者以外，还有其他产业的生产者。

链接

重商主义

重商主义（Mercantilism）是18世纪在欧洲盛行的一种政治经济体制。它建立在这样的信念上：一国的国力基于通过贸易的顺差——出口额大于进口额——所能获得的财富。

重商主义学说认为，一国积累的金银越多，就越富强。所以，国家应当干预经济生活，禁止金银输出，增加金银输入。具体来说，应由政府管制农业、商业和制造业；发展对外贸易垄断；通过高关税率及其他贸易限制来保护国内市场；并利用殖民地为宗主国的制造业提供原料和市场。

重商主义这个名称最初是由亚当·斯密提出的。但1776年亚当·斯密在他的著作《国富论》中抨击了重商主义，他提倡自由贸易和开明的经济政策。但是，直到19世纪中叶英国才废弃以重商主义哲学为基础的经济政策。

（1）重商主义产生的时期及背景

重商主义是资产阶级最初的经济学说。产生和发展于欧洲资本原始积累时期，充分反映了这个时期商业资本的利益和要求。它对资本主义生产方式进行了最初的理论考察。

15世纪末，西欧社会进入封建社会的瓦解时期，资本主义生产关系开始萌芽和成长；地理大发现扩大了世界市场，给商业、航海业和工业以极大刺激；商业资本发挥着突出的作用，促进各国国内市场的统一和世界市场的形成，推动对外贸易的发展；在商业资本加强的同时，西欧一些国家建立起封建专制的中央集权国家，运用国家力量支持商业资本的发展。随着商业资本的发展和国家支持商业资本的政策的实施，产生了从理论上阐述这些经济政策的要求，逐渐形成了重商主义的理论。

重商主义抛弃了西欧封建社会经院哲学的教义和伦理规范，开始用世俗的眼光，依据商业资本家的经验去观察和说明社会经济现象。它以商业资本的运动作为考察对象，从流通领域研究了货币——商品——货币的运动。

（2）重商主义的贸易观点和经济思想

①认为贵金属（货币）是衡量财富的唯一标准。一切经济活动的目的就是为了获取金银。除了开采金银矿以外，对外贸易是货币财富的真正的来源。因此，要使国家变得富强，就应尽量使出口大于进口，因为贸易出超才会导致贵金属的净流入。一国拥有的贵金属越多，就会越富有、越强大。因此，政府应该竭力鼓励出口，不主张甚至限制商品（尤其是奢侈品）进口。

②由于不可能所有贸易参加国同时出超，而且任一时点上的金银总量是固定的，所以一国的获利总是基于其他国家的损失，即国际贸易是一种“零和博弈”。

（3）重商主义的发展阶段

重商主义的发展经历了早期重商主义和晚期重商主义两个阶段。

①早期重商主义产生于15—16世纪，在对外贸易上强调少买，严禁货币输出国外，力求用行政手段控制货币运动，以贮藏尽量多的货币，因而又被称为货币差额论。

②晚期重商主义盛行于17世纪上半期，强调多卖，主张货币输出国外，认为只要购买外国商品的货币总额少于出售本国商品所得的货币总额，就可以获更多的货币。晚期重商主义为保证对外贸易中的出超，采取保护关税的政策。由于晚期重商主义力图控制或调节商品的运动并发展工厂手工业，又被称为贸易差额论。

早晚期重商主义的差别反映了商业资本不同历史阶段的不同要求。重商主义促进了商品货币关系和资本主义工厂手工业的发展，为资本主义生产方式的成长与确立创造了必要的条件。

（4）重商主义的局限性

①重商主义的政策结论仅在某些情况下站得住脚，并非在一般意义上能站得住脚；

②重商主义把国际贸易看作一种零和博弈的观点，显然是错误的；

③重商主义把货币与真实财富等同起来也是错误的。正是基于这样一个错误的认识，重商主义才轻率地把高水平的货币积累与供给等同于经济繁荣，并把贸易顺差与金银等贵金属的流入作为其唯一的政策目标。

论重农主义

科尔培尔是法国皇帝路易十四的名臣，他在众多方面极其睿智，但却抱有重商主义的偏见。科尔培尔非常重视城市产业，但轻视乡村产业。

有格言说："矫枉切勿过正。"那些主张将农业视为各国收入与财富的唯一来源的法国学者们，就进入了"矫枉过正"的误区。

在科尔培尔的制度中，城市产业较乡村产业更为受到重视，在重农主义学者的学说中，乡村产业较城市产业则更为受到重视，城市产业的价值被低估了。

重农主义学者把一般认为在任何方面对一国土地和劳动的年产物有所贡献的各阶级的人，分为三种：

其一，土地所有者阶级；

其二，耕作者、农场主和乡村劳动者阶级，他们被赋予了"生产阶级"的特殊称号；

其三，工匠、制造者和商人阶级，他们被贬称为"不生产阶级"。

土地所有者阶级

土地所有者阶级，之所以对年产物有贡献，是由于他们将金钱花在土地、建筑物、排水沟、围墙及其他各种改良或保养上。如此，耕作者就能以相同的资本，生产更多的产品，因而能支付更高的地租。这种增高的地租，被视为土地所有者拿出费用或投资改良其土地所应得的利息或利润。在重农主义学者的学说中，这种费用被称为"土地费用"。

耕作者、农场主和乡村劳动者阶级

耕作者、农场主，之所以对年产物有贡献，是由于他们出费用耕作土地。在重农主义学者的学说中，这种费用被称为“原始支出”和“年支出”。

“原始支出”包括：农具、牲畜、种子以及农场主的家属、雇工等在一个年度耕作期间（至少在其大部分期间）或在土地有若干收获以前所需的维持费。

“年支出”包括：种子、农具的损耗以及农场主的牲畜、雇工、家属每年的维持费。

非常明显，支付地租后留给他们的那一部分土地产品，首先应该足以在相当长的时期内（至少在他们耕种期间内），补偿他们的全部原始费用并提供资本的普通利润；其次应该足以补偿他们全部的年支出，并提供资本的普通利润。

以上两种支出的费用，是农场主用于耕作的两种资本。如果这两种资本不经常地回到农场主手中，并给农场主提供合理的利润，他们为了自身的利益，就必然会立即放弃这一职业，而寻求其他职业。

为了促使农场主能继续工作，他们所必需的那一部分土地产品，应该被视为农业的神圣基金。如果这一神圣基金遭到侵害，那么，这一农场主土地的产物就必然会减少，用不了多久，农场主就不能支付应当支付的合理地租，更不用说支付土地所有者那种苛刻的地租了。

土地所有者应得的地租，只是把先前用于生产总产物或全部产物所必需的一切费用完全付清之后留下来的净产物。因为耕作者的劳动，在付清这一切必要费用之后，还能提供这种净产物，所以在这种学说中，这个阶级被称为“生产阶级”。

同样道理，在这种学说中，他们的“原始支出”和“年支出”，被称为“生产性费用”。这种费用，除了补偿自身的价值外，还能使这个净产物每年被再生产出来。

此外，在这种学说中，土地费用——土地所有者用来改良土地的费用，亦被称为“生产性费用”。这种费用的全部及资本的普通利润，在还未通过增高的地租完完全全还给土地所有者以前，应被视为神圣不可侵犯的，教会和国王都不应加以侵扰。否则，必然抑制土地的改良，同时亦妨害教会和国王的长远利益。

综上所述，在这种学说中，只有这三种被称为“生产性费用”，即地主的土地费用、农场主的原始费用及每年费用。

工匠、制造者和商人阶级

一般而言，工匠与制造者的劳动，极能增加土地原生产物的价值，但在这种学说中，工匠与制造者却被视为“不生产阶级”。

一般认为，工匠与制造者的劳动，只偿还雇用他们的资本并提供其普通利润。这种资本是雇主垫付给他们的原材料、工具与工资，是被指定用来雇用他们、维持他们的基金。而他们的利润则被指定用来维持他们的雇主的基金。他们的雇主为他们垫付工作所需的原材料、工具与工资，也同样垫付他自己维持生活所需的费用。事实上，雇主所垫付的这种维持费，通常与他在产品价格上所期望的利润成比例。如果产品价格不够偿还他为劳动者所垫付的原材料、工具与工资，以及他为自己所垫付的维持费，那么，他就显然没有偿还他所投下的全部费用。

显而易见，制造业资本的利润并不像土地的地租一样，是还清全部费用后留下的纯产物。农场主的资本与制造者的资本一样，给资本所有者提供利润，但农场主能给他人提供地租，制造者却不能。

因此，用来雇用并维持工匠、制造业工人的费用，可以说，只延续它自身价值的存在，并不能生产任何新的价值。反之，用来雇用农民、农村劳动者的费用，除了延续它本身价值的存在以外，还生产出一个新的价值，即地主的地租，所以它是生产性费用。

制造业资本和商业资本，同样不能生产任何新价值，而只能延续它自身价值的存在。制造业资本和商业资本的利润，不过是投资人在投资期间或收得报酬前为自身而垫付的维持费的补偿。

工匠或制造业工人的劳动，并不能使土地原生产物全年产额的价值有任何的增加。虽然他们的劳动对于土地原生产物某特定部分的价值而言，的确有很大的增加，但他们在劳动时要消费原生产物的其他部分。他们对这部分的消费，恰好等于他们对那部分的增加。因此，无论何时何地，他们的劳动，对于全部的价值而言，没有任何的增加。

举例来说，制造花边的人，有时候能把仅值 1 便士亚麻的价值，提高到 30 镑。这看起来似乎将一部分原生产物的价值增加了数千倍，但事实上，制造花边的人对原生产物全年产额的价值没有任何的增加。对于花边的制造，或许要花费他两年的劳动。花边制成后，他所得到的 30 镑，不过是弥补这两年他给自己垫付的生活资料而已。他每日、每月或每年的劳动，对于亚麻所增加的价值，只是补偿这一日、一月或一年他自身消费掉的价值。因此可以说，无论在什么时候，他对土地原生产物全年产额的价值，都没有任何的增加。换言之，他继续生产的价值，总等于他继续消费的那部分原生产物的价值。

日常生活中，被雇用于这种相对而言不重要的制造业上的人，大多数是贫穷的。这种情况能够使我们相信，在通常情况下，他们所制造商品的价值，并没有超过他们所消费的生活资料的价值。

然而，就农场主、农村劳动者的工作而言，情况就大不相同了。通常情况下，农场主、农村劳动者的劳动，除了补还他们的全部消费、雇用并维持工人的全部费用外，还生产出一个价值作为地主的地租。

我们可以这样认为，工匠、制造商和商人只能通过节俭——从自己的生活资料中拿出一部分资金——来增加社会的收入和财富。如果他们不能从自己的消费中节省一部分，那么，社会的收入和财富就不会因为他们的劳动而增加。

与此相反，农业劳动者不仅完全能够得到这种享受，而且同时还能增加社会的收入和财富。因为他们不仅生产自身的生活资料，还提供净产物。正是由于净产物的增加，从而导致社会财富和收入也相应地增加。

因此，那些地主和耕作者占多数的国家，能够因为劳动和享受而致富。而那些由商人、工匠和制造商构成的国家，只能依靠节俭致富了。这样巨大的差异，导致不同国家的国民具有了不同的共性。前者，友爱、宽容、直率；后者，自私、狭隘、虚伪。

社会收入和财富的提供者，不仅为不生产阶级提供生活资料和生产资料，还为他们提供所需要的谷物和牲畜，最终还支付了他们的工资和利润。这种关系有点儿像主人和佣人的关系，不生产阶级中的雇工和雇主都是地主和耕作者的佣人。

在此我必须指出这样一点：我们不能因为不生产阶级不增加社会的收入和财富，就轻视和排斥他们。

对于地主和耕作者而言，不生产阶级具有非常大的用处。地主可以用自己的劳动产物从不生产阶级那里购买所需要的本国和国外的商品，这比他们自己试图生产或进口同样的商品所付出的劳动要少得多。正是由于不生产阶级的存在，耕作者才能将全部精力用于耕作土地，从而尽可能地提高产量。而这些提高的产量，完全可以支付他们自己和地主维持及雇用不生产阶级所需要的全部费用。由此可见，不生产阶级使生产阶级更专注于自己的劳动，从而提高了生产阶级的劳动力，因此说，不生产阶级间接提高了土地的产量。

必须指出的是，在任何方面抑制不生产阶级都是不符合生产阶级利益的。我们所需要做的是——使不生产阶级充分享有自由，从而加剧不生产阶级中各行各业的竞争，这对地主和耕作者而言是非常有利的——他们能以更加低廉的价格购买到本国和国外的商品。

事实上，正是耕作者和地主生产的剩余产物维持并雇佣了不生产阶级。如果剩余产物越多，这一阶级被维持的状况就会越好。确保生产阶级和不生产阶级最高度繁荣的和最简单的秘诀正是这种完全的正义、自由和平等。

像汉堡、荷兰这些由不生产阶级构成的商业国家，与其他由不生产阶级构成的商业国家相比，其区别在于：维持和雇用类似汉堡、荷兰这些国家不生产阶级的地主和耕作者，是其他国家的居民，他们交通不便、距离遥远。其他国家的居民由于政策原因，无法在国内找到商人、工匠和制造商，而这些商业国家恰恰在某种程度上弥补了这种不足。

如果利用征收高额关税等办法来压制这些商业国家，则无益于由生产阶级构成的国家的利益。高额关税使商品变得更加昂贵，从而降低了土地剩余产物的真实价值，反而不利于剩余产物的增加和土地的改良与耕作。因此，给予商业国家最完全的自由贸易，是有利于地主和耕作者以及剩余产物最有效的策略。

土地剩余产物的不断增加，让耕作者和地主获得了更多的利润，同时，也为国内的工匠、制造商获取生产原料、生活资料提供了充足的资金，他们可以立即生产商品，而且商品的价格与那些商业国家所提供商品的价格一样低廉。事实上，即使国内的工匠、制造商缺乏技艺和熟练程度，从而无法在短时间内生产像商业国家同样低廉的产品，但他们一样可以以同样低廉的价格销售其产品，因为他们具有地域的优势，而商业国家距离往往非常遥远。随着他们技艺的提高，其产品的价格会随之降低。因此，以地主和耕作者为主的国家会立即与这些商业国家开展竞争，这不但会迫使商业国家降低价格，甚至会将他们赶出本国市场。当国内的工匠、制造商技艺纯熟以后，他们的产品将远销海外，其低廉的价格在外国市场将淘汰许多商业国家的制造品。

当以地主和耕作者为主的国家的资本不断增加时，多余的资本会流向对外贸易，国内多余的产品将出口海外。与上述原因相同，即使他们缺乏熟练程度和航海技术，他们的商品同样可以以低廉的价格销售。当他们的熟练程度和航海技术提高以后，其商品的价格将更加低廉。

因此，重农主义国家培养本国工匠、制造商和商人的最有效的方法是完全自由的贸易。这种不断积累的价值，在适当的时候就会培养出本国所需要的商业。

但是，如果重农主义者抑制了这种贸易关系，将至少对本国造成以下两个方面的危害：

其一，提高的外国产品的价格，必然降低本国用于购买这些产品的剩余产物的真实价值；

其二，国内的垄断，将提高商业、制造业以及农业的利润率，必然会分散现有农业的资本和劳动，或吸引其他原本想进入农业的资本和劳动。

出于自身利益的考虑，资本和劳动都会从前者转移到后者。因此，这样的政策不利于农业。农业的利益将会减少，其他行业将会变得更加有利。

同样，这种重农主义政策会过快培养另外一种产业，从而压制原有的产业。毋庸置疑，对完全不生产性劳动过快地鼓励，必然会压制生产性劳动，并且减少净产物的产生。

对于这一学说，弗朗斯瓦·魁奈用一些数学公式表述了在各阶级中如何分配土地年产物时，不生产阶级为什么丝毫不增加所有年产物的价值，而仅仅补偿其消费的价值。他的第一个公式被命名为“经济表”，并受到了特别的关注。

第一个公式假定，在最自由、最安定的前提下，各阶级在全部年产物中享有适当的份额，当年产物能提供最多的净产物时，如何进行分配。接着的几个公式表述了在存在各种限制的前提下，如果地主阶级或不生产阶级比耕作者收获更多，或者他们侵占了生产阶级应得部分，又将如何分配。这种侵占，或者违反自由的分配，会造成年产物价值和总产量的逐年降低与社会真实财富和收入的逐渐衰退。这种衰退的进程与上述侵占的程度成比例。最后的公式便表述了这种比例关系。

说到这里，我想起了生活中那些有思想的医生，他们认为人体的健康只能依靠食物和运动的正确养生方法来保持，如果稍有违犯，即将按违犯程度的轻重而引起相等程度的疾病。然而，经验似乎告诉我们，运用各种各样不同的养生方法，人体同样能保持良好的状态，至少表面上如此，甚至在通常认为极不卫生的情况下，也能保持健康。事实上，人体的健康状态本身就有着一种未被发觉的自卫力量，它能在许多方面预防并纠正不良卫生方法的不良结果。

以上这种政治经济，虽然在某种程度上阻碍了一个国家的发展，但并不能使其完全停止发展，更不可能使其倒退。如果说一个国家没有享受完全自由、平等就没有繁荣昌盛的可能的话，那么，世界上就不可能有一个国家能够繁荣昌盛。幸运的是，在一个国家内，自然的智慧对于人类的愚蠢与不公正的许多恶劣影响，有了充分的准备，从而给予纠正，正如在人体内，自然的智慧有充分的准备来纠正人类的懒惰及无节制的不良结果一样。

在此必须指出，这种学说最大的谬误在于——似乎将工匠、制造业工人和商人视为全无生产或全不生产的阶级。这种观念是不恰当的，有必要作以下说明：

第一，这一学说也承认这一阶级每年再生产他们自身消费的价值，或者说至少是延续了雇用他们和维持他们的那种财富或资本的存在。

仅就这一点而言，称这一阶级为无生产或不生产，似乎是不妥当的。用一个比喻来说明，仅生一男一女来代替父母、延续人类而不能增加人类数目的婚姻，我们不能称之为不生儿育女的婚姻。同样，我们也不能称这一阶级为无生产或不生产阶级。生育三个儿女的婚姻的确比仅生育两个儿女的婚姻更有生产力，但我们不能就此认为后者为不生儿育女的婚姻。同样，农民与农村劳动者的劳动的确比商人、制造业工人与工匠的劳动更有生产力，但我们也不能就此认为后者为无生产或不生产阶级。

第二，无论如何，将工匠、制造业工人和商人视为家仆，同样是不妥当的。

家仆的工作并不能延续雇用他们和维持他们的基金的存在，这一基金完全是由主人付出的，家仆的工作大都是随生随灭的事务，其工作的性质决定了其没有偿还这种费用的可能。相反，工匠、制造业工人与商人的劳动却自然而然地固定并实现在可卖商品上。因此，我将家仆归于无生产或不生产的劳动者之内，而将工匠、制造业工人及商人归于生产性劳动者之内。

第三，无论根据什么样的假定，指出工匠、制造业工人和商人的劳动不增加社会的真实收入，同样是不妥当的。

持这种学说的人常常说，工匠、制造业工人与商人的消费等于他们所生产的价值。如果我们将他们的话表达得更确切些，他们则是在说，这一阶级的收入等于这一阶级所生产的价值。这样我们就可以轻松地想到，这一阶级从这个收入节省下来的部分，必定会增加社会的真实财富。

第四，如果农村劳动者不节俭，不能增加土地和劳动的年产物，就不会增加社会的真实收入。相反，如果商人、工匠和制造商本能地比地主和耕作者更趋于节俭，他们则会增加社会的真实收入。

这种年产物的增长方式有两种：提高社会能够雇佣的有用劳动力的生产力；增加有用劳动力的实际雇佣数量。前一种方式的提高取决于两点：劳动者能力的提高；劳动者工作所用机械的改进。由于分工更细致，因而工匠和制造商的劳动比农村劳动者的劳动更简单。所以，用上述两种方法可以将前者生产力提到高得多的程度。相比之下，生产者阶级并不具备优势。

正如上述学说所下的结论，只有雇用有用劳动的资本增加了，社会实际雇用的有用劳动量才会增加，而这种资本的增加则来自于收入——资本管理人的收入或资本借出人的收入的节省额。那么，如果商人、工匠和制造商本能地比地主和耕作者更趋于节俭和储蓄，他们就会雇佣更多的有用劳动量，从而进一步增加了社会的真实收入即土地和劳动的年产物。

第五，商业国和工业国能够比无工商业的国家享受到更多的生活资料。重农主义者提出，一个国家居民的收入，完全由其劳动所得的生活资料构成，在相同条件下，商业国和工业国的居民的收入最多。非常明显，如果一个国家通过商业或者工业的进口，其居民生活资料的数量就多于本国土地所能提供的。这样，没有土地的城市居民只要通过劳动，就能够得到足够的天然产物来维持生活和发展产业。这种状态使城市与邻近的农村的关系更像独立国家之间的关系。

例如，荷兰的大部分生活资料就是从其他国家得到的——活牲畜来自霍尔斯廷和日兰德，谷物来自欧洲各国——荷兰用少量的制造品得到了大量的天然产物。

可见，工商业国用少量的制造品购买大量的外国天然产物，而无工商业的国家则恰好相反。一边是用少量出口换取大量进口，另一边却是用大量进口换回少量出口。显然，前者的居民比后者的居民能够享受到更多的生活资料。

综上所述，尽管重农主义学说存在着许多缺陷，但其比其他众多的政治经济学学说更接近于真理。

因为，尽管重农主义学说主张与土地相关的劳动才是唯一的生产性劳动，但这个学说也提出，不可消费的货币财富无法构成国家财富，国家财富是由再生产的可消费货物构成，并且使其最大增长的唯一有效办法是完全自然、自由和公正的体制。这个论点的公正性得到了大量追随者的支持，而且支持者的数量还在不断增加。但是，其最大的缺陷在于，将制造业劳动定性为不生产劳动。

在前面我已经说过，无论哪一个国家的贸易，最大、最重要的都是城乡之间的贸易。城市居民的生产材料及生活资料依赖于农村的原生产物，而以一定部分制成了的、适于目前使用的物品送还给农村，作为原生产物的代价。这两种人之间的贸易，最终总是以一定数量的原生产物，与一定数量的制造品相交换。前者越昂贵，后者必越低廉；在任何一个国家，提高制造品价格，会减低土地原生产物价格，因而就会妨害农业。一定数量的原生产物或其价格所能购买的制造品量越小，这一定数量的原生产物的交换价值必越小，对地主改良土地和农民耕作土地以增加其产量的鼓励亦必越小。此外，在任何一个国家，减少工匠及制造业工人，就会缩小国内市场，即原生产物的最重要市场，因而就会进一步妨害农业。

所以，为了促进农业而特别重视农业，并主张对制造业及国外贸易加以限制的那些学说，其作用都和其所要达到的目的背道而驰，并且间接妨害他们所要促进的那一种产业。就这一点而言，其矛盾也许比重商主义还要大。重商主义为了鼓励制造业及国外贸易，而不鼓励农业，虽使一部分社会资本远离较多利益的产业，而支持较少利益的产业，但也在一定程度上鼓励了它所要促进的产业。反之，重农主义者的学说，却从本质上妨害了它们所爱护的产业。

如此看来，任何一种学说，如要特别鼓励特定产业，违反自然趋势地把社会上大部分的资本投入这种产业，或要特别限制特定产业，违反自然趋势地强迫一部分原来要投在这种产业上的资本远离这种产业，那实际上都和它所要促进的大目的背道而驰。这样做只能阻碍，而不能促进社会发展；只能减少，而不能增加其土地和劳动的年产物的价值。

一切特惠或限制的制度，一经完全废除，最明白、最单纯的自然自由制度就会树立起来。

每一个人，在他不违反正义的法律时，都应赋予其完全自由，让他采用自己的方法，追求自己的利益，以其劳动及资本和任何其他人或其他阶级相竞争。这样，君主们就被完全解除了监督私人产业、指导私人产业和使之最适合于社会利益的义务。要履行这种义务，君主们极易陷于错误；要行之得当，几乎难以做到。按照自然自由的制度，君主只有三个应尽的义务——这三个义务虽很重要，但都是一般人所能理解的。

第一，保护社会，使其不受其他独立社会的侵犯；

第二，尽可能保护社会上每个人，使其不受社会上任何其他人的侵害或压迫，也就是说，要设立严正的司法机关；

第三，建设并维持某些公共事业及某些公共设施（其建设与维持绝不是为着任何个人或任何少数人的利益），这种事业与设施，在由全社会经营时，其利润常能补偿所费而有余，但若由个人或少数人经营，就决不能补偿所费。

链接

弗朗斯瓦·魁奈

弗朗斯瓦·魁奈（1694—1774)，法国资产阶级古典经济学家，重农主义学派的创始人和领袖。出身于地主家庭，长期行医，1744 年获法学博士学位，1749 年任路易十五的宫廷医师。

魁奈主要著作有《租地农场主论》《经济表》《经济表的说明》《经济表的分析》《重要考察》《关于手工业劳动》《关于工商业利益和所谓不生产阶级生产性的纪录》《关于货币利息的考察》《中国的专制制度》《人口论》。

魁奈提出“纯产品学说”，并以此为基础，研究了社会总资本的再生产与流通。他认为，财富就是物质，就是使用价值，工业只能改变财富的形态，不能增加财富的数量，只有农业才能使财富增加。农业中生产的农产品除去种子（生产资料）和工资（生活资料），剩下的产品是纯产品。

能生产纯产品的农业是生产的，从事农业的人为生产阶级，而工商业不能生产纯产品，因而是不生产的，从事工商业的人是不生产阶级。农业之所以生产纯产品是因为自然力参加了工作。他设计了经济表，说明社会资本如何在三个阶级（生产阶级、不生产阶级、地主阶级）间生产和流通，其中还把资本区分为原预付（开办时的基本投资）和年预付（每年支付的投资）。他的经济表是他整个经济理论体系的完成和体现，他把社会资本的生产表现为再生产过程，把流通过程表现为再生产过程的要素，把货币仅看作流通手段，考察了各阶级收入的来源、资本与收入的交换、商品与货币的交换、生产消费与生活消费的关系等。当然，经济表中也有一些错误和缺点，但这个经济表仍足以体现他最富创见和最有天才的思想。

魁奈的土地单一税理论的内容

魁奈的赋税理论的意义表现在他以重农主义理论为基础，通过税制改革，唤起对专制王权的批判，指出了资本主义经济发展的方向。他的土地单一税理论主要有：

魁奈提出土地单一税主张。认为赋税的根据不在于赋税协助权，而在于封建的君主共有权。在间接税方面，应以葡萄园税代替饮料税。

认为纯产品的源泉在于农业。农业是唯一的生产部门，只有农业生产才能创造“纯产品”，其他部门包括工业生产在内，都不生产“纯产品”。这是重农主义的一条基本原理。

对纯产品征收直接单一税，是负担最轻的赋税。

提出土地单一税理论的原因

关于土地单一税的理论，因为魁奈只把花费在土地上的劳动，也就是从事农业的人看作是生产的，只有农业能生产出“纯产品”，因而主张只对土地的收入收税的土地单一税制。《赋税论》中说，“关于赋税落在哪些对象身上的问题，是没有任何意义的，它总是落在同一个原本上，因为总是靠土地收入来支付”，“把赋税的分配重新调整，采取负担较小的征税形式，绝对不向农业本身征税，而只是向农业提供的收入以及靠农业收入维持的各种工作征税，这是非常重要的”，“因为一切的税，结果都是由土地收入负担的”。他在《农业国经济统治的一般准则》中说得更加明白：“租税应该对土地的纯产品征收，为了避免使征税费用增加，妨碍商业，使每年有一部分财富被破坏，租税就不应对人们的工资和商品征收。同时也不应对租地农场主的财富征收，因为一个国家在农业上的预付，应当看作是不可动用的基金。”魁奈的这个论点虽然是不妥当的，但对后来的一些经济学家产生了很大的影响。如美国的亨利·乔治也主张土地单一税，并在他的《进步与贫困》一书中，承认是受重农学派的影响。但他们之间是有很大区别的，魁奈主张土地单一税制，是为了简化赋税的征收机构，节省征税费用，减少土地所有者的负担，以保持土地私有制。乔治则认为由于社会进步而提高的地租，应由单一税来征收，以便进一步实行土地国有化。土地单一税的错误是显而易见的，而且其结果也和魁奈所预期的相反，正如马克思在《剩余价值理论》中所指出："在重农学派本身得出的结论中，对土地所有权的表面上的推崇，也就变成了对土地所有权的经济上的否定和对资本主义生产的肯定"，"全部赋税都转到地租上，换句话说，土地所有权部分地被没收了"。

第五章

论国家的财政

财政问题可称为每个国家的重中之重，也是一个很难解决的问题。为此，亚当·斯密对于财政难题提出了自己的构想。首先，他确定了自由主义的原则，把政府的职能界定为抵御外国侵略、维持社会秩序和建设部分公共工程以及教育国民；同时，提出了著名的四项征税原则：公平原则、确定原则、便利原则、经济原则。

君主或国家的费用

第一节　论国防费

保护本国社会的安全，使之不受其他独立社会的暴行与侵略，是君主的首要义务。君主是借助于兵力来完成这种义务的。因社会状态不同以及进化时期不同，君主平时准备兵力和战时使用兵力的费用也不同。

现今北美土著人，人人都是狩猎者，也都是战士。在这种状态下，当然既没有君主，也没有国家。他们的社会，无需上战场，或无需为在作战期间的生活负担何种费用。当为保护社会，或为社会复仇而上战场打仗时，也像在家中时一样，是以自己的劳动维持自己。

游牧民族的社会，每个人既是游牧者，同时也是战士。就鞑靼人和阿拉伯人的社会状态来说，他们通常在帐篷中或在一种容易移动的有篷马车中生活，没有固定的住所。整个部落或整个民族，每年因季节不同，或因其他偶发事故，时时迁移。当他们的畜群把一个地方的牧草吃尽时，他们便移往另个一地方，又从那个地方移往其他地方。他们在干燥季节，迁往河岸；在阴湿季节，又退回高地。当他们奔赴战场时，并不把牲畜交给老人、妇女和儿童们看护，也不把这些老弱妇孺抛在后边而不予以保护和供养。他们全民族在平时就过惯了流浪的生活，所以一旦战争发生，人人都很容易变为战士。不管作为军队进军时，或作为牧民游牧时，他们的生活方式，都极为相似。所以，战争时期，他们一同作战，每个人都尽其所能地一起行动。鞑靼妇女参加战争，那是我们时常听到的。他们如果战胜了，敌方全种族所有的一切，都成了他们的胜利果实；如果战败了，就一无所有，自己的牲畜乃至妇女儿童，全都成了敌方的战利品。

日常操习时刻准备参加战斗是鞑靼人或阿拉伯人的日常生活习惯，他们的户外游戏，如竞走、角力、耍棒、投枪、拉弓等，俨然就在从事战争训练。他们在实际作战时，也如平日一样，由自己所带领的牲畜维持生活。但他们在实际作战中唯一的期待和唯一的报酬就是掠夺战利品。所以，对于这种种族，酋长或君主不必为了训练他们作战而负担什么费用。

狩猎所能提供的生活资源极不稳定，许多人如长久住在一起，必无法维持生活。所以，狩猎者的队伍，通常不过二三百人。游牧者不同，他们的队伍，有时会达到二三十万人。只要他们的行进不受阻碍，他们能够由牧草吃尽了的甲地域，迁到牧草完全没有损耗的乙地域，他们共同进军的人数，就可无限制地增加。

因此，狩猎民族对其邻近的文明国民来说，没有什么可怕的，但游牧民族就非同小可了。所以，最不可怕的，莫过于印第安人在美洲进行的战争；最可怕的，莫过于鞑靼人在亚洲屡次进行的侵略。

修昔底德说："无论是欧洲还是亚洲，都不能抵抗团结起来的塞西亚人。"他这个断言，是经过一切时代的经验证明了的。塞西亚或鞑靼的旷野，广漠无垠，没有大自然的屏障，那里的居民，往往在一个征服者部落或种族的酋长的统治下团结起来。而他们结合的象征，总是亚洲许多地方遍遭蹂躏，成为荒地。另一个大游牧民族，即阿拉伯不毛沙漠的居民，除在穆罕默德及其直接后继者的统治下结合过一次外，从来不曾团结在一起。他们那次的结合，与其说是征服的结果，不如说是宗教热情的结果；但他们那次结合的象征，也同于上述。假若美洲的狩猎民族都成了游牧民族，那么，邻近他们的欧洲各殖民地居民，就一定不能像现在这样平平稳稳地生活下去。

在没有对外贸易，除了几乎全在各自家中制造自己使用的粗劣用品的制造业外，没有其他任何制造业的比较进步的农业社会里，每个人也都是战士。在这种社会里，他们日常生活及工作训练使他们能上阵打仗，很少使君主或国家破费负担从事战争的费用。从事农业工作的人，一般是整天都在露天之下，受尽风吹雨打。这种艰苦的日常生活，正好锻炼了他们，使他们能够经受战争的苦难。其实，农业上有若干工作，就与战时的一部分困难工作非常类似。比方说，农民在农场上，非掘凿沟渠不可，而有了这套本领，他们便可从容地在战场上构筑战壕与围墙。农民的日常工作，也像游牧民族的游戏一样，俨然是从事战争。虽然农民不像游牧者那样闲暇，也不像游牧者那样经常地从事这些游戏，所以，他们没有游牧者那样精于战斗的本领，但通过日常工作训练，他们很容易成为战士。

在农耕民族里，那些开化最浅、耕作最幼稚的农民，必须有一个固定住所。农业是有固定性的，这固定住所一旦放弃，势必蒙受巨大损失。所以农耕民族的作战，就不能像狩猎民族游牧民族那样，全体出动，他们至少要把老人、妇女与儿童留在后方，照料住所。可是，其他符合兵役年龄的男子则当全赴战场，小民族往往都是如此。在一切国家，符合兵役年龄的男子，就一般推算，约占全人口的1/4或1/5。

假使战争在播种期后开始，收获期前结束，农民及其主要劳动者即使全部离开农场，也不会蒙受大的损失。在这期间，农场上虽有必须进行的作业，但他们相信，有留在家中的老人、妇女、儿童就可以把这些事情做好。所以，短期从事战争，他们尽可以不要报酬；他们成为战士不需要君主或国家花很大的训练费用；他们实际作战，也不需要君主或国家花很大的费用维持。

古代希腊各邦市民，在第二次波斯战争发生以前，即以这种方式从事兵役。伯罗奔尼撒人在伯罗奔尼撒战争发生以前，也是以这种方式从事兵役。据修昔底德观察，伯罗奔尼撒人大概在夏季离开战场，回去收获农作物。罗马人在各国王统治下乃至共和国初期，也是采取这种办法。直到维伊之围以后，他们才开始把维持在前方作战的人的费用加在那些留在家乡的人身上。以后罗马帝国没落了，它的废墟上，又建立了欧洲各王国。这些王国的许多大领主，连同他们的直接属民，往往是以自己的费用服侍国王。他们在战场上，如在家庭中一样，也是以自己的收入支持自己；他们从未从国王那里领到任何俸金或报酬。

但是，随着制造业的进步和战争技术的改良，在更为进步的社会里，上战场作战的人以自己的费用维持自己的生活费用就完全不可能了。

技术工人及制造业者服役兵，在服役期间国家需要支出费用。就从事农业的农民进行远征来说，只要那远征是播种期后开始，收获期前结束，他们在作业上被征战所中断，也不会影响到他们的收获。因为，即使他们不加入劳动，大自然也可替他们进行一大部分的残余工作。可是，征战对于一般技术工人，那就非同小可了。比如说，铁匠、木匠、织工，一旦他们离开作业场所，其唯一收入源泉马上就要枯竭。他们的一切工作，都要仰仗自己，大自然不会给予一点帮助。所以，他们这种人如为国家服兵役，就无法自己维持，而不得不由国家给养。如果一国大部分居民都是技术工人及制造业者，而大部分服兵役的人又不得不从他们中间征集，那么，国家就必须支出费用给在此期间的服役兵。

当战争的行为不再是初期社会那种简单随意的小争夺时，战争的技术已渐渐发达成为一种错综复杂的科学；而战争的时间更是难以预料，往往连续征战几次，每次可能都是大半年的时间，这时，从事战争的人民，在战斗继续期间国家有必要支出费用维持。

一个人平时不论所执何业，如果要他长期服兵役，长期自费支持，那就未免是一个过重的负担。所以，第二次波斯战争以后，雅典的军队就采用了佣兵制度，一部分由本国人民编成，另一部分由外国人编成，但全是以国家费用支给薪饷。罗马自维伊之围以来，其军队在留在前方期间也依然获得一定的报酬。

以后在各封建政府统治下，大领主及其扈从有服兵役的义务，在一定时间内，普遍是以付若干货币作抵押. 这货币就是用以维持那些顶替他们服兵役的人。

服兵役人数与人民总数的比例直接决定着人民负担及危害国家经济的程度。在文明社会里，服兵役人数与人民总数的比例，必然要比未开化社会中小得多。文明社会维持兵士的费用，都由那些非兵士的劳动者负担。这些劳动者，不但要维持兵士，而且要按照各自的身份，维持他们自身乃至他们的行政司法官吏。因此，兵士的数目就不能超过这些劳动者除了维持他们自身及国家官吏外所能维持的限度。

在古希腊小农业国家中，全体人民中有 1/4 或 1/5 要充当兵士，时时征战沙场。但在近代文明各国，一般推算，兵士的人数不能超过全体居民1%，这样，人民负担不会太重，国家经济不会受到太大的影响。虽然军队作战练兵的费用及君主或国家供养兵士很久以后形成的费用，是国家的一项大的开支，但这种开支，一时也不会给国家带来繁重的负担。

古希腊各共和国的军事训练，是国家加在各个自由市民身上的教育的必要部分。各都市似乎都备有一个公共广场，在这个广场里面，各教师在国家官员的监督下，对青年施以种种军事教练。这种简单设施的费用，似乎构成希腊各共和国为训练市民作战所付的费用的全部。古罗马也有所谓运动场教练，那与古希腊的竞技场教练，具有同一目的。后来封建各政府，也曾为此目的颁发许多命令，规定各区市民，必须演习箭术并受其他军事训练，由于所委任执行这些命令的官吏缺乏责任心及其他原因，这种命令往往成为一纸空文，其结果并不如意。后来，这种军事训练在人民大众中已逐渐废而不行。

在古希腊、罗马各共和国存在的整个时期，在封建政府成立以后相当长的时间里，兵士的职业不是一种独立的职业，不构成某市民阶级的唯一的主要工作。

在这个时期的一切人民，不论其平日依靠何种职业或业务谋生，在普通的场合，他们总觉得自己也同样适合做一个军人，而在非常的场合，又觉得有充当军人的义务。

战争技术是一切技术中最复杂的。战争技术在某特定时期能够发展到怎样完善的程度，固然是由机械技术，及其他必然与战争技术相关联的若干技术状态决定的，但是，要使其发展至十分完善的程度，那还有成为特种市民的主要或唯一职业的必要。并且，和其他技术改良一样，这种技术的改良，也有分工的必要。不过，技术的分工，是个人精明的必然结果，因为个人发觉要增进自己的利益，与其从事几种职业，不如专精一种特定职业。至于兵士职业与其他职业分开，使其成为一种独立的专门职业，却不是出于个人的打算，而是出于国家的智慧。

在和平时期，一个没有国家特别奖励而把自己大部分时间花在军事训练上的市民，无疑会在军事知识上取得很大的进步，此外还可得到很大的乐趣，但对于自身的利益，却没有一点儿增进。只有国家的智慧，才能使他为自己的利益，花费大部分时间来从事这种特殊工作。不过有许多国家，即在非有这种智慧而难于继续存立的时候，往往仍然没有这种智慧。

人民为自身的利益，会自然地完全漠视这种军事训练。游牧民多余暇，幼稚农业状态下的农民，也有一些空闲时间，至于手艺工人或制造业者，则全无闲暇。关于武艺的训练，第一种人就是把大部分时间花费在它上面，对自身都无大碍；第二种人把一部分时间花费在它上面，也不会蒙受大的损失；第三种人的情况却大不同。他费去一小时，即有一小时的损失。并且，技术进步，制造业进步，必然会引起农耕上的种种改良，使得农民和城市的工人一样，没有闲暇。于是，农民自然而然地也和市民一样忽视军事训练，大多数人都养成了不好战的习性。

于是，在这种情况下，由农业改良而产生的财富及改良蓄积下来的财物，不免诱起邻国的觊觎和侵略。

事实上，勤勉而因此富裕的国家，往往是最会引起四邻攻击的国家。所以，国家如不对国防采取新的手段，人民的自然习性将会使他们全然失去自卫能力。在这种情况下，国家需要采取两种方法加强国防军备：一是，不管国民的利益怎样，资质怎样，倾向怎样，都要用一种极严厉的法令，施以强迫军事训练；凡在兵役年龄内的一切市民，或其中的一定人数，不管他们从事何种职业，非在一定限度上与兵士的职业结合起来不可。二是，维持并雇用一部分公民，不断地施以军事训练，使兵士的职业脱离其他职业，明确成为一个独立的特殊职业。

这两种军人本质的区别在于：对前者来说，这个国家的兵力，就是所谓民兵；对后者来说，这个国家的兵力，就是所谓常备军。常备军的主要工作就是进行军事训练，国家给予他们生活费或饷金，至于民兵军事训练，则只是临时的工作，他们日常生活的主要经济来源，得由其他职业获得。对民兵来说，普通工人、工匠、商人的性质多于兵士的性质；对常备军来说，则军人的性质多于一切其他职业的性质。

每个不同国家和不同时期的民兵分有若干种类。有的国家对捍卫国防的公民，只施以军事训练，却不曾编为队伍，换言之，没有编为各个独立的部队，没有在各自正式和固定的官长指导下从事操练。在古希腊、罗马各共和国，各公民留在家乡的时候，多半是单独地、分开地，或和所喜欢的伴侣一同操演，不到实际作战时期，不属于任何特定部队。在其他国家则不同，他们的民兵，不但要操演，而且要编为队伍。在英国、瑞典乃至在近代欧洲设有这种不完全兵备的所有国家，每个民兵都有其所从属的特定部队，都有其正式和固定的官长。

各个兵士使用武器的熟练和技巧程度决定着一支军队的优越程度，这是在火器未发明以前人们的普遍看法。体力和动作的敏捷最为重要，通常以此决定战斗的命运。使用武器的熟练和技巧，与今日的剑术不同，不是跟随大众就能够学成的。要获得那种武艺，必须进入特定的学校，学于特定的教师，单独学习或和与自己本领相同的特别朋友一起学习。火器发明以来，体力和敏捷，甚至使用武器的特别技巧和熟练，虽然不是全无用处，但比较以前，就不那么重要了。新式火器的性质，虽然不会把笨拙者提高到和熟练者同一水准，但比较以前，却使他们更接近于同一水准。由此，可以认为新式火器是可跟随大众学习获得的。

纪律、秩序和迅速服从命令决定近代军队的战斗命运。不过，纪律、秩序和迅速服从命令，要在大队一起操练的军队才能获得。近代的火器有声响，有烟气，人一听到炮声，往往早在离战斗开始还很久之前，就感到随时会遭遇目不能见的死神。所以，往往战斗一开始，这纪律、秩序和服从性就难于保持。古代的战斗情况，却与之不同，除人的叫吼声外，没有声响，没有烟气，也没有看不见的负伤和致死的原因。在致死的武器实际接近以前，在他附近有没有其他武器，各人都看得很清楚。在这种情况下，一支军队只要对使用武器的熟练和技巧有相当把握，则维持纪律和秩序，就不但在战斗开始时，即在战斗全过程中，或者直到两军胜负判然时为止，都必定比在使用火器场合容易得多。

没有良好纪律的单一训练，使民兵不论用什么方法教导或训练，也远不及纪律良好训练得宜的常备军。即使训练好的民兵也不过如此。

兵士能够熟练地使用武器，不是一日能练就成的，一周或一月训练一次的兵士，决不及每日或隔日训练一次的兵士。军队使用武器的熟练，虽然可以说在近代没有以前那样重要，但举世公认的普鲁士军队的优越，据说就是得力于他们更善于使用武器。

民兵和常备军在手法训练和服从命令上也大不相同。民兵仅仅每周或每月听长官指挥一次，其余一切时间，都可自由处理自己的事务，在任何方面不必对长官负责；常备军的全部活动及行动，每日都在长官指挥之下，甚至每日起床上床，到营舍睡觉，都要服从长官的命令。就这两种兵士比较起来，对长官的敬畏程度，及对服从命令的迅速程度等，民兵是不及常备军的。

最与常备军接近的民兵是鞑靼及阿拉伯的民兵，也是最好的民兵，他们是跟随平时所惯于服从的酋长作战的民兵，也有尊敬长官和立即服从命令的习惯。具有这一优点的还有苏格兰高地的民兵。不过，他们不是到处流浪的牧人，而是有固定住所和收入的人，他们在平时没有追随酋长由一个地方转移到其他地方的习惯。所以，和鞑靼人、阿拉伯人比较，他们在战时不大愿意同酋长驰赴远方，也不大愿意长久留在战争场所。他们一旦获得战利品，马上就渴望回家，酋长的权威也不一定能够制止他们。此外，此等高地居民，一向过惯了固定的生活，所以他们不像鞑靼人、阿拉伯人那样惯于军事训练，不如鞑靼人、阿拉伯人那样善于使用武器。另外，在服从命令方面，他们也远不及鞑靼人、阿拉伯人。

无论何种民兵，只要每日在长官的指挥下操练武器，长久的训练也能够使他们养成常备军那样服从命令的习惯。我们要注意到，无论民兵在未赴战场前是做什么的，只要作过几回战，就可以成为一个十足的常备军。因为他们每日操练武器，不断经受长官的教导，所以不久就养成了常备军那样迅速服从命令的习惯。就拿美洲的战争来说，美洲战争如果再延长一点儿，美洲的民兵，无论在哪一方面，都可以和最顽强的老兵常备军相抗衡。

我们还可以借鉴历史事实来证明有纪律的常备军与民兵相比的无比优越性。

马其顿王腓力普率领的军队就是有史可稽的最初出现的常备军之一。他常与色雷斯人作战，与伊里奥人作战，与色萨利亚人作战，乃至与马其顿邻近的希腊各都市作战。历次战争的结果，让他渐渐把他最初也许是民兵的军队，变成了一支训练有素的常备军。就在和平时期，他也小心地把军队保留下来，不予解散。后来，经过长久激烈战争，希腊各主要共和国那些勇敢而精练的民兵，也被他打败了，征服了。征服大波斯帝国羸弱而缺乏训练的民兵，可以说是不费吹灰之力。希腊各共和国与波斯帝国的没落，就是常备军对于民兵持有无比优越性的结果。这在第一次人类大革命史书中有详尽的记载。

人类历史中的第二次大革命是迦太基的没落和代之而起的罗马的兴盛。这两个共和国的一切消长变动，都有着相同的原因。

哈穆勒卡尔、其婿哈斯德拉巴及其子汉尼拔这三位大将主导了第一次迦太基战争，紧接着又迎来迦太基的第二次战争。他们最初惩治了自己国内叛变的奴隶，接着镇压了非洲叛乱的各民族，最后又征服了西班牙大王国。到了汉尼拔率领军队，由西班牙向意大利进攻时，他的军队必然由这历次战争而受到常备军的严格训练。当时罗马人虽不是完全过着和平的生活，但他们那时没有经历过规模较大的战争，他们的军事训练，自然不免大大松弛。罗马军队在特雷比阿、斯雷米阿以及肯尼，与汉尼拔的军队会战，是一场以民兵对抗常备军的战争。这一情况，也许比任何其他情况更有力地决定这几次战争的命运。

罗马派去抵御它的民兵和留在西班牙的汉尼拔常备军，都有着同样的优越性。这些常备军在小哈斯德拉巴指挥下，不到几年，就把罗马的民兵全部从西班牙逐出。小哈斯德拉巴后来认为有必要率领他在西班牙所统率的全部或几乎全部的常备军，往意大利支援他的兄长。在进军中，因向导指错路，致使他们徘徊在生疏的国土上，猝不及防地受到另一支同样精练或更精练的常备军的袭击，结果全军覆没。后来，汉尼拔的常备军被派往非洲，非洲抵抗他的，不过是一些民兵。这时，为防御迦太基，这支军队又被召回。当时，那些屡战屡败的垂头丧气的非洲民兵，也倒戈加入该常备军。在查马会战中，这些民兵构成汉尼拔军队的主力部分。而这相互敌对的两大共和国的命运，就由那一次战斗的结局决定了。

最后留在西班牙的罗马民兵自然而然地成为常备军。当哈斯德拉巴由西班牙退去后，罗马大将西皮阿所遭遇的抵抗，不过是一些劣于自己军队的民兵。他很快就将那些民兵征服，而他自己的民兵，在战争过程中，自然而然地成了训练有素、操练纯熟的常备军。

从第二次迦太基战争告终，直到罗马共和国没落，罗马的军队可以说是十足的常备军。当时马其顿的常备军对它进行了卓有成效的抵抗。在战争声威达于顶点的时候，罗马军队尚须经过两次大战争及三次大会战，才能征服这个小王国。假使马其顿最后的国王不肯示弱，恐怕征服这个小国会更为艰难。

古时一切文明国家的民兵，如希腊的民兵、叙利亚的民兵和埃及的民兵，对罗马的常备军都只作微弱的抵抗。其他野蛮国家的民兵，则抵抗比较激烈。米斯里德斯由黑海、里海以北各国率领来的塞西亚或鞑靼民兵，是罗马在第二次迦太基战争后碰到的最可怕的劲敌。帕斯阿及日耳曼的民兵，亦非常值得钦佩。他们曾有几次把罗马军队打得落花流水。可是就两军实力来说，罗马军队如果好好指挥，这种民兵无论如何也无法打败他们。罗马人征服帕斯阿、日耳曼戛然而止的原因，恐怕是因为他们认为帝国已经够大了，无需再加上两个野蛮国家。

古代帕斯阿人，似乎为塞西亚或鞑靼系属的民族，始终保持着很多的祖先遗俗。和塞西亚人或鞑靼人一样，古代日耳曼人也是一种流浪的游牧民族。他们平时由酋长率领着在各地迁流；战时依旧由同一酋长率领着进行争斗。他们的民兵，正与塞西亚或鞑靼的民兵同种同类。说不定，他们还是前两者的后裔。

很多原因使罗马军队纪律松弛，过于严峻的纪律本身恐怕也是原因之一。在他们非常强盛时，既已征服天下，那坚重的盔甲，就当作不必要的重荷而抛开了，那艰苦的训练，也视为不必要的劳作而疏忽了。加之，罗马各皇帝统治下的那些常备军，特别是戍守边疆防备日耳曼人及班诺尼亚人的常备军，简直是各皇帝的危害势力；他们屡屡反对皇帝，拥立自己的将军。为了减弱这些常备军的危害程度，德奥克里希恩大帝，也可能是康士但丁大帝，首先把总是由两三军团合成的大部队的屯驻边境的常备军，召回内地，然后再化分为小部队，散驻各省的都市，非有用武力驱逐敌人的必要，不许其移动。军队常驻在商业及制造业都市，兵士们自身就渐渐变成了商人、技工或制造业者。市民的性质，于是渐渐超过军士的性质而占优势。

这样一来，罗马的常备军就逐渐颓废了，成为腐败、疏忽、无训练的民兵，后来日耳曼和塞西亚民兵入侵，西罗马帝国就抵挡不住了。那时，各皇帝没有办法，就开始雇用一些国家的民兵，抵抗另一些国家的民兵，这样才多维持了一些时候。西罗马帝国的没落，是古代史中有详细记录的人类事务上的第三次大革命。这次革命的原因，就是野蛮国民兵对于文明国民兵的无比优越，也就是游牧者国家的民兵对于由农夫、技工及制造业者组成的国家民兵的无比优越造成的。这里，民兵所战败的，大都不是常备军，只是在训练与纪律方面不及他们的民兵。希腊民兵战败波斯民兵如此，后来瑞士民兵战败奥地利和勃艮第民兵同样如此。

随后，日耳曼民族和塞西亚民族的国家在西罗马帝国没落了的废墟上建立起来了。这些民族移迁新土后，他们的兵力依然在若干时期内保持原来的性质，他们是由牧人及农夫组成的民兵，在战时即由平时所惯于服从的酋长带往战场作战。所以，他们是经过了相当训练，具有相当纪律的。但是，随着技术及产业的进步，酋长的权威逐渐衰微了，大多数民兵用来训练的时间也越来越少了。封建式的民兵训练逐渐荒废，纪律也日趋松弛。国家为改变这种趋势，就逐渐着手建立起了常备军。因为他们知道，他们自己的民兵，根本就不是正规常备军的对手，要想国防安固，只有采用这种方法。这种编制常备军的方法，一经为某文明国所采用，其他文明国就有立即仿行的必要。

按编制常备军的方法训练士兵，即使没有上过阵、没有经过炮火的洗礼，他们也一样有着老兵那样的勇气，而且，在一开始上阵就要配得上和最顽强、最有经验的老兵一见高下。如1756年，俄罗斯军队攻打波兰，俄罗斯军队所表现的勇武，简直可以与欧洲当时最顽强、最老练的普鲁士兵士相提并论。然而俄罗斯帝国此前20年是国泰民安的；它那时军队中曾上过阵的兵士，绝对不多。1739年，西班牙战争爆发，当时英国享受了28年的太平。可是，它的常备兵士并不为这长期和平所腐化，在攻打喀他基那时，他们所表现的勇武尤为突出。虽然和平日子过久了，将官们可能会忘却他们的技能，但管理得法的常备军，为保持其原有的勇武，训练随时都能恢复。编制常备军也是一个文明国的国防要务。一个文明国的国防，如果仰仗民兵守卫，将随时有被邻近野蛮民族征服的危险。亚洲各文明国往往被鞑靼人征服的事实，充分证明了野蛮国民兵对于文明国民兵的自然优越性。有纪律、有训练的常备军，较任何民兵为优。只有富裕的文明国家，才能维持这种军队；亦只有这种军队，才能保卫国家不受贫困野蛮邻国的侵略。所以，只有编制常备军才是国家永久保存其文明的方法。

一个文明的国家必须有一支纪律严明的常备军。有了纪律严明的常备军，文明国才能抵御外侮；同样，有了纪律严明的常备军，野蛮国家才能加速进入文明社会。常备军凭其威力，可以把君主的法令推行到一个帝国的最僻远的地方，各国可以用它维持某种程度的正规政府，否则正规的政府就会无法建立。

常备军是否危及自由是很多人担心的事。当军队经常的利益与国家宪法的维持不一定有何种关联时，这种危险性的确存在。例如，恺撒的常备军破坏了罗马共和国；克伦威尔的常备军解散了英国成立已久的议会。不过，一国的军权如握在君主手里，各军队的主要将官，如是这国的贵族与乡绅担任，换言之，全国兵力，如果都是由那些由于自己享有民政权力的最大部分，所以本身的最大利益在于支持民政权力的这种人指挥，则常备军对于自由绝无危险。反之，在某种场合，说不定还有利于自由。有了常备军护持，君主就自以为安全了，无需像近代一些共和国那样，监视各市民的细微行动，时时疑忌市民扰乱和平。

如果一国行政长官，尽管国内的主要人民愿意予以支持，但群众的每一次不满，都会使其安全感到威胁；或哪怕是一次小小的争论，也有可能立即掀起大的革命，那么为防微杜渐，政府就不得不使用权力，来镇压一切对自己表示不满的行为。反之，一国君主如果感到支持自己的，不但有可靠的贵族，且有精练的常备军，那么，就是最粗暴、最无稽、最放肆的抗议，也不至于引起他的不安。他可以平心静气地宽恕这种抗议，或置之不理。并且，既意识到了自己地位的稳固，他会自然而然地倾向于这样做。所以，接近于放肆的自由，只有在君主有精练的常备军保障的国家，才可见到；亦只有在这种国家，才无需为公共安全而赋予君主以压抑任何放肆的自由的绝对权力。

保证本国社会的安全，使其不受其他独立社会的侵略是君主的首要义务。这种义务的实行，势必随着社会文明的进步，而逐渐需要越来越大的费用。原来在平时和战时都无需君主支出何种费用的社会的兵力，随着社会的进步，在战时需要君主出资维持，在平时同样需要君主支出费用。

战争技术的变化，使军队所需的费用也有了变化。火器发明后，平时训练一定兵额和战时使用一定兵额，所需费用都进一步增加。军队所使用的武器与弹药，都比以前更贵。与矛及弓箭比较，短枪是更贵的武器，与弩炮或石炮比较，加农炮或迫击炮也是更贵的武器。近代阅兵所消耗的火药，放射出去，就不复返，这更是需要巨额的费用。在古代阅兵时，所投的矛，所放的箭，均很容易收回，并且其价值极微。与弩炮、石炮比较，加农炮、迫击炮不仅是高价的机械，而且是非常笨重的机械。这种笨重机械制造起来要较大的费用，制成后运往战场，也要较大的费用。此外，近代大炮的作战效力，非往昔石弩可比，所以要给一个都市设防来抵御大炮的攻击，其所需费用也浩大得多。

从长远来看，火器的发明对人类文明的进程有益无害。在古代，富裕文明国家很难防御贫穷野蛮国家的侵略；在近代，贫穷野蛮国家却很难防御富裕文明国家的宰割。近代战争火药费用的浩大，显然给能够负担此浩大费用的国家提供了一种利益，而使文明国家对野蛮国家立于优胜的地位。

第二节　论司法经费

设立一个严正的司法行政机构，保护人民不使社会中任何人受其他人的欺侮或压迫是君主的第二义务。实行这种义务有费用大小的差异，这是由社会不同时期的发展状况决定的。

第五章　论国家的财政

在无需固定的审判官，或者司法行政机构的狩猎民族的社会，几乎没有什么财产可言，即使有，也不过值两三日劳动价值的财产罢了。没有财产的人们，其所互相毁伤的，也不过是彼此的名誉或身体。但是，富者的贪欲与野心，贫者厌恶劳动贪图眼前安乐的性情，却在激发着侵害他人财产的情绪。这种情绪在作用上极为牢固，在影响上极为普遍。有大财产的存在，就是有大不平等的存在。有一个巨富的人，就会有不少于 500 个的穷人。少数人的富裕，是以多数人的贫乏为前提的。富人的阔绰，会激怒贫者，贫人的贫乏和嫉妒，会驱使他们侵害富者的财产。那些拥有由多年劳动或累世劳动蓄积起来的财产的人，没有司法官保障庇护，哪能高枕而眠呢？富者随时都有不可测知的敌人在包围他，他纵然没有激怒敌人，却也无法满足敌人的欲望。他想避免敌人的侵害，只有依赖强有力的司法官的保护，司法官是可以不断惩治一切非法行为的。因此，大宗价值财产的获得，必然要求民政政府的建立。而在那种没有财产可言，或最多只有价值两三日劳动财产的社会，当然不会设立行政司法机构。

人民服从民政政府很关键。一个民政政府，使人民自然服从的主要原因，在很大程度上是随财产价值的增加而增大，也是逐渐随财产价值的增长而发展。人民为何形成这种服从性？或者说，在有任何民政机构以前，为何若干人就对他们的大部分同胞有支配权力？概括而言，有以下四种情况：

第一种情况就是下述种种的优越：个人资质的优越，体力的优越，容貌的优越，动作敏捷的优越，智慧的优越，道德的优越，正义性的优越，刚毅性的优越，克制性的优越，等等。肉体上的品质，必须有精神上的品质来支持，否则在社会的任何时期，都不能够取得足够大的权威。一个非常有力的人，单凭体力，不过能使两个弱者服从他。而一个有智慧有道德的人，却能取得非常大的权威。可是，精神上的品质，我们无法用眼睛看得出来，它们总有争议的余地，而且往往是争议对象。一个社会，野蛮也好，文明也好，当它规定关于等级和服从的法则时，从没认为可适当地以这些目不可见的品质为标准，而总是以那些明显的具体事物为依据。

第二种情况就是年龄的优越。老年者如果没有老迈到衰朽不堪，那就总比有同等身份、同等财产及同等能力的年轻者，更能赢得人们的尊敬。在北美土著人那种狩猎民族中，年龄是身份及优先地位的唯一基础。他们所谓父，是长上的称呼；所谓兄弟，是同等者的称呼；所谓子，是下级的称呼。在文明富庶的国家，如果一切方面平等，那么，除年龄外，再没有其他可以规定身份的标准，于是通常都以年龄规定身份。在兄弟姊妹间，年长者占第一位。当承继父产时，例如名誉称呼一类不可分割而必须全部归一人占有的东西，大抵总是给予年长者。年龄这种优越的性质，是分明的，显而易见的，毫无争议的。

第三种情况就是财产的优越。富人在一切社会，在财产最不平等的野蛮社会，也有最大的声势。鞑靼一个酋长保有的牲畜，增殖起来，足可养活1000人，而其所增殖除了用以养活1000人外，再也没有其他用途。因为，在他所在的那种未开化的社会状态中，他没有可能把自己消费不了的原生产物换得任何制造品、小装饰品或玩具。由他维持的1000人，既然要靠他生活，在战时，就不能不服从他的命令，在平时，也不能不服从他的管辖。他于是就必然成了他们的统帅，成了他们的裁判官。他的酋长地位，就是他的财富优越的必然结果。在文明富庶的社会中，一个人尽管比别人拥有更多的财产，但他也许还支配不到10个人。他的财产增殖起来，也许能够维持1000人，也许实实在在维持了1000人，但这些人对由他取得的一切，都支付了应付的代价；没有换得等价物，他也不会给他们一点儿什么。所以，自认为完全靠他生活的人既然没有，他的权威所及就不过若干家仆。但是，在文明富裕的社会里，财产的权威依旧非常大，和年龄的权威比较，和个人资质的权威比较，财产的权威往往要更大。这种事实，早已引起财产不平等社会内一切时期中人们的经常不满。狩猎民族社会，属于社会第一个时期，这个时期没有财产不平等的可能。普遍的贫乏，造成了普遍平等的局面。年龄的优越，个人资质的优越，就是权威和服从的薄弱基础，且是唯一的基础。游牧民族社会，属于社会第二个时期。这个时期财产有异常不平等的可能，由财产造成的权威，以这时为最大，因而权威与服从的判分，也以这时最为确定。阿拉伯酋长的权威非常大，鞑靼可汗的权威，已达到完全专制独裁的程度。

第四种情况就是门第的优越。这种优越，是以先代财产上的优越为前提的。任何家族，都是旧时传承下来的。王侯的祖先，虽说更为人所知，但与乞丐的祖先比较，在数目上却不见得更多。古老的世家在任何地方都意味着它在昔日拥有巨大的财富，或者说其上几代因财富而获得巨大的声誉。暴发户的势力，总不如世家势力那么受人尊敬。人们对于篡夺者的憎恶，对于旧日王族的敬爱，在很大程度上是基于人们自然而然地轻蔑前者而敬慕后者的心理。武官是甘心服从素日指挥他的上官的，一旦他的下级升到他的上位去，他就难以接受。同样，人人都情愿服从他们自己或他们祖先所服从过的家门，如一向不比他们优越的家门，忽然变做他们的支配者，他们就难免愤愤不平很难适应。

既然财产上的不平等导致了显贵门第的产生，那么，在财产平等、家世也差不多平等的狩猎民族中，便没有这种显贵存在。固然，在那种社会中，贤明勇敢者的儿子，与愚昧怯懦者的儿子比较起来，即使本领相等，也多少更受人尊敬些。但这种差别，毕竟是很有限的。一个全靠智慧德行保存其家世荣誉的世家，相信世上可能也不多见。

在游牧民族中，门第的显贵不但有存在的可能，而且实际上也存在着。这类民族不知道什么是奢侈物品，因而他们的巨大财富也就不可能由于其不注意节约而挥霍掉。因此，没有一个民族能够比游牧民族具有更多的，只是由于他们祖先的荣誉而受人尊敬和荣耀的家庭。一个民族的财富能在同一家庭里保持如此长久是没有一个国家能比的。门第与财产是个人显贵的两大来源，也是人类中自然而然地有发号施令者又有听人命令者的主要原因。保有多数羊群的大牧羊者大畜牧者，因有巨大的财富，且有许多人靠他生活而受人尊敬；因出身高贵、门第光荣而受人崇拜。结果，他就对同群或同族中其他牧羊者或畜牧者，有一种自然的权威。与其他任何人比较，他都能团结更多的人，归他支配，而他的兵力，也就更大。在战时，宁愿结集于他旗帜下的人，也比结集于他人旗帜下的人更多。他就这样凭着门第和财产，自然获得了一种行政权力。不但如此，因为与他人比较，他能团结并支配更多的人，于是，对于那些在中间的危害他人的分子，他就最能够强迫其赔偿损害。于是，凡属自己没有防御能力的人，自然要求他保障。任何人，如果感到自己被他人迫害了，也自然会向他陈诉。他对这些纠纷所作的干涉，比别人所作的更容易使被告者服从。于是，他又凭着门第和财产，自然获得一种司法权力。

社会发展的第二个时期，财产上的不平等开始于游牧时代。接着，它就带来了人与人之间过去不可能存在的某种程度的权力和服从，因此又带来了保持权力和服从所必要的某种程度的民政组织。

这种演进，似乎是自然而然的，甚至与上述那必要的考虑无关。不过，那种必要的考虑，此后对权力和服从的维持与保护确有极大的贡献。特别是富者，他们当然愿意维护这种制度，因为只有这种制度才能保持他们既得的利益。小富人联合起来，为大富人保障财产，因为他们以为，只有这样，大富人才会联合起来，保障他们的财产。一切牧人感到：他们小畜群的安全，全靠那最大一个牧者的大畜群的安全，他们的小权力的保持，全靠这最大一个牧者较大的权力的保持。并且，要使比他们地位低的人服从自己，他们自己就得好好服从他。这样，他们就构成了一种小贵族。这些小贵族感觉到，要他们的小君主保障自己的财产，支持自己的权力，他们自己就得保障小君主的财产，支持小君主的权力。就保障财产的安全来说，民政组织的建立，实际就是保护富者来抵抗贫者，或者说，保护有产者来抵抗无产者。

民政组织，形成的司法权力，在长时期内则成为他们的一种收入源泉。君主的司法权力，对于他毫无所费，要求他裁判的人，总愿意给他报酬，礼物总是随求随到。君权确立以后，犯罪者除赔偿原告损失以外，还得对君主缴纳罚金。因为被告搅扰了君主，且破坏了君主的和平，处以罚金，乃罪有应得。

在亚洲的鞑靼政府下，在颠覆罗马帝国的日耳曼民族和塞西亚民族所建设的欧洲各政府下，无论就君主，或就君主以下在特定部落、氏族或领地行使特定裁判权的酋长或诸侯来说，司法行政都是一大收入源泉。司法裁判的职权，原先常由君主酋长等自己行使。此后因为感到不便，才委任代理人、执事或裁判官行使。不过代理人仍有对君主或酋长本人提供关于司法收入的收支报告的义务。从亨利二世给巡回裁判官的训令就可明白，那些巡回裁判官巡行全国的任务，不过是要替国王征集一项收入而且获得这种收入，这也是他希望由司法行政取得的主要利益之一。所以，当时的司法行政，只会对君主提供一定的收入。

以主持公道为主的司法行政，借此职权成为一种敛财的组织，这样自然会生出许多弊害。司法上的这些弊害，在欧洲各国司空见惯。比如，以大礼物来请主持公道的人，得到的往往不止公道；以小礼物来请主持公道的人，得到的往往说不上公道。而且，为使礼物频频送来，行使司法权者往往多方迁延，不予判决。为勒取被告的罚金，他往往把无罪者判为有罪，这种结果伤财伤民。

因为君主或酋长自己行使司法上的职权，任何人都不够资格责问，无论这种职权如何滥用，也无法得以矫正。君主如果将这种职权交由代理者行使，有可能得到矫正。代理者如犯了某种不正当行为，而且又单是为了他自己的利益，君主愿意惩罚他，或强制他矫正错误。但代理者所行的不正，如是为了君主的利益，换言之，如是为了献媚于任命他重用他的人，那在大多数情况下，就俨如君主自行不正一样，无法得到补救。所以，一切野蛮国家的司法行政，特别是往昔建立于罗马帝国废墟上的欧洲各国的司法行政，都长期陷于极度的腐败状态，即便在最好国王的统治下，也没有公正与平等可言。而在最坏国王的统治下，这种职权的执行情况更是不可想象了。

最大的牧羊者或畜牧者在牧羊民族中，是所谓君主或酋长。他同他统治下的牧人或臣民，都是靠着自己的畜群生活。

在刚脱离游牧状态的农耕民族，如特洛伊战争时代的希腊各部族，以及初移居罗马帝国废墟上的日耳曼人和塞西亚人的祖先，所谓君主或酋长，也不过是国中最大的地主。他的生活，完全像一般地主的生活一样，仰赖自己私有土地的收入。在平时，他的臣民，除了要请求他运用权力制裁豪强的压迫外，都无需敬奉他任何财物。他在这种场合领取的礼物，就算是他的全部经常收入，或者说，除了异常紧急的场合外，这就是对于他的支配权的全部报酬。

由荷马得知，阿格默农因友谊关系，将希腊七个都市的主权赠与阿塞利斯，并说，阿基利斯从那七个都市可能收得的唯一利益，就是人民所敬奉的礼物。这种礼物，即司法行政的报酬，或者说，司法手续费，只要它构成君主由其主权获得的全部经常收入，那就不能希望他把这全部收入放弃，甚至不能提议要他这样放弃。提议请他把这礼物确实规定一下，那也许是可以的，而实际上，也的确这样提议过。但是，君权无限，纵使好好规定了、确定了，要防止他不越出规定范围，即使不说是不可能的，亦是极其困难的。所以，听任这种状态继续下去，由任意的不确定的礼物所造成的司法行政上的腐败，就简直无可救药了。

不过后来，审判费却完全免除了。造成这种现象的原因很多，其中比较重要的是国防费不断增加，使得君主私有土地的收入，不够国家开支行政费用时，人民为了自己的安全生计，得缴纳各种赋税，这时不管何种理由，君主或君主的代理者及审判官，均不得领取任何礼物。审判官是有薪俸的，此薪俸，被想象为可抵偿其先前在礼物报酬中享有的份额；君主征有赋税，此赋税被想象为可补偿其前从司法方面所得收入而有余。这样看来，礼物要予以有效的规定和确定往往比较困难，全然废除倒似乎还容易些。为了防此腐败，审判官是禁止向诉讼当事人领取礼物或手续费的，审判官的审判费减少，但不能说审判官的审判是免费的。无论哪个国家的诉讼当事人，不能不给律师和辩护人报酬，否则，他们执行职务时，就会比实际情况还要不满意。审判官的薪俸，虽是由国家付给的，但在任何地方，诉讼事件的必要费用都没有大减。就各法庭总计起来，每年付给律师、辩护人的手续费恐怕要比审判官的薪俸多得多。

文明国家，审判官都是很多人梦寐以求的工作。虽然是一个名誉官职，报酬很少，但相干的人依然很多。比审判官职位较低的治安推事，论工作是异常麻烦的，论报酬大抵毫无所得，然而大多数的乡绅，却趋之若鹜。一种普遍存在于各国的现象是，大大小小的一切司法人员的薪俸以及司法行政的一切费用，即使处理得很不经济，亦不过占国家全部费用的极小部分。

全部司法经费从法院的手续费里支付是很容易的。这种方法不仅给国家省去一笔开支，也不会使司法行政陷于何种实际的腐败危险。可是，法院手续费，如有一部分要划归权力极大像君主这样的人，而且构成他的收入的相当大的部分，则这种手续费就很难有效地规定。但如果享有这手续费的主要人物，不是君主，而是审判官，那就极其容易。法律虽不能常常叫君主遵守某种规定，但对于审判官，却不难使其遵守规定的章程。法院手续费，如管理、规定得很严密精细，并在诉讼的一定期间，全部缴入出纳机构，待诉讼决定之后而不在决定之前，才按照一定比例，分配给各审判官，那么，和废止这种手续费比较，征收这种手续费，也就同样不会有何种腐败的危险。这种手续费，可能完全足够开销全部司法费用而不至于使诉讼费用显著增加。这在案件的审理和判决上，为激励全体法院人员的勤勉，不到一个案件判决终了，审判官不得支取这手续费。在审判官员人数非常多的法院，如果各人应分这手续费的份额，以他们各人在法院或审判委员会审理案件所花的时间及日数为标准，这更可激励各个审判官的勤勉。公共事务，办好才给酬，并且按勤勉的程度决定酬额，这样才能办好。

法国各高等法院所征收的手续费，构成审判官最大部分的报酬。就等级与权限而言，土鲁斯高等法院，是法国第二个大法院。该院审判官每年由国会领到的薪俸，在减除一切扣除额后，不过 150 利弗，约合 6 镑 11 先令。这个金额，等于当地 7 年前一个仆役每年普通的工资。上述手续费的分配，也是以各审判官的勤劳为标准。一个精明能干的审判官，可得到足够安乐生活的收入，虽然其数额也有限。至于怠惰的审判官，那就只能得到比薪俸少一些的收入。就种种方面观察，这些法国高等法院，也许不是最令人满意的法院，但却从未受到人们的非难，好像也从未有人怀疑其腐败。

为了利用法院手续费来支出法院的主要费用，各法院都乐意招揽不归自己管辖的案件，承接诉讼事件，以取得更多的手续费。英国各法院的主要费用，最初似乎也是取自于法院手续费。例如，单为审理刑事案件而设的高等法院，居然接受民事案件，而以原告声称被告对他所行不义是犯了非法侵害罪或轻罪为受理的口实。王室特别法院的设立，本来单是为了征收国王收入和强制人民偿清对于国王的债务的。但它后来居然受理关于一切其他契约上的债务的诉讼，以原告陈诉被告不偿还对他的债务，所以他不能偿还对国王的债务这个理由为根据。由于这种种的假托，结果许多案件，究竟归哪个法院审理，全由诉讼当事人选择，而各法院要想为自己多多招揽诉讼案件，也在审理上力求迅速公平。

英国今日的法院制度，是值得赞赏的，但一探其究竟，恐怕在很大程度上须归因于往昔各法院法官的相互竞争，对一切不正当行为，各个法官力求在自己法院就法律许可的范围内给予最迅速最有效的救济这个事实。

普通法院对于违反契约的行为，原不过责令赔偿损害。平衡法院作为一种债权法院，首先毅然强制履行特殊约定。当破坏契约的性质是不肯偿付货币时，对这种损害的唯一赔偿方法，就是责其偿还。这里，偿还就等于履行特殊约定，因此，在这种场合，普通法院所能给予的救济是充分的。但在其他场合，普通法院的救济则有所不够，如果一个种地人，控诉地主非法夺回其租地，那他得到的损害赔偿，决不等于占有土地。所以，这类案件，在一段时期中，都由平衡法院审理，使普通法院蒙受不小的损失。为要把这类案件拉回自己审理，普通法院后来发明了假扣留土地的令状，这令状对于不正当剥夺土地侵占土地的事件，是最有效的救济方法。诉讼案件收取印花税，用以维持各法院法官及其他人员，这种办法也足以提供司法行政费，不会对社会的一般收入增加负担。近代欧洲，大都是以辩护人及法院书记所写的公文用纸的页数决定他们的报酬，而每页的行数，每行的字数，又都有规定。所以，辩护人及法院书记，为增加其报酬，往往故意增加许多不必要的语句。上述这一情况，是审判官在这一场合，为了要尽量增加印花税收入，而在各案件上增加各种不必要的手续。结果，一切法院公文的文字只会变得陈腐不堪，只是转换一种方式加重了行政司法的腐败。无论司法行政费用是由司法方面自行设法筹措，或司法人员的定额薪俸是由其他财源开支，管理这财源的责任，支付这薪俸的责任，总无需委诸行政当局。这些财源有的是出于地产的地租，法院由这地租维持，管理地产的责任，他们将各自分别负担；这财源也有是出自不定数额的货币的利息，法院由此利息维持，其出贷货币的责任，也是让他们各自分别负担。苏格兰有一种巡回法院，其法官的薪俸就有一小部分出自一定额货币的利息。以这种必然缺乏安定性的财源，充当一种应当永久维持的机构的经费，也必然缺乏稳定性。原始社会有了进步，社会事务有了增加，司法权和行政权得以划分。社会事务日益加多，司法行政事务变得越发复杂，于是担当这任务的人，就不能再分心注意其他的方面。同时，担当行政职责的人，因无暇处理私人诉讼案件，所以，就任命代理人代为处理。当罗马帝国隆盛时，大执政官政务繁忙，难以分身过问司法行政，于是就有了代理这种职务的民政官的任命。后来，罗马帝国没落了，它的废墟上建立了欧洲各王国。这些王国的君主及大领主们，都认为自己执行司法行政是一种过于繁难而且有失身份的任务。因此，他们通通委任代理者或审判官去执行，借以推脱这项任务。为使人民感到自己一切应有权利全有保障，司法权就必须与行政权独立。司法权如不脱离行政权而独立，要想公道不为世俗所谓政治势力所牺牲，那就非常困难了。肩负国家重任的人，即使没有腐败观念，有时也会认为，为了国家的重大利害关系，必须牺牲个人的权利。但是，各个人的自由，各个人对于自己所抱的安全感，全赖于公平的司法行政。审判官不应由行政当局任意罢免，其报酬也不应随行政当局的意向或经济状况而随意变更。

第三节　论公共工程和公共机关的费用

建立并维持某些公共机关和公共工程是君主或国家的第三种义务。这类机关和工程，对于一个大社会当然是有很大利益的，但就其性质来说，假设由个人或少数人办理，那所得利润决不能偿其所费。所以，这种事业不能期望个人或少数人出来创办或维持。并且，执行这种义务所需的费用大小也随着社会发展时期的不同而不同。

如教育上的设施可分为两种：一是关于青年教育的设施；二是关于一切年龄人民的教育的设施。此种设施和工程所需的费用，该如何最妥善地支付，在这一节分作以下几个要点分析。

论便利社会商业的公共工程和机构

（1）为便利一般商业的公共工程和机构。

在不同社会时期，为了便利任何国家的商业所必要的公共工程，如公路、桥梁等的建设与维护，所要求支出的费用是不同的，这是十分明显的。这类公共工程的费用，不必在通常所谓国家收入项目下开支，可以用通行税和其他特别税捐来筹集。车辆通过公路或桥梁，船舶通过运河或港口，如果按照其重量或吨数的比例缴纳通行税，可以是正好按照其所加于公共工程的损耗的比例支付其维持费。这种方法是很公平的。就车辆而言，如果以重量为标准，对极尽奢华的车辆和对四轮大马车、驿递马车等所征的通行税，略高于对不可缺少的车辆如二轮运货马车、四轮马车等所征的税，那富人就更容易为救济穷人做出贡献。如此，公路、桥梁、运河等的建设就会根据需要来进行。但是维护和保养这些公共设施，比如运河在私人手中比在管理员手中要好，而公路通行税则不能完全地作为私人财产，而必须交予保管人员专门经营。有人建议不列颠应由政府来管理收取公路税，政府可从公路税中获取利润。

不否认这样可以得到一大笔收入，但对于这个计划，还是有以下几个值得质疑的地方。

第一，增加的通行税会给商业的发展造成巨大障碍。国家如把取自收税道路的通行税，看作供应急需的一个财源，那么，这种通行税将随着想象中的急需所需要的程度而增大，这便会阻碍商业的发展。第二，对车辆按重量征税的主要负担将落在穷人身上。第三，公路会被忽视，如果政府对于损坏的公路不予维修养护，那就比现在更难迫使将公路通行税的一部分作为正当用途。

在地方行政当局管理之下的公共工程，可能得到更好地维护。而地方行政的弊病和普通收入管理上的弊病相比，那是很小的，不必担心。所以，一项公共工程，如不能由其自身的收入维持，而其便利又只限于某特定地方或某特定区域，那么，与其把它放在国家行政当局管理之下由国家一般收入维持，还不如把它放在地方行政当局管理之下，由地方收入维持的好。

（2）为便利特殊商业的公共工程和机构。

上述公共设施和公共工程，其目的在于便利一般商业。若想得到某些特殊商业的便利，则有待于特别的设施，且须有一项特别的额外费用。

文明国为商业利益与野蛮未开化国家通商，常需要特别保护。该制度大约始发于 15 世纪末或 16 世纪初，即在商业开始扩展到欧洲大部分国家并开始注意到商业利益时。为防止土著人的劫夺，对于积货场所，不得不在一定程度上建筑防御工事。然而，强有力的政府，自然不容许外人在其领土内建筑堡垒，在这种情况下，就有互派大使、公使或领事的必要。公使或领事一面是处理本国侨民间的争讼，一面是解决本国国民与所住国国民间的争讼，这样的公权角色比任何私人更有权力，所能给国人的保护比任何私人给予的都要多。

在外国派驻使馆，与战争无关而是专为商业上的利益需要而设置的。首先使英国在君士坦丁派驻大使的原因，是土耳其公司的商业。欧洲各国因商业利害关系冲突不断，成为即使在平时也要互派永久公使的原因。

有要求特别保护自己的商业部门，应承担国家为此而开支的特别费用。保护一般贸易，常被视为国防的重要任务，因而也就成了行政当局必尽职责的一部分。所以一般关税的征收及应用，也就委诸行政当局。作为一般贸易保护一部分的特殊贸易，当然也是行政当局的应尽职责。但是，在这方面，国家则把其交予商人公司。这些公司在创建之初也许是有用的，因为其经营，不是失当，就是范围过于狭窄，最终全无例外地或成为累赘或毫无用处。

专营特权的两种公司是股份公司和受管制的公司。当用联合资本按资本份额比例共负盈亏时，称为股份公司；不以联合资本进行贸易，必须准许有合格资格的人缴纳入伙金后即可加入，自行经营自负盈亏，称受管制的公司。这两种公司都受管制。

受管制的公司类似于同业公会，是一种同类的扩大垄断组织。通常的同业公会精神，只要法律不加制止，也在受管制公司中流行。当被允许自然行事时，为了将竞争限制在尽可能小的范围内，它们总是力图将许多繁琐多余的规则加在贸易之上。法律限制时，它们则变得无足轻重。股份公司的设立，或经国王敕许，或由议会通过。它的性质，不但与受管制的公司不同，与私人合伙公司相比，也有以下许多不同。

第一，股份公司不许股东要求取出股本，但转卖股票、介绍新股东，却无需公司同意。股票价值，体现于市场上时有涨落的价格，因此，股票所有者的实际股金，与股票上注明的金额，是有出入的。在私人合伙公司中，非经全公司许可，合伙人不得把股份让给他人或介绍新成员入伙。如想退出，则需预先声明，经过一定时间才能提回股本。

第二，私人合伙公司与股份制公司在负债责任上是有区别的。私人合伙公司在营业上如有亏空，每个合伙人都为负债负责。反之，股份公司在营业上的亏空，各股东不过就其股份范围内，负其责任罢了。股份公司的经营，由董事会处理。董事会在执行任务上不免受股东大会的支配，但股东对于公司业务多无所知，如他们没有派别，他们大抵心满意足地接受董事会每年或每半年分配给他们的红利，不找董事的麻烦。这样省事而所冒危险又只限于一定金额，无怪许多不肯把资产投于合伙公司的人，都向这方面投资。因此，股份公司吸收的资本通常超过任何合伙公司。不过，在钱财的处理上，股份公司的董事为他人尽力，而私人合伙公司的合伙人则纯是为自己打算。所以，要想股份公司董事们像私人合伙公司的合伙人那样尽责监视钱财用途是很难的。这样，疏忽和浪费，常为股份公司业务经营上难免的弊端。所以，股份公司没有特权，往往经营不善，有了特权，不但经营不善，还限制了这种贸易。因此，凡属从事国外贸易的股份公司，总是竞争不过私人合伙公司。

业务能归结为例行公事或方法单一、很少或没有改变的行业，就是能由股份公司成功经营并不需具有专营特权的唯一行业。其中有这几个行业：第一是银行业；第二是保险业；第三是建修通航河道或运河的行业；第四是城市供水行业。而设立一家股份公司并成功经营必须具备以下三个条件：第一是严密的规则和方法；第二是必须比其他行业有更大更特别的效用；第三必须要有比私人合伙公司大得多的资本。

论青年教育设施的费用

青年教育的设施是由本身收入开支本身费用的事业。学生付给教师的学金或谢礼，自然构成这一类收入。所以，由本身收入开支本身费用的事业，并不限于前述道路、运河等。

教师的薪酬，不全取自该收入，也不一定要由社会的一般收入来开支，后者的征集和使用在大多数国家是由其行政部门负责的。

欧洲大部分国家，普通学校及专门大学的教育经费主要来自地方收入，来自某项地产的租金，或来自指定专作这项用途的专款的利息。此专款或由君主拨给，或由私人捐助，交由保管人管理。这些捐赠财产必然或多或少地减少教师对其事业所作努力的必要性，每个职业从业人员的努力是同它的必要性成比例的。

教师的薪俸仅占报酬的极小部分，学生的谢礼或学费则占大部分。有些大学，在这种情况下，教师的孜孜教诲虽不免减少一些，但却不会完全消失。也有些大学，教师被禁止领受学生的谢礼或学费，而他的薪俸，就是他由这种职务取得的全部收入。在这种情况下，教师的职责与利益就处于尽可能对立的地位了。努力和不努力所得报酬一样的话，他自然会不努力。所以，教师的收入是不能全部来自于每一个人的捐赠基金的，否则就完全不存在做出努力的必要性了。

教师应当服从的权力，如掌握在法人团体即专门学校或大学手中，而他自己又为这学校或法人团体中的一员，其他成员大部分亦同为教师或可为教师者，那么这些教师，彼此间就会非常宽容。如果教师们服从的权力，没有掌握在他们自己所属的法人团体之手，而掌握在外部的人物，如主教、州长或阁员之手，那么，他们想全然忽略其职责，就不大可能了。

能够强制教师尽其义务的，也只是使他们上一定时间的课，或者在一周或一年内，作一定次数的演讲。至于演讲的内容如何，那依然要看教师的勤勉，而教师的勤勉，又视其所以要努力的动机的强弱而定。况且，这种外部的监督，动辄流于无知和反复无常，其性质往往是任意的、专断的。行使监督的人，既未亲自登堂听讲，又不一定理解教师所教的学科，故使其精明地行使监督权，那是很难得的。

加之，这种职务所产生的傲慢，往往使他们不留意怎样行使其职权，使他们没有正当理由地、任性地谴责教师，或开除教师。这样一来，必然损害教师的品格，教师原来是社会上最受尊敬的人，现在却成为最卑贱、最可轻侮的人了。为避免这样的待遇，他就非仰仗有力的保护不可，而获得这保护的最好的方法，不是执行学术能力或工作勤勉，而是曲意奉承阿谀，不论何时，准备为这种意志而牺牲他所在团体的权利、利益及名誉。

大学毕业生如果享有一定的特权，或许能像学徒制度一样有助于教育上的改良。强迫青年人上大学，对教师的声望等是有害的。

大学生可能会因研究费、奖学金、贫学津贴等慈善基金的吸引，而不问其缘由地到某些大学学习。如果依赖慈善基金的学生，能自由选择喜欢的大学，那就可能引起各大学之间一定程度的竞争。反之，禁止转校，那学校之间的竞争就不存在了。

如果传授学生的导师或教师，不由学生自由选择，而由校长指派，那同样是有害的。在这种规定有效的院校，教师可以避免或压制学生方面的不满，在他讲授的全部时间中，学生能维持一种最有礼貌、最虔敬的态度。

专门学校及大学的校规，大体上不是为了学生的利益，而是为了教师的利益，更恰当地说是为教师的安逸而设计出来的。

校规的目的，总在维持教师的权威。不论教师是疏于职守，或是尽职尽责，学生总得对教师保持虔敬的态度，好像教师在履行职务上已尽了最大的勤勉和能力那样。其前提似乎是教师有完全的智慧和德行，学生则是大愚而有最大的弱点。如果教师比较勤勉的话，这就显得完全没必要。反之，则是必要的。

值得注意是，不是由公共机构实施的那部分教育，教育效果最好。普通大学教授的那部分功课，都没有教得很好。但是，没有这些大学，这部分的功课可能就完全教不成，个人和国家也会因缺乏这些重要部分的教育而遭受重大损失。

罗马教皇创办在现欧洲的各大学，一大部分原是为教育僧侣而设立的宗教团体。这种大学，一部分课程若不是神学，就是单为学习神学而预备的学问。这种学校里面所教的，当然要适合于其设立的目的。

当由法律确认基督教为国教时，拉丁语成了西欧通行的普通语言。但自颠覆罗马帝国的野蛮民族侵入后，拉丁语逐渐在欧洲各地行不通了。不过，虔敬的人民却把既定的宗教形式和礼节保存了下来。因此，拉丁语虽然在各地没有多少人了解，而教会举行礼拜时却依旧使用这种语言。

在欧洲，行使着两种不同的语言，即僧侣的语言和人民的语言，神圣者的语言和凡俗人的语言，有学问者的语言和无学问者的语言。僧侣在执行祭务当中，必须对这神圣的、有学问的语言有所了解，所以拉丁语自始就成了大学教育的一个重要部分。

希腊语和希伯来语却不是这样。所谓绝无错误的教会布告，曾宣称以拉丁语译成的《圣经》，即普通称为拉丁语圣经，与希腊语及希伯来语的原书，同为神的灵感所口授，因而，有同等的权威。这一来，希腊语和希伯来语的知识，对于僧侣就不是必不可少的了。于是，这两种语言的研究，长期以来都不是大学普通课程的必要部分。

由于拉丁译文不断暴露出许多谬误，而罗马天主教的僧侣们则不断出来辩护或说明。不管怎样辩护或说明，对于希腊和希伯来语没有若干知识，一定行不通，所以关于这两者的研究，逐渐被拥护宗教改革教理和反对宗教改革教理的多数大学列入学校课程。希腊语的研究，与各种古典的研究是密切相关的。在多数大学中，修哲学前，要先修希腊语。至于希伯来语因除《圣经》外再也没有一部用希伯来文写成的有价值的书籍，所以这种文字的研究，总是在哲学研究之后，当学生进行神学研究时才开始教授。

大学还把对绅士和有产者的教育吸引到自己这边来，尽管以后大学对哲学等的改进很少。

现代制度腐化了公共教师，窒息了私人教师，古代制度比现代制度更成功，这些可以追溯历史。在许多国家，只有听过公共教师课的人才能获得毕业后从事有学问的职业的特权，而对任何讲得再好的私人教师的再优秀的学生，他也不能享有此特权。由于种种原因，讲授大学普通课程的私人教师，在近代一般人看来，是学者中最微不足道的。具有本领的人要找职业，这要算最卑微最无利益的职业了。这样，普通学校及专门大学的捐赠基金，不但使公共教师的勤勉精神堕落了，并且也不容易找到优良的私人教师。

女子教育方面没有公立机构，因此，女子教育的普通课程中，便全没有无用的、不合理的或者幻想的东西。女子所学的，都是她的双亲或保护者判定她必须学习的，或者学了对她有用的课程，而别无其他东西。她所学的一切，无不明显地具有一定的有用目的，增进她形体上自然的风姿，形成她内心的谨慎、谦逊、贞洁及节俭等美德，教以妇道，使她将来不愧为家庭主妇等。女子在她的整个生涯中，会感到所受教育的各部分，差不多没有一个不对她有某种方便或利益。

国家对人民的教育不应加以注意么？如果有注意的必要，那对各等级人民，国家所应注意的是教育的哪些部分呢？而且，它应该怎样注意呢？这些可能都是人们有所疑问的地方。

政府尽管不注意，社会的状态必然会把大多数人安排于一种境地，使他们自然养成国家所需要或能容许的几乎一切的能力和德行。在其他情况下，为防止这些人完全堕落或退化，政府必须加以注意。

在不同社会时期，不同的社会背景下的教育应予以不同程度的关注。在文明社会和商业社会，普通人的教育比有身份有财产者的教育，应该更需要国家的注意。有身份有财产的人，他们的父母会照顾他们的利益，他们的生涯是主要从事各种智力方面的职业。他们所从事的职业，又不大会使他们终日忙碌，他们有很多空闲时间，从而完全掌握早年已有的各种有用的或作为装饰用的知识做进一步的钻研。

普通人民与有身份有财产者是有区别的。普通人民几乎没有受教育的时间，一到工作年龄，他们就必须马上求职谋生。他们的职业大都单纯无变化，无需运用多少智力。同时，他们的劳动又没有间断，松懈不得，所以没有闲暇做别的事情。

国家可以鼓励或坚持使普通人接受读、写、算等从事最低级职业前的教育，只要花很少的钱，就几乎能够便利全体人民，鼓励全体人民，强制全体人民获得这种最基本的教育。

罗马人用这种方式维持了尚武精神，现代国家更有责任防止怯懦，以及对安全的无知和愚昧。国家通过设立教区学校，通过发给奖学金，并要求人们着手从事某种行业前先通过考试，以便迫使全体人民基本上都学会教育的这些最基本的部分。

国家不能使下级人民陷入无教育的状态，即使国家通过下级人民的教育得不到任何利益，也应坚持实行。何况，人民受到教育，国家会受益匪浅。在无知的国民间，狂热和迷信往往会引起最可怕的骚乱。一般下级人民所受教育越多，越不会受狂热和迷信的迷惑。加之，有教育有知识的人，常比无知识而愚笨的人，更知礼节，更守秩序。他们都觉得自己的人格更高尚，他们更加尊敬长辈。对于旨在煽动或闹派别的利己性质的不平之鸣，他们就更能根究其原委，更能看透其底细，因此，反对政府政策的放恣的或不必要的论调，就越加不能欺惑他们。

在自由国家，政府的安全依存于人民对政府行动所持的友好意见，人民倾向于不轻率地、不任性地判断政府的行动，对政府是一件非常重要的事。

论各种年龄人民的教育支出

进行宗教教育的设施主要是对各种年龄人民的教育。这种教育，其目的与其说是使人民成为今世的优良公民，倒不如说是为人民作来世生活及更好世界生活的准备。讲授这种教义的教师也像其他教师一样，他们的精力就更加的旺盛充沛，是领取固定工资和受到捐赠的。

罗马教会中的下级牧师之所以比任何耶稣教教会的牧师勤勉和热心，是出于利己的动机。许多教区牧师的生活资源，大部分得自人民自愿的贡献，而秘密忏悔又给予他们许多机会，来增加这种收入。托钵教团的生活资源全都出自这种贡献。教会的大人物，尽管具有绅士及通达世故的一切技能，有时还具有学者的技能，对维持下级牧师的必要纪律也十分注意，但他们却不肯费心去关注人民的教育。

休谟说，国家可以让某种技术的促进任凭收益者去处理，其他的必须由国家来促进。

也有人认为，宗教的讲授是属于由个人去处理的那一类，但是并不是这样的，因为牧师的自利的热心应当受到抑制。

但是，无论牧师的独立俸给的效果是好是坏，这种规定或许很少是基于该效果的。即规定国教和公共捐助不是出于这样的推理的，而是由于政治派别的需要。假若政治斗争不曾寻求宗教的援助，而胜利的党派得胜时也不曾特别采用任何教派的教理，那么，这个政党对于所有教派就会一视同仁，自己选择适当的牧师和宗教。在这种情况下，无疑会有许许多多的教派出现。不同的会众几乎都会自成一个小教派，或者抱有自己的若干特殊教理。这时，充当教师的人，要保持现有教徒并增加教徒数目，定会感到莫大的压力。

为了生存，他们不得不学会彼此宽容。即使他们没有学会彼此宽容，他们的热心也不会是有害的，反之，却会产生若干好的结果。政府方面，如果断然决定让一切宗教自由，并不许任何教派干涉其他教派，那就用不着担心他不会迅速自行分裂而变得数目众多。

道德主义或道德学说同时流行在所有的文明社会，即在阶级区别已完全确立的社会。这两种学说：一种可称为严肃的或严格的学说；一种可称为自由的或者不妨说放荡的学说。前者一般为普通人民所赞赏和尊敬；后者则一般为所谓时下名流所尊重和采用。不过，构成这两个相反的主义或学说间的主要区别，则在于对轻浮这种恶德，容易由大繁荣、由过度的欢情乐意生出的恶德所加非难的程度如何。

教派从普通人民中吸引其最初和最多数的新的皈依者，几乎所有的教派都是在普通人民中创始的，因此严肃的道德学说，不断被这些教派采用，其中虽不无例外，但为数极少。在小教派中，道德是正规的和有秩序的，而且是非常讲原则的。

无需使用暴力，只需依两种极容易而有效的方法，就可矫正国内所有小教派道德上的任何不合人情及严肃到可厌程度的缺陷。

方法一：学习科学和哲学。由国家强制国内有中等乃至中等以上的身份及财产者，都从事这种学习。国家甚至可对较高深较困难的科学，设定一种检验或考试制度，不论何人，在从事某种自由职业以前，或在被提名候选某种名誉的或有酬的职务以前，都须经过这种检验或考试。如此强迫，国家不必供给师资，他们自己就会找到比国家供给的还要好的教师。科学是狂妄及迷信的消毒剂，当所有上层人士不受侵害之后，一般下级人民也就不会大受其害了。

方法二：增进民众的公共娱乐。俗众的迷信及狂妄，常起于心中的忧郁或悲观情绪。大部分人民的这种情绪，不难由绘画、诗歌、音乐、舞蹈，乃至一切戏剧表演消除。所以，国家应对从事这些技艺的人予以奖励，或者完全听其自由。

在有国教的国家，君主必须去影响宗教教师；在没有偏爱一种宗教的国家，君主没有必要去影响宗教教师。

君主纵使有资格保护人民，却很少被人相信有资格教导人民；其他有关心灵的事件，很明显地也非尘世君主所能管辖。所以，关于上述教条及有关心灵的事件，他的权威往往不及国教教会的教士们结合起来的权威。可是，社会的治安和君主自己的安全，常依存于教士们关于这些事件认为应当宣传的教义。君主既不能以适当的压力和权威，直接反抗教士们的决定，所以君主必须有影响他们决定的能力。撤职或其他处罚，是他们所恐惧的；升迁禄位，是他们所希望的。影响的方法，唯有使教士阶级大多数人有所恐惧而又有所希望。

终身享受的一种不动产是牧师的圣俸，只有在基督支教会中是这样。君主的安全，社会的治安，似乎在很大程度上依存于君主操纵他们的手段，而这手段似乎完全在于他提升他们的权力。对他们使用暴力是没有效果的，因此必须设法去操纵他们。

经主教所辖城市的牧师及人民共同选举各主教领区的主教，是最初基督教教会的制度规定的。人民的这种选举权持续得并不长久，而且就在保有该权利的时候，他们多半也是唯牧师们马首是瞻。不过，这样操纵人民，也非易事，不久牧师们就厌倦了，觉得由他们自己选举主教比较容易。同样的修道院院长的选举情况也是如此。主教领区内的一切下级有俸圣职，通由主教任命，主教认为适当的，即授予职务。这样，教会一切升迁权力，就全掌握在主教手中了。在这种情况下，君主对选举事项虽然拥有间接权力，教会选举乃至选举的结果，有时也请求君主同意，但是君主毕竟没有直接或充分操纵他们。因此，为能满足其升迁的期望，每个牧师的野心促使其阿谀教会中人，而不阿谀君主。

欧洲大部分主教职、修道院院长职的任命权，最先是罗马教皇拿到手中的。各主教领区内大部分下级有俸圣职的任命权，罗马教皇又以种种奸计及口实，将其拿到手中。这样，主教的权力仅仅是维持辖下牧师们的权力而已。同时，由于这种安排，君主的境况比先前更坏。

牧师组建的宗教军队连同他们的巨大财富，使得他们变得极为可怕。古代僧侣的特权是自然的结果，罗马教会在中世纪时反对自由、理性和幸福，它是一个可怕的联合组织。如果这种组织除了人类理性的微弱努力之外不受到其他敌人的攻击，它一定会长久地存在下去。但是全部人类智慧和德行都不能动摇，更不要说推翻那种巨大的和坚固的组织，由于事物的自然发展，首先是受到削弱，随后是部分地被摧毁，而现在看来，在几个世纪内，或许完全瓦解。

欧洲大部分国家的牧师们的世俗权力全部瓦解的原因，主要在于技术、制造业及商业的逐渐改善和发展。在这种情况下，欧洲各国君主力图挽回他们曾一度享有的支配教会重要圣职的权力。这在法国和英格兰做得比较成功。自此以后，牧师对教皇就不再那么忠诚了。对教会重要圣职任命权的要求（为了拥护这种要求，教皇宫廷常使基督教国家若干最有力君主的王位发生动摇，甚至于倾覆），就是这样在欧洲各国，甚至在宗教改革以前，被抑制了，被变更了，或者被完全放弃了。随着牧师们对人民的势力的削减，国家对牧师们的势力日益加强。因此，牧师们搅扰国家治安的势力和意向，就远非昔比了。

罗马教会的权威处于衰落状态的时候，也是开始在德国引起宗教改革发生的时候。该争论传播到欧洲各地，由于新教教师的热心传播，新教义大受普通人民的欢迎。新教义的成功，使与罗马不和的君主能很容易地推翻教会。

在君主与罗马友好的国家，宗教改革则受到了压制和阻挠。在某些国家，宗教改革则推翻了国家和教会，然而宗教改革的追随者没有像罗马教廷那样拥有共同的权威，而分成了路德教派和加尔文教派。路德派和英格兰教派赞成监督制度，将圣职授予权交给国王及其他世俗赞助者，而加尔文派则让人民拥有选举权，建立牧师之间的平等，其中人民的选举产生了巨大的骚乱。

两种在牧师间树立的平等长老管理教会制度是：一是权力或教会管辖权的平等；二是圣俸的平等。在长老的教会中做到了权力的平等，圣俸的平等却没有做到。不过，这也使得他们获得了独立和世人的尊敬。教会圣俸将近同等，其间没有一个很大的圣俸，圣俸这样的拉平状况，虽或有时不免操之太过，但对教会本身，却有若干极良好的结果。所以，普通民众不待强迫就能完全地保持一致，也只有在实行长老教会制度的国家。

各国教会的收入，其中除特定土地或庄园收入外，虽然也是国家一般收入的一部分，但这一部分没有用在国防上，而转用到与国防相异的目的上了。这是应该特别指出的。

国家紧急支出的费用，有些人说是专靠土地地租，也有些人说是主要依靠土地地租。总之，教会取得的部分越多，国家分得的部分就越少。如此，教会越富，君主和人民就必然越贫乏，而国家防御外侮的能力也就越薄弱，这是一个不变的原则。

宗教教育支出方面的得失值得认真对待。就职务的履行而言，无论何种职务，执行得是否良好，与该职务报酬或薪俸的性质是相称的。报酬或薪俸过多过少都会影响奉职者的积极性，甚至疏忽怠惰而受到更大的损害。有大宗收入的人的想法，牧师是不能效仿的。如果给予他巨额收入，他不但会把他应该用在职务上的时间消费掉，而且他高尚的人格从此会变得没有了尊严。他能以适当的势力与权威，执行其职务的唯一凭借，也来源于人格的尊严。

第四节　论维持君主尊严的费用

随社会发达时期和整体形态的不同，一国君主除了执行种种职务所必要的费用以外，为维持其尊严，须有大小不同的一定的费用。

当社会有了进步时，在富裕而发达的社会中，各阶级人民的房屋、家具、食品、服装等，都由朴质而流于奢华，在此种情况下要君主独逆时尚，很难做到。君主为维持其尊严，一切使用物品，所费必日益加多。

君主与共和国元首相比，就尊严而言，一国君主君临于其臣庶，比之共和国元首对于其同胞市民，更要高不可攀，望尘莫及；所以，为维持这较高的尊严，势必要较大的费用。当然，总督或市长的官邸，自不能与国王宫廷的华丽相比。

结论

为社会的一般利益而支出的费用，是防御社会的费用和维持一国元首的费用。因此，照正当道理，两者应当来自全社会一般的贡献，而社会各个人的资助，必须是与他们各自能力相称。

为全社会的一般利益而支出的还有司法行政的费用。这种费用，由全社会一般的贡献开支，并无不当。不过，国家之所以有支出此项费用的必要，乃因社会有些人多行不义，势非设置法院救济保护不可；而最直接受到法院利益的，又是那些由法院恢复其权利或维持其权利的人。因此，司法行政费用，如按照特殊情形，由他们双方或其中一方支付，即由法院手续费开支，最为妥当。因此，这项费用在罪人自身无财产资金足够支付的情况下，此费用是由社会全体负担的。

地方收入或州区收入不为一地一州的地方费用或州区费用而开支，为了社会局部利益，而增加社会全体的负担，是很不正当的。

全社会的一般收入费用开支在维持良好道路及交通机关方面，无疑是有利于社会全体的，既然如此，支出这项费用便并无不当可言。不过，最直接地享受这费用的利益的人，乃是往来各处转运货物的商贾，以及购用那种货物的消费者。所以，为减轻社会一般人的负担，各国所谓的路捐和桥捐无疑是由这两者来负担。

对一国社会有利的教育设施及宗教设施的费用，应由社会的一般收入开支此项费用，这也是很得当的。同样，这费用如由那些直接受到教育利益及宗教利益的人支付，或者由自以为有受教育利益或宗教利益的必要的人自发地出资开支，这样不仅妥当，而且可能会带来更多的利益。

维持有利于全社会的各种设施或土木工程的费用，由那些直接受到利益的人支出，或不是全由他们支出维持，在大多数场合，不足之数，就由全社会一般的贡献给予弥补。因此，社会的一般收入，除开支国防费及君主养尊费外，还需补充许多特别收入部门的不足之数。

链接

我国的税收概况

税收是一个历史范畴，是在社会生产力发展到一定水平，普遍地出现剩余产品并且形成专门执行社会职能的公共权力即国家以后而产生的。因此，税收是国家满足社会公共需求，通过法律规定赋予政府的一种无偿参与社会剩余产品分配以取得财政收入的一种权力；或者说税收是以政府为主体，凭借政治权力进行的一种分配，分配的对象是剩余产品价值，分配的目的是满足社会公共需求。社会剩余产品和国家的存在是税收产生的基本前提。

税收分类是从一定的目的和要求出发，按照一定的标准，对各种不同税种隶属税类所做的一种划分。我国的税种分类主要有：

（1）按征税对象分类

流转税是以商品生产流转额和非生产流转额为征税对象征收的一类税。流转税是我国税制结构中的主体税类，包括增值税、消费税、营业税和关税等税种。

所得税亦称收益税，是指以各种所得额为征税对象的一类税。所得税也是我国税制结构中的主体税类，包括企业所得税、外商投资企业和外国企业所得税、个人所得税等税种。

财产税是指以纳税人所拥有或支配的财产为征税对象的一类税。包括遗产税、房产税、契税、车辆购置税和车船使用税等。

行为税是指以纳税人的某些特定行为为征税对象的一类税。我国现行税制中的城市维护建设税、固定资产投资方向调节税、印花税都属于行为税。

资源税是指对在我国境内从事资源开发的单位和个人征收的一类税。我国现行税制中资源税、土地增值税、耕地占用税和城镇土地使用税都属于资源税。

（2）按税收的计算依据为标准分类

从量税是指以征税对象的数量（重量、面积、件数）为依据，按固定税额计征的一类税。从量税实行定额税率，具有计算简便等优点。如我国现行的资源税、车船使用税和土地使用税等。

从价税是指以征税对象的价格为依据，按一定比例计征的一类税。从价税实行比例税率和累进税率，税收负担比较合理。如我国现行的增值税、营业税、关税和各种所得税等税种。

（3）按税收与价格的关系为标准分类

价内税是指税款在应税商品价格内，作为商品价格组成部分的一类税。如我国现行的消费税、营业税和关税等税种。

价外税是指税款不在商品价格之内，不作为商品价格组成部分的一类税。如我国现行的增值税（目前商品的价税合一并不能否认增值税的价外税性质）。

（4）按是否有单独的征税对象、独立征收为标准分类

正税是指与其他税种没有连带关系，有特定的征税对象，并按照规定税率独立征收的税。征收附加税或地方附加，要以正税为依据。我国现行各个税种，如增值税、营业税等都是正税。

附加税是指随某种税收按一定比例加征的税。例如外商投资企业和外国企业所得税规定，企业在按照规定的企业所得税率缴纳企业所得税的同时，应当另按应纳税所得额3%的地方所得税。该项缴纳的地方所得税，就是附加税。

（5）按税收的管理和使用权限为标准分类

中央税是指由中央政府征收和管理使用或由地方政府征收后全部划归中央政府所有并支配使用的一类税。如我国现行的关税和消费税等。这类税一般收入较大，征收范围广泛。

地方税是指由地方政府征收和管理使用的一类税。如我国现行的个人所得税。这类税一般收入稳定，并与地方经济利益关系密切。

中央与地方共享税。中央与地方共享税是指税收的管理权和使用权属中央政府和地方政府共同拥有的一类税。如我国现行的增值税和资源税等。这类税直接涉及到中央与地方的共同利益。

这种分类方法是实行分税制财政体制的基础。

（6）按税收的形态为标准分类

实物税是指纳税人以各种实物充当税款缴纳的一类税。

货币税。货币税是指纳税人以货币形式缴纳的一类税。在现代社会里，几乎所有的税种都是货币税。

（7）以管辖的对象为标准分类

国内税收是对本国经济单位和公民个人征收的税种。

涉外税种是具有涉外关系的税收。

（8）按税率的形式为标准分类

比例税，即对同一征税对象，不论数额多少，均按同一比例征税的税种。

累进税是随着征税对象数额的增加而逐级提高税率的税种。

定额税是对每一单位的征税对象按固定税额征税的税种。

国家税务总局为国务院主管税收工作的直属机构。在发展社会主义市场经济的过程中，税收承担着组织财政收入、调控经济、调节社会分配的职能。

国税系统负责征收管理的税种有：

增值税；消费税；进口产品增值税、消费税、直接对台贸易调节税（海关代征）；铁道、各银行总行、保险总公司集中缴纳的营业税、所得税、城市维护建设税；中央企业所得税；地方银行和外资银行非银行金融企业所得税；海洋石油企业所得税、资源税；证券交易税；境内外商投资企业和外国企业的增值税、消费税、所得税；出口产品退税管理；集贸市场和个体户的增值税、消费税；中央税的滞补罚收入；按中央税、中央地方共享税附征的教育费附加。

地方税即属于地方固定财政收入，由地方管理和使用的税种。

地税系统负责征收管理的税种有：

营业税；个人所得税；土地增值税；城市维护建设税；车辆使用

税；房产税；资源税；城镇土地使用税；固定资产投资方向调节税；地方企业所得税；印花税；地方税的滞补罚收入；地方营业税附征的教育费附加。

国家收入的来源与赋税

第一节　论属于君主或国家的收入来源

财富及土地是君主或国家的收入源泉。君主的财富可以自己使用，也可以将其贷于他人使用。自己使用获取利润，贷于他人获取利息。

早期原始社会的政府，国王公共收入的主要部分是利润。小共和国最大收入是从商业经营的利润来获取的。汉堡从葡萄酒窖和药店经营中获取利润，其他比较大的国家则从公共银行和邮局来获取。邮局本来是一种商业企业，政府垫付资金设立了邮局、购买和租用邮运的设备，通过运送邮品所收取的邮费来偿还政府垫付的费用。垫付的资本不是很大，邮运这种业务很透明，其收益不仅是肯定的，还能立即带来巨大的利润。

君主往往也会经营其他的商业企业，其经营的结果是大都以成功告终，但浪费也会导致其经营业务的失败。君主的业务代理人，总是认为主人有用之不尽的财富供他们操纵其代理的业务，从不控管货物价格的一切成本，还与君主一样过着奢侈浪费的生活；他们仍然能以适当的方法捏造账目来掩盖实质性的浪费，积聚有君主那样庞大的财产。

从货币的利息中，国家也可以获得一部分公共收入，就像从资本的利润得到这种收入一样。贷借于外国或本国的臣民的一部分财富，是国家积蓄中的一部分。

这种方法的使用是否适如其度，与成功有密切的关系，其功效须视三个要点的情形而定：要点一，对于金银货币以外的其他交易媒介有多少需要，换言之，向外国购买的消费品有多少需求必须以金银换购；要点二，利用该方法的政府信用如何；要点三，信用证券全部价值，决不可超过在没有该证券的情况下流通界所需金银币的全部价值。

资本和信用具有不稳定不经久的性质，这就使得它们不适于充作确实的、稳定的、恒久的主要收入来源，任何一个已经超过游牧阶段的大国政府，从来不会由这种来源取得其大部分公共收入，只有使用适如其度的方法获得一部分公共收入，才能给予政府安全和尊严。

地租之所以成为国家主要收入来源，是因为土地是一种确实和恒久的资源。在近代，战争及准备战争占了一切大国必要费用的大部分。但是在希腊及意大利古代的共和国，每个市民都是兵士，服役也好，准备服役也好，费用都由他们自备，国家无须支出很多的费用。一项数额不太大的地产的地租，足够开支政府一切必要费用了。同样，在欧洲古代君主国以及封建时代，及其他国家也有着同样的结果。

全部土地所能够提供的地租也不足以应付普通支出，这是欧洲多数文明君主国的现状。全国所有的土地即使管理犹如它们都属一个人所有那样，其收入仍难以达到国家向人民征收的普通收入那么多。人民由土地获取的收入，不是与土地地租成比例，而是与土地产品成比例。人民通过土地获得的产品只能归人民逐年消费，或者用以交换他们所消费的其他物品。无论什么原因，人民土地收入一直处于有减未增的局面。

在欧洲现代文明国家中，没有一个国家通过国有土地地租获取大部分公共收入，但所有的欧洲君主都拥护属于王室的广大领土。王室领土大都属于王室林园，可在这片林园从没看到树木，从产物与人口两方面来看，王室领土失去原有的价值，则造成人民和国家不必要的损失。如果出售王室的土地，王室领土一旦变为个人财产，就会得到很好的改良和耕植。产品会随着土地改良而增收，人口随之增加，人民收入和消费也因此增大。人民收入和消费增大，君主从关税及国产税得到的收入也随之增加，这样既有利于君主也有利于人民。

王室领土能更有利地获取收入，最好的办法是向人民公开拍卖王室领土，这样才不会使全社会人民付出多于君主所享有的其他任何同等收入所付出的代价。文明国的君主由领地获取的收入，对人民个人是有损无益的，只有将王室土地更好地分配，才能让人民和国家都有收益。

属于君主的土地可用作公园、林囿及散步场所，其目的是供人民游乐与观赏，不仅不是收入源泉，而且为了保持原有的观赏风貌，还得时常出费修葺。文明君主国只能拥有这样的土地。

君主或国家所特有的两大收入来源是公共资本和土地。文明君主国家支付的必要费用的大部分，人民须拿出一部分私人收入，给君主或国家作为公共收入，人民拿出的这部分私人收入，也就是税收；另一个收入来源则是王室的领土。

第二节　赋税

个人的收入主要有三种不同的来源，即地租、利润与工资。每种赋税也是由这三种收入来源之一或三者共同支付的。我们将从四个方面来论述赋税：第一，地租的赋税；第二，利润的赋税；第三，劳动工资的赋税；第四，不分彼此的私人收入的所有三项收入来源的赋税。

在讨论各种赋税之前，先介绍一下关于一般赋税的四个特点：

第一，为维持政府，各个国家的国民都必须在其可能范围内，依照各自能力的大小，依照各自在国家保护下享得的收入的比例，缴纳赋税。所谓赋税的平等或不平等，就看对这种原则是尊重还是藐视。必须注意，任何赋税，如果结果仅由地租、利润、工资三者之一负担，其他二者不受影响，这样是不平等的。后续讨论由于某种赋税如何不平等地落在它所影响的某种私人收入上面，我们会做进一步分析。

第二，应当让纳税者及其他人充分了解缴纳赋税的日期、方法、额数。确定人民应纳的税额是非常重要的事情，税额不确定纳税人不免为税收入员左右，税收入员借机加重赋税，或者利用加重赋税来恐吓、勒索或贿赂。赋税如不确定，定生腐化。当然，赋税不平等，其害民尚小；若赋税稍不确定，其害民就很大。所以，国民应当缴纳的赋税必须是确定的，不得随意变更。

第三，征收各种赋税，缴纳的日期、方法应以最便利于纳税者的方式征收。

第四，以经济节约为原则征收赋税。征收赋税时，必须尽可能使人民所付出的，等于国库所收入的。如人民付出的多于国库所收入的，那是由以下四种因素造成的：其一，征收赋税的官吏因数量大而耗去大部分税收作为薪俸，且会滋生对人民的苛索，增加人民的负担；其二，它可能使人民对那些会给许多人提供生计和职业的事业裹足不前，并使本来可利用以举办上述事业的基金，由于要缴纳税款而缩减乃至于消灭；其三，对于逃税未遂者所使用的充公及其他惩罚办法，会使其破产，因而失去使用这部分资本所能获得的利益。不适当的赋税，是逃税的主要诱因。对逃税的惩罚，势必随诱因的加强而相应地加重。这样的法律，最初造成逃税的诱因，继而用严刑以惩逃税，并经常按照诱惑的大小裁定刑罚的轻重，设阱陷民，完全违背普通正义原则；其四，税收人员频繁的访问及稽查，常使纳税者遭受极不必要的麻烦、困扰与压迫。这种烦扰严格地讲，虽不是金钱上的损失，但无异是一种精神损失，因为人人都会设法来回避这种烦扰。以上四种因素使人民受到困扰，也无济于国家收入。

综上所述，所有国家在制定税法时，都应该设法使赋税尽可能地保持公平公正。纳税日期、缴纳方法务必确定和便利于纳税者。此外，他们也应该竭力使人民于缴纳正税之外，不再受其他勒索。不过，各时代各国家的主要赋税，各国在这方面的努力，并未得到同样的好结果。

地租的赋税

（1）租金税、土地地租税

加在土地地租上的赋税有两种征收方法：一种是按照一种标准，各地区评定定额地租，确定后不反复变更；另一种是税额随土地实际地租的变动而变动，随情况的改善或恶化而增减。

英国就是用一种固定不变的标准评定定额地租。固定的税额是平等的，因各地耕作上的原因，也会导致税额不平等。这种不平等都是由佃农承担的，纳税者虽是地主，税款通常是由佃农垫付的，地主会在收取地租时把它扣除。各地区的税额不随地租的增加而增加，地主由改良土地生出的利润，君主并不分享。地主除了缴纳赋税没有其他不便。同一地区地主破产的主要原因是这些土地的改良，改良的土地加重地租税负担的程度有限，不足以阻碍土地的改良及其正常的生产。土地产量没有减少的倾向，产品价格没有抬高的倾向，佃农的劳动就不会受到妨害。征收这种税时使用的官吏很少。

土地税恒久不变使地主获利，其主要原因是由很多外部情况引起的，这种获利和赋税的本身性质无关。

现时地租与旧时地租的计算差异，在不同程度上影响着地主与君主的利益。按现时地租计算应付的税额，和按旧时评定实付的税额之间，通常会产生一个差额，所有的地主，几乎都从该差额获得了利益。按国家以后的情势，土地税的恒久性，有利于地主而不利于君主；若情势与此相反，就可能有利于君主。

货币用来缴纳赋税，土地评价也是以货币表示。货币自作了土地评价，随着银价和货币的价值保持不变，而且十分稳固。如果实际发生的情况与现实略有不同，这种评估的固定性可能给其中一方带来不利。追求长久是一种生存的自然属性，帝国的任何制度、便利于一切情形与其帝国本身一样永久。

最公平的赋税是一种随地租的变动为转移，或依耕作状况的进步退步为高下的土地税。法国经济学家曾建议征收这种公平税。他们主张：一切赋税，最终总是落在土地地租上。因此，应该平等地征于最后支付赋税的来源。这无疑是对的。但是，他们的学说却立足于形而上学的议论，放诸实际则没有任何用处。

当地主决定自耕土地时，就要重新评定该地的地租，土地税随地租变动而变动，其征收费用，无疑会比额定不变的费用多，和其他税收的征收费用相比，这一切费用，大抵都很轻微。在这种制度下，各地应多设置一些登记机构。

若君主关心农事，并分摊土地改良费用，地主当然愿意缴纳赋税。要是在地主进行改良土地之前，允许其会同收税官吏，依照双方共同选择的邻近地主及农夫若干人的公平裁定，确定土地的实际价值，然后在一定年限内，依此评价征税，使其改良的费用能完全得到补偿，地主自会乐意改良土地了，土地税阻碍土地改良的问题也得以解决。如果君主不分担改良的费用却分享改良所得的利润，土地便得不到改良。赋税的主要好处之一是使君主从关注自身收入出发，而留心土地的改良。所以，时间的规定不能太短，促进君主留意农事的刺激再大，也不能弥补哪怕是最小的阻碍地主注意改良土地的动机。君主的注意比较宏观，地主的注意则是在细节上。总之，君主应在其权力所及范围内，以各种手段鼓励地主及农夫注意农事，使他们能依自己的判断及方法，追寻自己的利益；让他们能最安全地享受其勤劳的报酬；并且，在领土内设置最便利最安全的水陆交通，使他们所有的产品有最广泛的市场，同时自由无阻地输往其他各国，从而不会反对赋税更不会使土地税阻碍耕地改良。

在良好的管理制度下，土地税无碍于耕地改良，地主的纳税义务是不可避免的，地主便不会感到缴纳赋税有什么不便。

把一种不变的规定定为国家基本法。适应这种基本法，无论社会状态怎样变动，无论农业怎样进步或退步，无论银价和铸币的法定标准怎样变动，这种赋税不必加以任何调整就能自然而然地与实际状态相适应，而且在这些变动下都同样公平合理。

按照一般丈量及评价而估定的土地税，开始虽很公平，但实行不了多久，就变得很不公平。有些国家担心出租人和承租人会合伙隐瞒租约的实际条件，以骗取公共收入，便放弃了简单明了的土地租约登记法，转而不惜多劳多费地实行全国土地丈量。还有一些国家为了防止该变化的发生，耐心地注意国内各农场的状态及其产物的所有变动，这种长久的注意，不但会引起更多的麻烦，而且对纳税者无所助益。这种长久注意，政府也根本无法做到，所以这种公平是很难持久的。

（2）不与地租成比例而与土地产品成比例的赋税

地主最终支付的赋税，是对土地产品征收的赋税，也就是对土地以地租征收的赋税。当产品的一部分作为赋税付出时，农民必尽其所能计算这一部分逐年的大体价值究竟有多少，然后从经他同意付给地主的租额中按比例扣除。农民向教会缴纳的什一税就是这一类赋税，农民交出年产物也从来不预算逐年的大抵价值。

极不公平的什一税及其类似的土地税，表面看起来十分公平。这种加在地租上的极不公平的什一税，经常妨碍地主改良土地及农夫耕种土地的积极性。

教会不支出任何费用却分享较大利润，地主自然不愿用最多费用进行各种土地改良；农民也就不愿种植最有价值且需最多费用的谷物。各教会所分得的什一税，数量细微，却没有一个会像亚洲君主那样关心土地的耕作与改良。因此，这种税，如用以维持国家，其所带来的若干好处，尚可在某种限度抵消其不便；若用以维持教会，那就除不便外，再也无利益可言。

据了解，很多国家的君主如孟加拉君主、古埃及君主，为求尽量增加其国内一切土地产品的分量和价值，都曾竭尽心力，从事公路及运河的创建与维持，使得每一部分产品，都能畅销于国内。

依某种评价征收货币和征收实物也是对土地产品征收赋税的一种重要形式。

由于征收的实物分量既少，征集的区域也小，每一部分应收实物的收集和处理，征收者都能亲自监视，这就让教区牧师和住在自己田庄内的小乡绅们觉得以实物收取什一税或地租，也很方便。

征收实物比征收货币更容易舞弊。住在大城市而有大资产的绅士，如对其分散各地的田庄征收实物地租，那就不免要蒙受其承办人及代理人怠慢的危险，尤其是这些人舞弊的危险。至于税收入员由滥权渎职所加于君主的损失，那无疑还要大得多。一个普通人，哪怕凡事极其粗心大意，但与小心谨慎的君主比较，对督视用人而言恐怕要强些。公共收入如以实物征收，由于税收入员胡乱处理所遭的损失，实际纳到国库的，往往不过是人民所出的一小部分。然而，有些国家公共收入的若干部分，据说就是这样征收的。很多大官及其税收入员，无疑都愿意以这种方式征税。

按照市场价格的变动而变动进行评价，税额对于土地实际产品的价值，总是保持同一比例；按照一种固定不变的评价，税额对于那个价值，在不同时期会保持不同的比例。按前者征收的税额只随土地实际产品的变动而变动，按后者征收税额不但随土地产品的变动而变动，还会随贵金属价值的变动而变动，乃至随各时代同各铸币所含的贵金属分量的变动而变动。

收取一定税额货币来完全代替所有赋税或什一税，这种税不会妨碍或促进土地的改良，不会随土地地租而上下。这样可以避免土地产品的一定部分或一定部分价值的征收。

（3）房租税

建筑租金和地皮租金是房租的两个部分。

建筑房屋所费资本的利息或利润是指建筑物租金。建筑物的租金或建筑资本的普通利润，常受各地货币的普通利息支配。为使建筑业与其他行业处于同一水准，这种建筑物租金，除了必须足够支付相当于建筑业者把资本投在有良好抵押品贷出时所能得到的利息，还必须足够他不断修理房屋，即他得在一定年限内能收回建筑房屋所费的资本。

建筑业的利润，只要在任何时候超过当时的比率过多，则其他行业上的资本将会有很多投到建筑业上来，直至这方面的利润降到正常水平为止。反之，资本则会转移到他业直至升高到原来的水平为止。在市场利率为 4% 的地方，如除去地皮租金后，建筑物的租金还能提供相当于全部建筑费用的 6%或 6.5%的收入，那其利润就算是足够了。

地皮租金部分利润是全部房租中超过提供合理利润的部分。在地皮所有者与房屋所有者为两人的情况下，这部分利润要全数付与地皮所有者，承租者要为某种真实或想象的利益而付出多余的代价。

大城市附近的郊外别墅，国家首都等地则会因为一地难求而地皮租金越来越昂贵。在远离都市且空地很多的地方，其地皮租金几乎为零。

承租者对房租征税与各房屋的租金成比例，至少在相当长时期内不会对建筑物租金造成影响。在不同情况下，这种分配会极不一样；而且随着这些情况的不同，承租者及地皮所有者会因此税而受到极不相同的影响。房屋所有者得不到合理利润，就会抛弃该行业，如此则建筑物的需要就会提高，他的利润便会恢复原状与其他行业的利润保持同一水准。这种税也不会全部落在地皮租金上，它往往会自行区分为由承租者担当和由地皮所有者支出两部分。

房租税分担偶然发生的不平等，地皮租金所有者可能受到不平等。承租者可能受到的不平等，除了房租税分担上的原因以外，还另有原因。随财产的大小程度而不同，房租占全部生活费的比例也不同。富人不但应该按照收入比例为公共收入做而且应该做更多贡献，从这点来说，这种不平等是合理的。财产最多，比例则最大；财产逐渐减少，比例则逐渐减低；财产最少，比例则最小。生活必需品占贫民费用支出很大部分，其中食物支出最多。富人则不然。因此，富人负担的房租税是最重的。

富裕程度通过房租便能反映出来。对这种特殊消费对象按比例征收所得的收入，比其他税收多得多。不过，房租税如果定得太高，很多人就会竭力避税，住较小的房屋而把大部分费用移转到其他方面去。房租在某些方面虽与土地地租相似，但在另一个方面却存在根本的不同。土地地租是因为使用了一种有生产力的东西而支付的，房租却因为使用了一种没有生产力的东西而支付的。支付地租的土地自己产生地租，房屋乃至房屋所占的地皮什么都不会生产。所以，支付房租的人，必须从其他与房屋绝不相关的收入来源中提取所需的款项。只要房租税落在承租者身上，它的来源必从与租金本身相同的来源去提取，必须由他们的收入来支付，不管这收入是来自劳动工资、资本利润还是土地地租。只要房租税由承租者负担，它就不是单独征于那一种收入来源而是无区别地征于上述一切收入来源的税，与所有的消费品税具有同一性质。

地皮税的最后支付，完全要落在地皮所有者身上。无人居住的房屋的地皮租金，当然不应该征税。对自住的房屋，房屋所有人缴纳的税金额应该按出租的价值进行评估。与房租比较，地皮租金是更妥当的征税对象。对地皮租金征税不会抬高房租。无论怎样，赋税的支出最终都是落在地皮所有者身上，所以他就会尽可能地要求最大的租金，其所得租金取决于竞相争用地皮者为贫为富，换言之，取决于他们能够出多少来满足对一块地皮的爱好。在富人集中的地方，地皮贵租金高，但是富人的数量不会因此而增加太多，他们对地皮租金的贡献不大。承租者必须纳的税越多，所愿付的地皮租金就越少。

所有者不用亲自劳作便可获得的收入，在许多情况下是地皮租金及普通土地地租。地皮征税以后与未征税以前比较，人民大众的真实财富与收入不会有什么差别。地租税过重会影响土地所有者的经营和关注程度。地皮租金则不然。地皮租金就其超过普通土地地租的数目来说，完全是由于君主开明统治，对借此而存在的资源征以特别税，或使其纳税稍多于其他大部分收入资源以支援公共收入，那是再合理不过的。因此说，地皮租金甚至比普通土地地租更适合作为特定税的对象。

利润的赋税

（1）利润税

用来支付利息、属于资本所有者的和支付利息以后的剩余，是由资本所生的收入或利润。

作为投资危险及困难的非常轻微的报酬，利润的后一部分显然不能成为直接征税的对象。资本使用者没有该报酬的话，就不会再做下去。假若他按照税的比例抬高利润率，那么他可能垫付了全部税赋，但是结果还是按照他的投资方法而转嫁给其他人。他人不能以某一方法减轻自己的负担时，他就只有采用其他方法来补救。因此，假如要他按全部利润的比例直接征税，他就得提高其利润率，或转嫁到货币利息上去，即少付利息。

两种情况可以说明，货币利息不宜直接征税。第一，个人所有土地的数量与价值不可能是秘密，是能正确确定的，一个人所拥有的资本金额却是秘密的无法确定的。第二，土地是不能移动的，资本则容易移动。为了自身利益，他自然会将资本转移到征税比较轻的国家。资本外移，资本利润即土地地租和劳动工资，也必定因而缩减。初看起来，货币的利息，就好像和土地地租一样，是能够直接征税的对象。然而，与地租比较，货币利息是不宜直接征税的。

在这种国家征收这种赋税，都是按照非常宽松和非常低的评估标准来征收的。每个人都会觉得自己缴纳的税比实际收入低，邻人的虽比他低一些，但自己也不会太计较了。

（2）资本的利润税

有时用在特殊商业部门和用在农业上的资本利润，是有些国家对资本利润征收的特别税。

消费者最终支付了特殊商业部门资本所征的税。而在大多数情况下，商人还会把价格提高一些。消费者购买商品时的价格就包含了支付商人垫付的税额。

消费者支付店铺税，而且还要为店主再付一大笔的利润。当这种税与商人的营业额成比例时，最终总是由消费者付出，不会对商人造成任何压迫。但当它不与商人营业额成比例而同样征收于所有商人时，虽最终也是由消费者支付，却对大商人有利，对小商人造成压迫。对店铺要想相当正确地按各店铺的营业范围比例征收，那除了采用自由国家人民绝难忍受的调查外，再也无法进行。这种税如果很重，将成为小商人的重大压迫，并使全部零售业归于大商人手中。小商人的竞争既不存在，大商人则将享受营业上的垄断。他们立即会联合起来，把利润大大抬高到纳税所需的限度以上。

征收特殊的赋税无疑会使农民陷于困难，甚至破产。在重订租约时，赋税势必转嫁到地主头上。当一种税加在特定商业部门的利润上时，商人们会使上市的货物量不超过他们能卖得足够偿还所垫付税额的数量。他们有的从营业上撤回一部分资本，减少市场供给，于是价格上涨，税赋的最后支付就落在消费者身上了。但是，当一种税征在农业资本利润上时，农民如像商人那样撤回一部分资本，那根本就没利益了。农民对占有的一定量土地支付地租，耕作土地需要一定数额的资本，如果他撤回必要资本的一部分，那他支付地租或赋税的能力就会减弱。为支付税赋以及他的利益，那就决不能减少农作物产量，也决不能减少市场上农作物的供给量。因此，这种税决不会使他抬高其产物的价格，把税转嫁给消费者。不过，农民也须有合理的利润，否则他就会弃农改行。所以，他只有少付地主地租，才能得到合理的利润。而他必须缴纳的赋税越多，他能够提供的地租就越少。

对农业资本利润征取重税，是欧洲各地的普遍做法。这种税在法西兰称为个人贡税。

个人贡税，在许多方面都倾向于妨害耕作，枯竭富裕国家的财富源泉。在施行个人贡税的各国，农民缴纳的税通常与他在耕作上使用的资本成比例。他不信任估税员，不用好的牲畜，总装穷示弱，以避免纳重税；尽管他这样做并不会节约多少税赋。但是这种恶劣耕作的结果，无疑会令市场上的供给更少，由此引发价格上涨，连赔偿他减少产品的损失都不够，更不够支付更多的地租给地主。这种耕作的退化，国家、农民、地主都会蒙受其害。

放债的人绝不会少收那些将资本用于有税用途的人的利息。征在特定营业上的资本的利润税，决不会影响货币利息。国家则总是尽可能按相当正确的比例，对各种用途的资本收入征税，这样税就会落在货币利息上。

年金契约这种二十取一的税，虽然对所有年金征收，但似乎并没有提高多少年金率。法兰西人往往把钱投资于所谓年金契约上，这是一种永久年金，债务者若能偿还本金，可随时赎回，但债权者除非特殊情况则不得请求赎回。

财产移主时，对其征税则是必然要取走资本价值的一部分。当财产始终保留在一个人手中时，无论对它征收什么永久性的税，其用意绝不是减少它的资本价值或取走资本价值的一部分，而是只取走它产生的收入的一部分。

在古代欧洲，构成各地区国王们的主要收入的，是对从死者向生者的转移和所有不动产的转移直接征收税赋。一个政府，向其他政府学习技术的速度，无过于向人民腰包刮取金钱的技术。对贷款的转移可以通过印花税或登记税来征收税赋。这种由印花及登记征税的方法虽然出现很晚，但在不到100年的时间内，印花税几乎遍行于欧洲了，登记税也非常普遍。

接受者接受死者财产所征的税，最终都要直接落在接受财产者的身上。对土地变卖所征的税，却要完全落在卖地者身上。卖地的往往是迫于非卖不可，不得不接受低价格，买地的则没有非买不可的需要，他一定会把价格和赋税放在一处划算，赋税越多就得出价越少。这种税常由经济困难的人负担的话，一定是残酷的。

对变卖新房屋所征的税，在不卖地皮的情况下，一般由买房者出，因为盖房者总得获取利润，没有利润，他不会盖房还会转行。如果由他垫支赋税，买者总得偿还他，对变卖房屋所征的税，一般由卖房者负担，其理由与变卖土地相同。他卖，大概是因为有卖的必要或因卖了于他方便。每年出售的新房屋数量，是受住房的需求的支配：如果这种需求不能为建筑者提供利润，他就不会继续建筑。而每年出售的旧房数量，却受与需求没有多大关系的偶发因素的支配。如果某地有两三件大的破产事件发生，就有许多房屋要出卖，并且都会以能够得到的价格出售。对变卖地皮所征的税，亦由出售方负担，其理由与变卖土地一样。

借贷字据契约的印花税及登记税，全部都出自求借者，而事实上也常是由他支出。诉讼事件所征的印花税及登记税，由诉讼者负担。为争得财产花费越多，到手后的纯价值就越少。无论原告或被告，税都不免减少争讼对象的资本价值。

人民的资本，总是用来维持生产性劳动者；君主的收入，则多半用来维持非生产性劳动者。各种财产转移税，如果会减少该财产的资本价值，必然也会减少用以维持生产性劳动的资源。这种税是牺牲人民的资本来增益国君收入的，所以多少是不实惠的。

征收财产转移税，即使按照转移物的价值的比例也还是不公平。因为相等价值的财产不一定都作同一次数的转移。至于不按照价值的比例征，收，像大部分印花税及登记税，那就更不平等了。此税在任何情况下，都是明显确定的，而不是任意的。除纳税本身无可避免的不便外，它一般不至于给纳税者增加其他任何不便。此税征收的费用极少，有时不免加在非常无力负担的人身上，但支付期间，大概总是便于纳税者。到了支付日期，纳税者大抵总有钱来付税。

登记契约和注册不动产权利给债权人及买入者双方以很大的保障，所以利于大众。对于大众、个人不便，并且造成危险的大部分契约，一般认为应保守秘密的登记簿根本就不应存在。但是，在登记手续费成为君主收入来源的情况下，则应登记的契约当须登记，不应注册的契约也须登记，于是通常无限制地增设登记机关。这种弊端虽不是必然结果却是非常自然的结果。个人信用的安全，不应当以信赖下级税收入员的正直与良心来保障。

工资的赋税

劳动的需求和食物的普通或平均价格支配低级劳动者的工资。当劳动需求及食物价格没有变动时，对劳动工资直接征税的唯一结果就是把工资数目提高到稍稍超过税额以上。劳动的需求状况，或者人口状况同样支配着劳动者的生活资本，决定生活资本的程度。食物的普通或平均价格，决定必须付给劳动者能够购买到生活资本的若干货币。

雇主有可能支付劳动工资直接所征的税。对劳动工资直接所征的税，可能由劳动者付出，但在征税后劳动需求及食物价格仍保持征税前的原状的情况下，不但工资税还有超过此税额的若干款项，其实都是直接由雇主垫支的。制造业劳动工资的上升由雇主垫支，最终由消费者支付；农业工资的上升由农场主垫支，最终由地主支付。总之，对劳动工资直接征税，比之征收一种与该税收数额相等的税，即适当地一部分征于地租，一部分征于消费品的税，必会使地租发生更大的缩减，使制造品价格发生更大的上涨。

工资税使劳动价格比之前高，并且上涨的价格以及垫支者的额外利润，最终总是由地主和消费者来支付。如果对工资直接征税，工资没有相应地增高，那是因为它一般会造成劳动需求的很大下降。农业衰退，贫民就业减少，土地劳动年产物下降，大概都是这种赋税的结果。

对劳动工资征税，不合理且缺点很多，但还是在许多国家实施。对于乡村劳动工资征税的效果跟对农场主利润征税一样，都不会提高土地原产品或天然产物的价格。如不提高优秀艺术家及自由职业者的报酬，那么优秀的艺术及自由职业，就不再与其他职业处于同一水平，就会被人抛弃，以致不久又重新回到原来的水平。对优秀艺术家及自由职业者的报酬征税，按略高于比较低级的职业的薪酬税比例的比例而提高。

人们认为对政府官吏的报酬征税是合理的。在大多数情况下，官吏的报酬是可以征税的。政府官吏的报酬，因为不像普通职业的报酬那样受自由竞争的影响，所以，对它所要求的报酬并不总是保持适当的比例。在大多数国家，它大都比较高。从政者对自身乃至其他从政者都倾向给予以超过充分限度以上的报酬。

人头税和消费品税

人头税和消费品税，必须不分彼此地从纳税者的各种收入中支付，不管其来自土地地租、资本利润或劳动工资。这种税，指的是原打算无区别地加于各种收入上的税。

（1）人头税

不公平的人头税人们都无法承受。如果以征收对象的身份来征收，则会造成不平等。同一个身份等级的人，其富裕程度常常是不一样的。因此，这类税如果想使其公平，就会完全成为任意的、不确定的；如果要使其确定，就会完全成为不公平的。不论税率轻重，不确定总是不满的重要原因。税轻，人们还可能暂时容忍；税重，丝毫的不公平都会难以忍受。名义上和收入成比例的人头税，如果要征收那势必是武断的。

大部分人头税都征在缴纳贡税者身上。征收人头税的办法是依缴纳贡税者支付贡税的多少，每镑征以一定金额的人头税。据见闻广博的法国赋税记录者观察，各州的人头税，由贵族及享有不纳贡税特权者负担的比例最轻。

征收下层人民的人头税，就是对劳动工资直接征税。对劳动工资直接征税，具有直接赋税的所有不便。

国家严格执行征收人头税，花费不多，对国家能提供一项极确定的收入。比较大的帝国从该税所取得的往往不过是其公共收入的一小部分；而且，这种税所曾提供过的最大金额，也往往可由其他对人民便利得多的方法征得。因为征收人头税能为国家提供一项确定的收入，无视下层人民安逸、舒适及安全的国家，征收人头税是再平常不过的事。

（2）消费品税

生活必需品及生活必需品以外的物品（奢侈品）都是消费品。

维持生活必不可少的商品，及即使按照习俗最底层的人也觉得有伤体面的所有商品，就是我们所说的必需品。在法国，无论男女，皮鞋都不是生活必需品。法国最下层的男女，都可以穿着木屐或光着脚在外面走而无伤体面。比如在英国，啤酒、麦酒，甚至在葡萄酒生产国的葡萄酒，我们都叫做奢侈品。因为，大自然没有使这类饮料成为维持生活的必需品，而各地的风俗习惯，也没有使其成为少了它便有失体面的必需品。不论哪个阶级的人，完全禁绝这些东西也不会受到谴责。所以，我所说的必需品不但包括那些大自然使其成为最下层人民所必需的物品，而且包括那些有关颜面的习俗，使其成为他们所必需的物品。此外的所有其他物品，我们都可以叫作奢侈品。

对这些必需品征税，必然会使其价格提高，并且还要略高于税额，因为垫支此税的商人一定要收回其垫支和应得的利润。因此，这种必需品税，必定使劳动工资按此等必需品价格升涨的比例而提高。既然对必需品的征税像对工资征税一样，必然抬高工资，那么，各地的劳动工资就会有部分地区受劳动需求支配，部分地区受生活必需品平均价格的支配。所以，凡是提高生活资本的价格的产品都会提高工资，使得劳动者仍有能力购买他们依照当时的劳动需求情况应该有的各种必需品，不管那时劳动的需求情况如何。

对于穷人来说，征收这种奢侈品税是没有任何效果的。征税商品价格的提高，也不一定会引起劳动工资的增长。对于朴实勤劳的穷人来说，对这些商品征税会使他们少用或完全克制不用那些轻易买得起的奢侈品。所谓奢侈品征税，会使那些放纵自己胡乱消费的家庭养家能力降低，不过对有用人口的数量没有多大影响。由于这种强制节约的结果，他们养家的能力没变弱反倒增强了。

劳动工资不相应增加，必需品的平均价格不论涨多少，必然会多少降低贫民养家的能力。不管其需求和人口需求的情况如何，都会减低其供给有用劳动需求的能力。

奢侈品税，最终是由征税品的消费者无偿支付的，是不分彼此地落在土地地租、资本利润及劳动工资等收入上。对奢侈品征税，除商品本身价格外，其他任何商品的价格，都不会因此增高。

必需品税，在它们影响贫民的限度内，最终有一部分是由地主减少地租的方式支付的，另一部分是从提高制造品价格由富有的消费者或地主或其他人支付的。尤其是地主，他的负担最重，他常以两种资格支付该税：一是以地主的资格，出于减少地租的形式；一是以消费者的资格，出于增加费用的形式。

对必需品征税，因其提高劳动工资，必然会提高所有制造品的价格，从而缩小它贩卖与消费的范围。真为生活所必需，而且是为贫民消费的制造品，例如粗制毛织物等，其价格上涨必然要由工资的提高来使贫民得到补偿。中等及上等阶级人民，如真能了解他们自身的利益，他们就应该一直反对生活必需品税，反对劳动工资直接税。这两者最后的支付，全都要落在他们身上，而且还要附加一个相当大的额外支出。

征税的货物及各种货物应纳的税率，都不可能有任何怀疑。最初只对少数最通用的货物征税的是国内消费税，它主要是征在那些由国内制造供国内消费的货物上。在英国，除了盐、肥皂、皮革、蜡烛等消费品有 4 种征收税赋的方式外，其余的都放在奢侈品方面。

比国内消费税更为古老的关税，之所以称之为 Customs（习惯），似乎在表明那是由远古以来习惯作出的支付。这种习惯最初是看作对商人利润所征收的税。愚昧时代的人们不懂得商人的利润无法对其直接征税，所以，那时与英国本国商人的收益比较，外国商人的收益，还遭受到更大的歧视。征税在外国商人与英国商人间有所区别源于无知，又由于垄断使然，即为了使我们自己的商人在外国市场及本国市场占据有利地位，对后者所征的税自然比前者更重。

前段讲述是对外国人征收关税，除上述区别外，古时关税是对于所有种类的货物征收的，不管是必需品还是奢侈品，不论是进口还是出口，一律征收关税。

葡萄酒税、吨税和镑税是古时关税的三个组成部分。除此之外，有时为救国家急需，有时为依照重商制度原理，管制本国贸易，还有许多种税，征加在若干特定货物上。关税的三个部分：第一个是部分羊毛和皮革的关税；第二个部分是葡萄酒税，即对每吨葡萄酒征税若干，称为吨税；第三个部分是对其他所有货物所征的税，即根据货物的估计价格每镑征税若干，称为镑税。羊毛和皮革的关税是关税中最古老的税种，这种税主要或全部都是出口税。

前面曾说过，重商主义体系对民众的收入，对国家土地和劳动的年产物不是特别有利。对于君主的收入，也不见得比较有利，至少就君主收入依赖关税而言是如此。一天一天地流行起来的重商制度，几乎导致了所有出口税的免除。

流行起来的重商制度使若干货物的进口被完全禁止，出口税也被取消，于是走私产生。在这两种情况下，能由这些物品进口而征得的关税收入完全化为乌有，从而令有些国家的收入落空。假若重商体系没有在多数情况下指导我们把征税作为垄断手段和不把它用作收入手段的话，那么这种重税就决不会被人采用。另外，对许多外国进口物品征以重税只不过是鼓励走私，还令在所有情况下的关税收入低于征收轻税时可能获得的收入。在关税的算术上，二加二的答案不是四，有时只能等于一；这对重税是十分恰当的。

鼓励出口退税及征收进口重税，给进出口商们提供了很多所谓的便利。因为对于所有进口货物几乎都征以重税，所以进口商就特别喜欢走私而轻视报关进口。反之，出口商有时为了满足自己的虚荣心，装作经营免税货物的巨商，有时为了获取奖励金或退税，其所报关出口的往往超过他们实际出口的数量。因为这两方面欺诈的结果，出口就在海关登记簿上显得大大超过了进口，这只能满足以所谓贸易差额衡量国民繁荣的政治家们，其他一点儿用都没有。这种对国内产物及制造品出口有时所给的奖励金，及对大部分外国货再出口所退还的税金，引起了许多欺诈行为，并且导致了最破坏国家收入的某种走私。

征收进口货物关税，除极少数特别免税品外，其他进口货物都要征税。关税表所包含的商品极其广泛，种类繁多，而且有许多是不大使用、不为一般人所知道的。假若输入某种未载入关税表的货物，此货物就凭进口者填写的申报。因此，某种货物应属于哪个品目，应征以何种税率，常常无从确定。所以，就明了、正确及分别清楚等方面来说，关税其实远不及国内消费品税。这方面的差错，往往令税收入员出错，并常常使进口者感到繁琐，甚至花费很大。

对费用所由支出的每项物品不征税，大多数人民按照他们各自费用的比例仍能提供国家收入。这种情况下，许多人有这种认识，以为如果适当管理关税也可同样只征于少数物品上，而不致亏损公共收入，而且还会给对外贸易带来很大的利益。由国内消费品税征取的收入与由关税征取的收入，在想象上是同样平等地由消费者支出的，然而国内消费品税，则只征加于若干用途极广、消费极多的物品上。

重税会对对外贸易造成极大的影响，因为重税有时会减少征税物品的消费，会鼓励走私，结果提供给政府的收入，往往不及轻的税所能供给的。

降低税率是补救消费减少导致收入减少的唯一方法。而补救因走私导致收入减少则有两种方法：一种是减少走私的诱惑；一种是增加走私的困难。当收入减少是由于走私时，只有减低关税，才能减少走私的诱惑；只有设立最适于阻止那种不法行为的税收制度，才能降低走私的几率。

国产税法与关税法相比，国产税法防止走私活动比关税法的效果要好得多。在各税种许可的范围内，把类似国产税的税政制度用于关税方面，就能大大增加走私的困难。许多人都可以设想到这种轻而易举的变更。

进口商的商品不论是存入自备货栈还是存入国家货栈，都由海关监管。有人主张，完纳关税的进口商可以把这些商品搬进他自己所备的货栈，或寄存国家所备的货栈，如果由国家货栈保管，则钥匙应由海关人员掌握，海关人员不在场不得随意提货。假若商人把货物运往自己的货栈，就得立即付税且不退还；海关人员可以随时检查，以确定那货栈内所存数量与纳税货物数量是否相符。假若他把货物运往国家货栈，以备国内消费，不到出货时则不必纳税。如再出口到国外，则完全免税；不过，他必须提供适当的保证，担保货物一定是出口的。

此外，不论其为批发商还是零售商，都有随时接受海关人员的访问检查的义务。英国对进口的蔗糖、酒所征的所谓国产税，就是依此方法征收的，这种管理制度，不妨扩大到所有进口商品的征税，只要这些税与国产税同样，只征在少数使用最广、消费最多的货物上。如果现在所说的一切种类货物，都改用这种方法征收，那么极精细的货物，或者在保存上的货物，商人是决不放心寄存在别人的货栈内的。如建设设备十分繁多的国家货栈，可能就非常难。

关税制度变更前和变更后不影响关税纯收入。如果通过这种关税相当严明的税务管理制度，可以有效防阻走私，最大限度地提高国家收入，把征税用作收入的手段而不是用作垄断的手段，那么只需对使用最广消费最多的少数货物征以关税，其所得就有可能至少与现在关税的纯收入相等，而关税还可因此而成为和国产税同样单纯、明了、正确的税种。在这种制度下，现在国家可完全省却由外国货再出口（实则会再进口以供国内消费）的退税所蒙受的收入的损失，节省的数额非常大，再加上对国产货物出口所给奖励金的取消，这些奖励金事实上没有一种是以前所付的某国产税的退税结果，关税的纯收入，在制度变更以后，至少可和其未变更之前相等。

关税变更在对国家的收入没有什么损害的情况下，全国的贸易及制造业将切实获得极大的好处。占商品最大多数的未征税商品的贸易将完全自由地行销世界各地，获得所有可得之利。这些商品包含生活必需品及制造品的原料。生活必需品自由输入，则其在国内市场上的平均货币价格必然降低，因此劳动的货币价格也会在此限度内降低，但劳动的真实报酬却没有减少。货币的价值和它所能购买的生活必需品的数量相称，而生活必需品的价值则与它所能换得的货币数量全然无关。劳动货币价格降低，国内制造品的货币价格必然随之降低，如此则国内制造品就能在国外市场上获得利益。制造品则因原料自由输入，其价格可能降到更低。就如中国及印度生丝能够无税进口，英格兰丝制业者就会比法兰西、意大利的丝制业者能以更低廉的价格出售其制品。如此则对外国丝绒的进口限制也就没有必要了。本国制造品的廉价不但会保证本国商人占有国内市场，还能大大支配国外市场。就连所有征税品的贸易也会比现在有利得多。

这些商品由国家货栈出口外国而免税，这种贸易就完全自由了。在此制度下，各种货物的运送贸易，将享有一切可能得到的利益。如果这些货物由国家货栈取出供国内消费，因为商人没有垫付税金，所以和那些一经进口就要垫付税金的情况比较，他这时就能以更低廉的价格出卖其货物了。这样，在同一税率下，有税的消费品的外国贸易经营，将会获利更大。

任何国家的下层人民或中层以下人民的全部消费，比中层阶级及其以上人民的全部消费，无论在数量、价值和费用上都要大得多，这是值得注意的。第一，各国的全部资本几乎都是用作生产性劳动的工资而分配于下层人民。第二，由土地地租及资本利润所收入的大部分，每年分配并用于非生产性劳动的工资及维持费。第三，资本利润中属于这个阶级的部分，是作为使用自己资本所得的收入。小商店店主、店伙计以及所有零售商人每年挣得的利润额，都是非常大的，并占其年收入的极大部分。第四，土地地租中的一部分属于该阶级。这些人民的费用，就个体而言是极小的，但就整体看，却常占社会全部费用中的最大部分；国家土地劳动年产物中，上流阶级的消费在数量和价值上都比下层人民少得多。在以费用为对象的征税中最能提供收入的，就要算以国产酒类及其所用原料为对象的国产税，而国产税主要由普通人民负担，因此，对上流阶级征收的税，无论是与不分彼此地征收赋税还是与征收下层人民的税相比，都是很少的。

当然，对下层阶级应当征税的是奢侈费用，而不是他们的必需品费用。必需品费用要是征税，其最后支付者是上层阶级人民，即由年产品的较小部分而不是由年产品的较大部分负担。因此，此种税必会提高劳动工资，或者减少劳动需求。不把那种税的最后支付加在上层阶级身上，劳动价格绝对无从提高，不减少国家土地劳动年产物，即一切税最后支出的源泉，劳动需求决不致减少。劳动需求由这种税而减少的状态不论怎样，劳动工资都要提高到没有此种税时以上。因此，在一切情况下，上层阶级支付最后这种提高的工资。

极不公平的关税及国产税之外还有一种更不公平、更间接影响货物价格的税，即法兰西所谓的路桥捐。这种税是指货物由水路或陆路通过某外国国境设立的码头或港口时缴纳的通过税。丹麦国王对通过波罗的海峡商船所征之税是世界最重的通过税。

大部分的奢侈品税跟关税及国产税一样，虽完全是不分彼此地由各种收入一起支出，最终由消费货物纳税的人为其支付，但却不是平等地或按比例地落在每个人的收入上。每个人消费都受自己性情的支配，所以每个人所缴纳税的多少，不是按照他收入的比例，而是随着性情消费转移。浪费者有可能超过适当比例，节约者不及适当比例。除了那些特殊的情况，个人的贡献全凭自愿，对征税商品，消费或不消费，完全都是自行决定，这些使此税所产生的个人在贡献上的不公平所可能引起的不公平得到抵偿而有余。若此税的评定没有偏差，所征税商品也很适当，就不会让纳税人不满。此税由商人或制造者垫付时，不久消费者就会把它与商品价格混淆起来，并在最后消费时忘记自己已通过消费支付了税金。

缴纳奢侈品税的数量及日期都是确定的，即应缴纳多少，应何时完税都很明确。奢侈品税，大都是零零碎碎地缴纳，但在缴纳时间与方法上，这种税是最方便的。

人民所纳奢侈品税多于实际归入国库的数目比其他税都多。征收此税可能因此而引起以下四个弊端。

第一，需要设置众多税收机关和收税人员征收此税，他们的薪俸与津贴都是人民必须付出的真正的税，从而加重人民的负担。

第二，某些行业部门会因此税产生阻碍是必然的。因为被征税的商品常因此提高价格，所以不免要在此限度内妨碍消费，从而妨害其生产。如果此商品为国产品或国内制造品，将减少其生产及制造所使用的劳动。如果是外国商品，其价格因征税而上涨，那在国内生产的同类商品就会因此在国内市场获利，而国内产业则有更大部分转向这种商品的生产。但是，外国商品价格上涨，虽会使国内某特殊部门的产业受到鼓励，但其他部门的产业却必然要受到阻碍。一个国家的消费者对他国剩余产品付价越贵，他们为买那产品而卖去自己的一部分剩余产品，或者说一部分剩余产品的价格就必然越低。相比之下，这一部分剩余产品对他们的价值就减少了，促使他们去增加这一部分产品的动力也减少了。所以，对一切消费品所征的税，都会使生产性劳动量缩减到无须纳税的自然程度以下，那消费品如为国内商品，则征税商品生产上所雇用的劳动量将会缩减；如其为外国商品，则缩减的是为外国商品引起购买的国内商品生产上所雇佣的劳动量。此外，那种税常会变更国民产业的自然方向，使它转向一个违反自然趋势的不利方向。

第三，维持的有用产业因没收及其他惩罚使走私者常陷于没落。走私者违犯国法，无疑应加重惩罚。在犯有任意支出、滥费公共货币嫌疑的国家，保障国家收入的法律不被人民尊重。所以，如果不用伪证就能找到容易安全的走私机会时，许多人是会毫不犹豫地进行走私的。公众对走私也持宽容态度，假装着对购买走私物品心存顾忌，却因价格便宜而趋之若鹜地购买，如此走私者受到鼓励而继续。当税收法律的刑罚要落在他头上时，则往往想使用武力来保护所谓的正当财产。走私者被摧毁，则他用以维持生产性劳动的资本会被吸收到国家收入用以维持非生产性的劳动。因此，相应减少了社会的总资本，从而维持的有用产业也就减少了。

第四，收税人员给商人带来不胜其烦的苦恼。征收这种税使经营征税商品的商人遭受税收人员的频繁访问和检查，无疑会使他们受到某种程度的压迫。虽然这只是精神方面的痛苦，但为免除烦恼，商人甚至愿意付出一定的费用。

但是，自有了消费品税，就几乎免不了这种对于人民的不便。英国人就感受到了这种不便。

法国这样的大国有花样复杂繁多的税法，像米兰小公国可能更甚。在诸多不合理的制度之下，这些国家之所以没有沦为最贫穷最野蛮的国家，是因其土壤特别肥沃，气候非常适宜。

政府征收和包收者征收是征收消费税的两种主要方法。政府征收，是政府任命的收税人员直接对政府负责，政府的收入随税收而变动。包收者征收，则由政府规定一定额数，责成赋税包收者征收。包收者自行任命征收员，征收员虽负有按照法律指定方法征税的义务，但是受包收者监督，对包收者直接负责。最妥善最节约的收税方法不是包税制度。包收者除垫付规定税额、人员薪俸及全部征收费用外，还须从收入税额中提取和他所拿出的垫款所冒的危险所遇的困难，以及应付这非常复杂事务所必要的知识与熟练相称的利润。

如果政府自己设置像包收者所设的管理机构，直接监督，至少这种非常巨大的利润是可以节省的。承包国家任何大项税收，必须有大资本或具有大信用。单就这种竞争就让这种事情局限于少数人之间，如果再加上具有必要知识或经验的话，那就更少了。在公共收入采用包收制的国家，包收者大概都是极富裕的人。他们的富裕，通常招致一般人的嫌恶，而与这类暴发财富相伴的虚荣，以及他们常用以炫耀其富裕的愚蠢的卖弄，更会增强人们的嫌恶感。有此竞争资格的最少数人彼此团结则于自己更有利，于是大家就自然成为合作者，在包税投标的时候，他们所出的标额就会远在真实价值以下。

苛刻的法律是公共收入的包收者对企图逃税者的惩罚。纳税者不是他们的人民，他们自然不会怜恤，他们的利益不会因纳税者普遍破产而受到大的影响。在国家财政吃紧，君主需要支持的时候，包收者不慷慨解囊反而哭穷，说法律如果不更加严厉的话，付出平常的包额也将无法办到。他们知道，王室恒久的伟大，依存于其人民的繁荣，他决不会为一时之利而破坏这繁荣。而对于赋税包收者自己，情况就完全相反了，他的昌盛，常常是人民没落的结果，而不是人民繁荣的结果。所以，包收税法就一天苛酷一天。最残忍的税法，常常见于公共收入大部分采用包收制的国家，而最温和的税法，则常常见于君主直接监督征收的国家。君主虽再愚暗，对于人民的怜悯心情，也一定大于包税人。

取得一种赋税的权力及取得对征税品的垄断权力，包税者只需提供一定金额。在有些国家如法国，烟草税及盐税就是以这种方法征收的。

链接

个人所得税

个人所得税是调整征税机关与自然人（居民、非居民人）之间在个人所得税的征纳与管理过程中所发生的社会关系的法律规范的总称。

我国个人所得税的纳税义务人是在中国境内居住有所得的人，以及不在中国境内居住而从中国境内取得所得的个人，包括中国国内公民，在华取得所得的外籍人员和港、澳、台同胞。

(1) 居民纳税义务人。在中国境内有住所，或者无住所而在境内居住满 1 年的个人，是居民纳税义务人，应当承担无限纳税义务，即就其多于中国境内和境外取得的所得，依法缴纳个人所得税。

(2) 非居民纳税义务人。在中国境内无住所又不居住或者无住所而在境内居住不满1年的个人，是非居民纳税义务人，承担有限纳税义务，仅就其从中国境内取得的所得，依法缴纳个人所得税。

个人所得税根据不同的征税项目，分别规定了三种不同的税率：

(1) 工资、薪金所得，适用9级超额累进税率，按月应纳税所得额计算征税。该税率按个人月工资、薪金应税所得额划分级距，最高一级为45%，最低一级为5%，共9级。

(2）适用5级超额累进税率。适用按年计算、分月预缴税款的个体工商户的生产、经营所得和对企事业单位的承包经营、承租经营的全年应纳税所得额划分级距，最低一级为5%，最高一级为35%，共5级。

(3) 比例税率。对个人的稿酬所得，劳务报酬所得，特许权使用费所得，利息、股息、红利所得，财产租赁所得，财产转让所得，偶然所得和其他所得，按次计算征收个人所得税，适用20%的比例税率。其中，对稿酬所得适用20%的比例税率，并按应纳税额减征30%；对劳务报酬所得一次性收入畸高的、特高的，除按20%征税外，还可以实行加成征收，以保护合理的收入和限制不合理的收入。

税额计算：

(1) 工资、薪金所得部分的个人所得税额 = 应税所得金额适用税率 – 速算扣除数

(2) 个体工商户的生产、经营所得的个人所得税税额＝应税所得金额适用税率 – 速算扣除数

(3) 对企事业单位的承包经营、承租经营所得个人的所得税额＝应税所得金额适用税率 – 速算扣除数

(4) 劳动报酬所得（4000元以下）的个人所得税额＝（每次所得收入 –2000元）×20%

劳动报酬所得（4000元以上）的个人所得税额＝ [每次所得收入 ×(1 –20%)]× 适用税率 – 速算扣除数。

收入不超过20000元的，税率20%，速算扣除数为0;

收入20000元至50000元的部分，税率30%，速算扣除数为2000元；

收入超过50000元的部分，税率40%，速算扣除数为7000元。

(5) 稿酬的所得（每次收入不超过 4000 元）的个人所得税税额＝（每次所得收入 –800 元）×20%（1–30%）

稿酬的所得（每次收入超过 4000 元）的个人所得税税额＝ [每次所得收入（1-20%）]× 20%×（1–30%）

(6) 特许权使用费所得，财产租赁所得（每次收入不超过 4000 元）的个人所得税税额＝（每次所得收入 –800 元）×20%

特许权使用费所得，财产租赁所得（每次收入超过 4000 元）的个人所得税税额 = 每次所得收入（1–20%）×20%

(7）利息、股息、红利所得，财产转让所得，偶然所得和其他所得的个人所得额＝每次所得收入 ×20%

论公债

藏蓄货币及隐匿藏蓄之事，在商业未发展、制造业未改进的未开化社会，是非常流行的，在一段时间内，埋藏物甚至是君主的一个重要收入来源。在人们一无所知的时候，仅能由商业及制造业带来奢侈品，即使收入不菲的人，也并没有其他消费或享受收入的方法，只能将钱财储藏起来。

财物的节约与储藏既在人民之间流行，也同样在君主之间流行。欧洲古代所有君主无不积蓄财物，听说当今每个鞑靼酋长也不例外。

在没有什么商业及制造业可言的国家，君主所处境地，自然会使他奉行蓄积所必要的节约。在那种境地，就是君主的费用，也不能由他的虚荣心支配；他喜欢有一个华丽装饰的宫廷，但那个无知的时代，却只能给他提供一点儿毫无价值的小玩意儿。而这就构成他宫廷的全部装饰。当时没有常备军队的必要，所以，像其他大领主的费用一样，就连君主的费用，除了用以奖励其佃户，款待其家臣外，几乎没有可用之处。但是奖励及款待上也很节约，很少会流于无节制，而虚荣则会流于无节制。

大土地的所有者和君主在富有各种高价奢侈品的商业国内，自然会把收入的大部分用以购买这些奢侈品。君主宫廷华丽壮观但无意义的装饰物，都是他本国及邻近各国高价供给的。君主属下的贵族们，为了追求同种壮观，一方面打发其家臣，一方面让租地人独立，这样他们就逐渐失掉了权威，以致与君主领土内其他大部分富裕市民没有区别了。左右他们行为的浅薄热望，也左右他们君主的行为。在其领土内，怎能叫他一个人富而不淫呢？毕竟其他富有者都在追逐这种享乐！

如果君主大部分的收入不用于享乐，避免了国防力量减弱，其超过维持国防需要的那一部分，希望他不消费是不可能的。他平常消费的费用，就等于他平常的收入；消费不超过收入，就算万幸了。如果财宝的蓄积再无希望，一旦有特别急需费用，人民一定要负担特别的援助。

瞬息万变的战争时期，国家平时不注意节约积蓄，国库没有多余的款项，这时只有被迫借债。一个国家必须为战时的国防费用积蓄比平时高3到4倍的费用。这样大的收入必须来自赋税，而最快课征的赋税也要经过10个月乃至12个月才能入国库。所以，如平时不注意节约积蓄，在这种瞬息万变的战争时期，军队、武器装备、给养等均需大量的资金，万分紧急的短时间内，政府没有其他办法，就只能借债。

这种商业社会状态，不但使政府有了借款的必要，也使人民具有贷款的能力和贷款的意向。在这种社会中，借款具有鲜明的必要性和便利性。

贷款能力很强的国家是商业国家，这些商业国家的人有能力随时借贷巨资给政府。一个商业和制造业较发达的国家，很多人手中不仅有自己的资本，同样有他人的资本。一些人愿意借给他人钱或将货物委托给他人。他人手中的资金流动次数和那些以自己收入为生的私有者的资金流动次数相同，甚至次数要多一些。以自己收入为生的私有者的资金每年流过的次数是一次，但对于一个商人来说这种资金流动次数大概是两三次或者三四次，因为他们从事的是本利迅速回收的商业。所以，在一个拥有众多商人和制造商的国家，就有很多有能力随时借贷巨资给政府的人。

在一个对政府没有一定信任度的国家里，商业和制造业不可能长久发展。正规的司法行政制度让拥有财产的人们具有安全感。因为，政府是否会依法行使其权力，强制所有有支付能力者偿还债务是不能确定的。在这样的国家里，正规的司法行政制度不会让人们对能否遵守契约心存怀疑。把款借给政府，会增强政府对商业和制造业的保护，因此也会增强他们进行商业及制造业的能力。这种国民对国家的信任会使得商人和制造商平时愿意将自己的财产委托给政府保护，到了非常时期也敢把财产借贷给自己的政府。

政府给债权人的抵押物是可以自由转移的，由于人民普遍信任政府的公正，抵押物在市场上的卖价通常高于原价。这样一来，商人或有钱人就可以通过把钱借给政府来赚钱。如果政府允许他最先应募新借款，他就会认为这是一种优惠，所以，商业国家的人愿意并有能力借钱给政府。

人民愿意把钱借给政府，会导致政府平时不致力于节约的信念。非常时期的人民有能力也愿意把钱借给政府，因为政府借款很容易，平时开支就不会致力于节约了。

信任度的失效导致借贷必须有特别的资源作抵押。巨额债务的增加积累的过程，在欧洲各国差不多是一样的。国家借款与个人一样，开始借款时通常全凭个人信用，没有指定特别资源或抵押特别资源来保证债务的偿还。一旦信用失效，如果要想继续借款，那就必须得以特别的资源作抵押。

全无利息的或被认为全无利息的债务是指所谓的无担保公债。英国所谓的无担保公债，就是依前一方法借入的。政府举债，需要指定或抵押国家特定收入来担保债务的偿还时，政府曾使用了两种不同的方法。有时这指定或抵押限于短期，有时又定为永久。使用的两种不同的方法：一部分是全无利息的或被认为全无利息的债务，类似个人记账的债务；一部分是有利息的债务，类似个人用期票或汇票借人的债务。在前一情况下，作为抵押的收入，据推想在限定期间内，能够付清所借货币的本金及其利息。在后一情况下，作为抵押的收入，据推想只够支付利息或等于利息的永久年金，政府何时能偿还本金就偿清它。以前一方法借人的通称为货币预支法，以后一方法借人的则通称为货币永久付息法或简称为息债法。

政府如在数年之内使公共收入摆脱债务，可以使用预支的办法筹款，这需要注意两方面：第一，在限定期间内负担的债务不能超过其所能负担的数额；第二，第一次预支未偿清以前不作第二次预支。很多国家的大多数政府，都没能注意到这两点，往往在第一次预支或者是在第一次预支未偿清以前，就进行第二次、第三次的预支，从而加重了基金的负担。这样基金就变得完全不足以支付所借货币的本金及利息，于是就不得不让它只支付利息或与利息相等的永久年金，这种没有远见的预支行为必然会产生更具破坏性的永久付息办法。既有前例，公共收入摆脱负担的日子也就没有办法确定时期了。但是新方法筹集的款项比旧方法多，熟悉此法的人们就会在非常时期弃旧用新。直接参与国事者只顾眼前的急难变成了他们感兴趣的目标，至于公共收入将来如何去摆脱债务，他们则认为是子孙后代的事情，与自己毫无关系。

市场利息的下降会导致节省，从而产生了偿债基金，这在安妮女王时代就发生了。这种基金虽然是为了支付旧债而设的，但是它对新债的征募也提供了很多方便。它可以随时用来弥补其他基金的不足，可以说它是一种补助基金。

借款的方法包括预支和永久付息。介乎这两者之间还有定期年金借款和终身年金借款两种方法。

对个别人终身给予或者终身给予一群人都可以用终身年金的授予借款方法，后者在法国用发明人的名字命名，叫做顿廷法。当年金授予个别人终身时，受领年金者一旦死亡，即解除了国家收入对他的负担。因为，哪怕金额相等，未死者有承受全部年金的权利，还是会比由个别人单独领取的年金有更大的价值。而人对自己的运气天生都有几分自信，这也是彩票生意成功的根据。由于人们的这种自信心理，顿廷年金所卖得的价格，通常都高于其实际价值很多。在政府通常用给予年金去筹措款项的国家，都喜欢采用顿廷法。政府几乎总是喜欢采用能够筹到最多款项的方法，那些能够解除国家收入负担最快的方法往往得不到他们的青睐。

战争中征收的大部分赋税在和平时期并不能解除。战争时所借款项的利息都是用那些赋税支付的。如果旧税新税在支付利息及开支政府经常费用之外，还有剩余部分的话，这部分剩余将会转作偿还债务的偿债基金。不过，第一，此基金即使不做他用，在可以预期的和平时期内它也远远不够偿付战争所借的全部债务；第二，就是该基金几乎全都移做他用。所以，和平时期并不能解除他们在战争中征收的大部分税赋。

偿付以此为担保的借款利息的唯一方法就是征收新税。若有剩余，那剩余的部分，大概都是出乎意料或计划之外的，所以很少有很大的数额。减债基金的产生，通常都是由于以后应付利息减少，而很少由于收到的税额超过应付利息或年金的数额。所以，这种基金偿还债务，往往不足。

1655 年的荷兰减债基金，1685 年教皇领地的减债基金，都是由利息减少而形成的。

政府觉得开征新税，不如挪用减债基金来得便利。当国家升平无事，而有种种特别开支的必要时，政府便挪用减债基金摆脱当前困难。不论开征任何新税，人民都会感到很多痛苦，因而会引起怨声和反对。征税的种类越繁多，已征的各种税越重，人民对于新税的怨声必越大，于是另征新税或加重旧税，就显得更加困难。至于暂时停止偿还债务，人民是不会马上感到痛苦的，因此不致引起怨言。

有人认为，欧洲各债务国的公债，特别是英国的公债，是国内其他资本以外的另一个大资本；有了这个资本，商业的扩展，制造业的发展，土地的开垦和改良，比较单靠其他资本所能成就的要大得多。持此主张的人可能没有注意到这些事实，即最初债权者贷与政府的资本，在贷与的那一瞬间，已经由资本的机能，转化为收入的机能了，换言之，已经不是用以维持生产性劳动者，而是用以维持非生产性劳动者了。就一般情况而言，政府在借入那资本的当年，就把它消耗、浪费了，无望其将来能再生产什么。固然，贷出资本的债权者，往往不仅收到了和该资本等价的公债年金，这年金无疑会偿还他们的资本，使他们能进行和从前一样或更大规模的实业或贸易，而且他们可卖出此年金，或以此年金作担保借款，向他人取得或借入等于或多于他们所贷与政府的资本的新资本。但是，他们像这样由他人取得或借入的新资本，以前一定是存在这个国家中，并且与其他资本同样用以维持生产性劳动。一旦转入国家债权者手中时，虽然从某一方面来看，对这些债权者是新资本，但对该国家并不是新资本，那不过是由某种用途抽去转作其他用途的资本罢了。所以，就私人来说，其贷与政府的资本，虽有所取偿，但就整个国家来说，却无所取偿。如果他们不把这资本贷与政府，那国家用以维持生产性劳动的资本或年生产物，就不只一份而是两份。

以当年未用作担保的赋税筹措收入为政府开支政费时，人民的一部分收入，只不过是从维持他种非生产性劳动，转移到维持某种非生产性劳动罢了。人民用以付税的款项中，若干部分无疑是能由他们储蓄起来成为资本，用以维持生产性劳动。但其大部分还是要消费掉，用来维持非生产性劳动。不过，国家费用在开销巨大的场合，无疑会多少成为新资本进一步蓄积的阻碍，但不一定会使现存的资本遭到破坏。

国家一部分资本如逐年受到破坏，用以维持生产性劳动的若干部分产物转为用来维持非生产性劳动时，这是该国国家费用由举债开支时造成的。在举债制度下，社会一般资本时时由政府滥费所引起的损失，是更容易由人民的节约与勤劳得到弥补的。不过，在这种场合所征的赋税，相比之下比较轻。所以，人民个人收入上的负担较少，而人民节约收入一部分以积成资本的能力，亦因此减损较少。同以本年度税收开支本年度费用的方法相比，举债方法，如果在较大程度上破坏旧的资本，也会在较小程度上妨害新资本的获得或蓄积。

举债制度优于其他制度也只是在战争继续的期间内。要是战费总能从当年所征的收入来开支，那么，因非常收入而得来的赋税，将不会继续到那一年以上。与举债制度比较，人民在这种制度下的蓄积能力，在战时虽较小，在平时则较大。战争不一定会破坏旧资本，和平则必会促成更多新资本的蓄积。

在这种制度下，一般地说，战争总是迅速结束，且绝不是草率之举。在战争继续期间，人民因困于战争的负担，不久便会对战争产生厌倦；政府为迎合人民的意向，必会适可而止，不敢故意延长。战役之兴，繁重而不可避免的负担，是可以想象的，如果无真实或确定的利益可图，人民必然不肯贸然主战。因此，人民蓄积能力不免多少受到损害的时期，是并不常见的，即使有那个时期，也不会太长。反之，蓄积能力强大的时期，要比在借债制度下长久得多。

因为债务一经增加，则加重赋税，即在平时，其损害人民蓄积能力的程度，也往往与上述征税制度在战时损害这种能力的程度不相上下。现在英国既已采用了有害的举债制度，所以人民个人收入在平时所受负担，人民蓄积能力在平时所受损害，竟与在最靡费的战争期间一般无二了。现在英国平时的收入，每年达 1000 万镑以上。假若各种赋税都不曾用作担保，而且都管理得宜，哪怕从事最激烈的战争，亦无需借一个先令的新债即可够用。

有人认为，支付公债利息，所有货币都未流出国外，那不过是把一国居民某阶级的收入的一部分，转移到其他阶级罢了。因此，国家不会比从前更穷。此外，也有人认为，全部公债都是募自国人，此绝非事实；国家公债就有很大一部分是其他外国人的投资。即使全部公债没有外国人投资，公债的弊害也丝毫没有减少。

私人和国家一切收入的两个源泉是土地及资本。这两个收入源泉的支配，属于不同的两群人，即土地所有者和资本所有者或使用者。资本不论是用在农业上、制造业上或商业上，都是支付生产性劳动的工资。土地所有者为了自身收入，必须修理或建筑其佃户的房屋，营造和维持其田庄的必要沟渠和围墙，从事其他应由地主举办或经营的种种改良，使其所有土地都能保持良好的状态。但如果土地税繁多，以致地主收入大减；各种生活必需品税、便利品税繁多，以致该收入的真实价值大减，那地主就会难以进行或维持这种要花很多费用的改良。地主不能尽他的本分，租地人也就完全无能力尽他的本分。总之，地主的困难越大，该国的农业就必然越趋于荒废。

大部分或全部商人及制造业者，如果觉得各种生活必需品和生活便利品的税的征收，使他们资本所得的收入，在某特定国家，不能购得同额收入在其他国家所能购得那么多的必需品和便利品时，他们便会打算把他们的资本移往其他国家。如果此类赋税的征收，使大部分或全部商人及制造业者，即使大部分或全部资本使用者，不断受税务人员恼人扰人的访问，那移居的打算，不久就要见诸行动了。资本一经移动，靠此资本支持的产业，将随之没落，而该国商业制造业，又将继农业归于荒废状态。

土地和资本这两大收入源泉所生收入的大部分，如把它由其所有者即对每块特定土地的良好状态和对每项特定资本的良好经营都具有直接利益这一批人，移转到另一批没有这种直接利益的人（如国家的债权者）手中，久而久之，必定导致土地的荒芜和资本的滥费或迁移。国家的债权者，对于该国农业、制造业及商业的繁荣，从而对于土地的良好状态和资本的良好经营，无疑是具有一般利益的，因为那三者中任何一个如遭到失败或衰退，各种税收，就不够支付他应得的年金或利息。但是，国家债权者单就其作为国家债权者来说，对于某块特定土地的良好状态，对于某项特定资本的良好经营，是不感兴趣的。即使土地或产业荒废了，他有时全不知道；即使知道了，也不关心，因为这不会使他直接受到影响。作为国家债权者，他对于这一特定土地或资本，既无所知，也无从视察，他不会留意到它们。

举债方法不当曾使许多国家趋于衰落。首先采用这种财政政策的是意大利各共和国。意大利各共和国中唯一两个独立的共和国——热那亚和威尼斯，都因举债而走向衰落。西班牙从意大利各共和国那里学得这种财政政策，久而久之，西班牙甚至变得比意大利更加没落。早在16世纪末以前，西班牙政府就曾经背负了沉重的国债，而此时，英格兰还未借一个先令的公债。尽管法国自然资源丰富，也同样苦于负债。荷兰共和国的情况也是如此。可以说，因举债而衰弱、荒废的国家，比比皆是。

公债额一旦增大到某种程度，它就不可能被公正地进行偿还了。此时，国家的债务通常通过宣布破产予以勾销，但这些破产有的是政府坦白承认的，而有些虚假的还款也意味着实际上的破产。

当国家破产时，政府常常借口提高货币的名义价值，也就是提高价格的办法来偿还公债。例如，国家会依照议会或者皇家的公告，将6便士的银币或20枚6便士的银币的名义价值提高为1先令或1英镑。那么，一位按旧的名义价值借人20先令或约4盎司银的人，以新的名义价值计算，只需20枚6便士的银币或略少于2盎司的银，便可偿还其债务。英国有大约1.28亿英镑的国债，如照此方法偿还，只需约为现币的6400万英镑就行了。类似这样的偿还，只不过是有名无实的偿还罢了。政府提高价格的办法偿还公债，使每个债券者的收入都被打了折扣，所有的私人债权者，也都遭受了相应的损失。也许国家的债权者对他人也应承担巨额债务，他们依此偿还，这样他们的损失也许可以得到弥补。但是，在多数国家中，公债的债权人多半是富人。他们多半只会借钱给他人，而不会向他人借钱。因此，这种名不副实的偿还办法，就会让公债的债券者损失惨重。国家没有得到一点儿利益，而众多无辜的人民却要蒙受损失。这种办法使勤劳、节俭的债权者吃亏，而使那些懒惰、负债累累的欠款人得到好处；这样，国家的大部分资本就有可能从那些可能使资本良好运营的人手里转移到那些不善于经营，可能使资本继续亏损的人手里。因此，国家不得不宣布破产的时候，公开、公正和坦白地承认破产，会尽可能地保全债务者的名誉，也能尽可能地保护债权者的利益。而当国家为了隐瞒实际破产的尴尬，采取这种欺瞒百姓的政策时，则会极大地伤害人民对政府的信任度，也会极大地破坏这个国家的荣誉。

提高货币的名义价值只能使所有国家货币的价值减少。同一价值下的银币中的含银量也会在此情况下比原来的含银量更少。

国家在铸币中掺杂较大量的合金以降低铸币的标准成色，也就是为了达到这个目的。比如说，按照现在的法定标准，每重 1 镑的银币，只能搀入 18 本尼威特的合金，若搀入 8 盎司的合金，这种银币的 1 英镑或 20 先令的实际价值，就等于现在的 6 先令 8 便士。也就是说，现币 6 先令 8 便士所含的银量，则几乎提高到 1 英镑的名义价值。这个道理也是所谓的直接提高货币的名义价值的做法。

降低货币标准成色的做法，都是十分秘密的，而增大价值或直接提高货币名义价值的做法是公开的。这种方法，使从前重量较轻的货币，有了与从前重量较大的铸币一样的名义价值。造币局竭力设法使新币在重量、体积及外貌上保持旧观，不易辨认，但其实际价值却比从前的钱币相差甚远。例如，法国国王约翰为了偿还债务，降低铸币标准成色。那时，所有造币局的官吏都得发誓保守秘密。

以上这些做法，都是不正当的，只不过相对来说光明磊落一些，而另一种做法却更阴险更狡诈而已。事实上，这类做法的秘密从未被长久地保守，一旦被发觉，往往引起人们更大的反感。

非国家收入大有增加，非国家支出大有缩减，这负担的解除，是永难实现的。如英国，国家收入的剩余部分非常少，即开支了常年经费以后的剩余部分非常的少。想借此完全解除国家收入上的负担或减轻相当一部分负担，似乎全然无望。

若提议改革能解除国家收入或可不增加公债，实施比现在较为公平的土地税和房产税以及前章对于现行关税制度及国产税制度所提议的改革，也许可在不增加大多数人民的负担而只把这负担平均分配于全体国民的情况下，就能使国家的收入大大增加。然而，不敢奢望，这样增加的收入，可以完全解除国家收入上的负担，或可使国家在和平时期，在解除负担方面，有这样的进展，以致在下次战争，可不增加公债或增加公债而有所取偿。

链接

市场经济条件下国债的功能

国债，又称国家公债，是国家以其信用为基础，按照债的一般原则，通过向社会筹集资金所形成的债权债务关系。市场经济条件下国债的功能主要有：

(1) 弥补财政赤字

弥补财政赤字是国债的最基本功能。

就一般情况而言，造成政府财政赤字的原因主要有两点：一是经济衰退，二是自然灾害。

政府财政赤字一旦发生，就必须想办法予以弥补。在市场经济体制下，其弥补的方式主要有三种措施，即增加税收、增发货币和举借国债。

第一种方式不仅不能迅速筹集大量资金，而且重税会影响生产者的生产积极性，进而会使国民经济趋于收缩，税基减少，赤字有可能会更大。

第二种方式则会大幅增加社会的货币供应量，因而会导致无度的通货膨胀并打乱整个国民经济的运行秩序。

第三种方式则是最可行的办法，因为发行国债筹资仅是社会资金使用权的暂时转移，在正常情况下，一般不会招致无度的通货膨胀，同时还可迅速、灵活和有效地弥补财政赤字，所以举借国债是当今世界各国政府作为弥补财政赤字的一种最基本也是最通用的方式。

(2) 对财政预算进行季节性资金余缺的调剂

利用国债，政府还可以灵活调剂财政收支过程中所发生的季节性资金余缺。政府财政收入在 1 年中往往不是以均衡的速率流入国库的，而财政支出则往往以较为均衡的速率进行。这就意味着即使从全年来说政府财政预算是平衡的，在个别月份也会发生相当的赤字。为保证政府职能的履行，许多国家都会把发行期限在 1 年之内（一般几个月，最长不超过 52 周）的短期国债，作为一种季节性的资金调剂手段，以求解决暂时的资金不平衡。

(3) 对国民经济运行进行宏观调控

一国的经济运行不可能永远处于稳定和不断增长的状态之下。相反，由于种种因素的影响，如宏观政策的失误、国际经济的影响等，经济运行常常会偏离人们期望的理想轨道，从而出现经济过度膨胀（通货膨胀严重）和经济萎缩（通货紧缩）现象，这时候，政府必须采取相应的政策措施进行经济干预，以使经济运行重新回到较理想或预期的轨道。自凯恩斯宏观经济理论建立以来，运用经济政策对宏观经济运行进行调控已成为普遍现象，其中国债扮演着十分重要的角色。这也使得国债的宏观调控功能逐渐成为国债的主要功能。

图书在版编目（CIP）数据

国富论导读 / (英) 亚当 · 斯密著 ; 吴珊编译 . --
北京 : 新世界出版社 , 2016.8
ISBN 978-7-5104-5835-4

Ⅰ . ①国… Ⅱ . ①亚… ②吴… Ⅲ . ①古典资产阶级
政治经济学 Ⅳ . ① F091.33

中国版本图书馆 CIP 数据核字 (2016) 第 142282 号

国富论导读

作　　者 : [英] 亚当 · 斯密 著　吴珊 编译
责任编辑 : 余守斌　赵政德
责任印制 : 李一鸣　黄厚清
出版发行 : 新世界出版社
社　　址 : 北京西城区百万庄大街 24 号（100037）
发 行 部 :（010）6899 5968　（010）6899 8705（传真）
总 编 室 :（010）6899 5424　（010）6832 6679（传真）
http://www.nwp.cn
http://www.nwp.com.cn
版 权 部 : +8610 6899 6306
版权部电子信箱 : nwpcd@sina.com
印　　刷 : 三河市骏杰印刷有限公司
经　　销 : 新华书店
开　　本 : 710mm × 1000mm　1/16
字　　数 : 318 千字　印张 : 20.5
版　　次 : 2016 年 8 月第 1 版　2016 年 8 月第 1 次印刷
书　　号 : ISBN 978-7-5104-5835-4
定　　价 : 38.00 元